Narratori **Feltrinelli**

Paolo Rumiz
Come cavalli
che dormono in piedi

© Giangiacomo Feltrinelli Editore Milano
Published by arrangement with
Marco Vigevani & Associati Agenzia Letteraria

Prima edizione ne "I Narratori" novembre 2014

Stampa Nuovo Istituto Italiano d'Arti Grafiche - BG

ISBN 978-88-07-03104-5

www.feltrinellieditore.it
Libri in uscita, interviste, reading,
commenti e percorsi di lettura.
Aggiornamenti quotidiani

IL RAZZISMO
È UNA
BRUTTA STORIA.
razzismobruttastoria.net

Come cavalli che dormono in piedi

Il nonno Ferruccio nella cartolina mandata da Lublino nel 1916.

Ai nonni
che non ho mai conosciuto

1.

La pianura selvaggia che arde

Monfalcone, ottobre 2013

Maledeto / capel de fero
che tuto el mondo / ga ruvinà
anche le ortighe / i ne fa magnar.

Succede una sera d'autunno con pioggia leggera, tra il
Carso e l'Isonzo, fuori da un'osteria in una zona poco illuminata di case sparse, ultimo lembo di pianura prima della pietraia dell'altopiano. Fa già buio, da un tavolo del locale si
leva una canzone di frontiera. Guardo l'ora, sono appena
passate le nove. Ma è già da un po' che una voce mi comanda
di andarmene. Un richiamo leggero come un bisbiglio, ma
inesorabile. È allora che esco, docilmente, senza cercare scuse, perché sento che devo farlo, e basta.

Faccio in tempo a vedere dalla finestra gli amici e la cameriera tra i tavoli. Il silenzio è quasi perfetto. Solo passi
sulla ghiaia e ticchettare della pioggia sulla giubba di lana.
L'altopiano da un lato e la ferrovia dall'altro chiudono il sob-
borgo in una bolla senza tempo. Su un cartello il nome di un
paese, Vermegliano. Non conosco il terreno, vago alla cieca
tra case, lapidi, ombre deformi, alberi spogli, sottopassi, binari, perimetri di camposanti militari abbandonati. Sopra

11

l'abitato corre una strada, ma anche lì nessun rumore, le auto passano come banchi di aringhe nel mare.

Ma la terra capta segnali. Vibra, come il pennino di un sismografo. Sente il fronte, fiuta posti da arma bianca nella notte nera. Trincea delle Frasche, San Michele, Selz, Monte Sei Busi. Se la piana mi è ignota, conosco a memoria queste alture. So che ogni metro è impregnato di agonie, segnato da vite smembrate, crocifisse su reticolati o mutilate da tagliole. Ma so anche che nulla, su quel terreno, rammenta l'immensità del dolore. Dovrei calpestare bossoli, immondizie, sangue, stracci, membra umane, gavette, resti di cibo, zoccoli, ferri, escrementi, suole di scarpe, ma l'uomo e la natura hanno cancellato ogni cosa. La notte profuma di erba, e interi paesi dormono, banchettano e fanno l'amore sui resti di un immane sacrificio umano.

Prendo la stradina che sale oltre la chiesa di Santo Stefano fino a un piccolo monumento a due soldati della Grande guerra. Poco oltre mi affaccio sulla pianura da un varco tra le villette. Sono solo, la balaustra è deserta, davanti a me si apre come una pista d'atterraggio, ma nonostante questo sono preso da un'improvvisa asfissia, come una vertigine da sovraffollamento. Li sento, improvvisamente vicini. Sono lì, nel buio. Ondate regolari di uomini-frangenti che vanno a sfracellarsi sul Carso come su una scogliera.

Si accendono le fiammelle. Non nel cielo, che resta buio, a parte lampi lontani. È la pianura selvaggia che arde, disegna nebulose sulla superficie di un paesaggio sconosciuto. Riconosco bivacchi di soldati, lampade a olio, lumini alle cappelle dei crocicchi, e più in là fuochi fatui, candelabri di Hanukkah, sfiati di piccoli campi di nafta. E ancora bagliori di ciminiere, fornaci, lampioni, miasmi di cimiteri, candele votive, roghi di foglie secche. In mezzo a questa luminaria, negli acquitrini e tra i villaggi, un traffico di lucciole – o uomini, non so – che vagano disegnando strani segni zodiacali, stelle di un emisfero sconosciuto.

In quell'attimo, come in un film muto, passa sul monte un drappello di ulani. Li riconosco dai cavalli giganteschi e dai riflessi d'ottone dell'elmetto sormontato da un tronco di piramide rovesciato. Non so a che esercito appartengano, ma hanno facce tartare e baffi spioventi. Scendono verso la pianura in una fila ordinata e guardinga, al passo, su un terreno aperto e privo di alberi, segnato da stagni verdastri e tappeti di erica viola. Se la pianura pullula di luci, il pendio è buio, spoglio e disabitato. Nessuna presenza umana, tranne i soldati.

Uno di loro, vedendomi, si alza sulle staffe, solleva l'indice della sinistra e lo porta alle labbra per dirmi di tacere. Il pelo del cavallo è lucido di pioggia e incrostato di argilla sulle zampe. Tiro una mela fuori dalla tasca e la mostro alla bestia, che nitrisce nel buio, esce dalla fila e lentamente si avvicina. Sotto gli speroni, appare una gabbia toracica scoperchiata. Anche gli altri cavalli sono così, ossa e sangue. Sento il fischio dei polmoni che comprimono, sotto le costole, il mantice di una fisarmonica senza note.

Esce dal buio una contadina col fazzoletto in testa, la gonna e gli stivali, una donna di età indefinita. Sale sul dorso della collina con in mano qualcosa di simile a una lampada votiva. Incrocia il drappello senza dire una parola e va oltre. Mi pare di averla già vista, tanto tempo fa, attraversare scalza un campo giallo di grano nelle terre dell'Est. La sua ombra percorre la sommità dell'altura verso un bosco di salici, oltre il quale avvampa una nube scarlatta, un incendio immane, poi scompare inghiottita dalla fornace.

Sull'ultima propaggine del monte si è formato intanto un gruppo di generali, o forse di monarchi, non so. Vecchi nottambuli, così vecchi da sembrare morti, ma qualcosa li tiene dritti nei loro cappottoni col bavero di pelliccia. Hanno facce di mummia, terree, quasi azteche, indifferenti a ciò che li circonda. Vittoria o sconfitta, per loro non cambia. E quando uno butta il mozzicone di un sigaro nella sterpaglia, in quello stesso attimo, sempre in silenzio, la pianura si copre di proiettili traccianti, parabole di Shrapnel e granate come fuochi d'artificio. Nell'aria volteggiano migliaia di corvi.

E poi un treno, con la lanterna magica dei finestrini. Arriva, si inclina con frastuono di ferraglia, compie una curva a destra e punta a nord verso un fiume solitario. Solo allora mi rendo conto di essere stato altrove e in un altro tempo. Non sul Carso, non dove il suolo si spacca col piccone, ma in una terra dove la vanga penetra come nel burro e le uniche pietre dure sono quelle dei sepolcri. Una terra straniera e senza mare, segnata da nevicate lunghe e silenziose, fiumi divaganti e colline basse dove la sera piccole luci disegnano la topografia dei vivi e dei morti.

Un arcipelago di boschi e villaggi, segnato dai fili di fumo azzurro dei comignoli, con chiese e sinagoghe di legno dal tetto simile alla chiglia di una barca capovolta. Uno spazio di slitte e di maghi, oche immacolate e grandi, robusti cavalli. Ne vedo i tramonti incendiari, le lune smisurate nelle pozzanghere, i bivacchi degli eserciti. Ne sento il rimbombo dei ponti, lo sferragliare dei treni notturni fra villaggi cristiani e Shtetl ashkenaziti. L'ho immaginata a lungo, prima ancora di incontrarla nel mio lungo viaggiare, o forse ancor prima di nascere.

È il cuore della mia Europa.

Mi affaccio sulla piana, vedo l'osteria e gli amici far capannello sulla porta. Risate, le ultime canzoni al momento di partire. Celebrano l'amicizia, ma anche un'assenza. Ci manca Virgilio, la nostra guida. Un suo gesto, una sua occhiata dall'alto del suo metro e novanta, bastavano a interrompere il brusio conviviale e a far partire le voci. Un motivo specialmente seminava allegria.

> *Xe rivada la baba del latte*
> *con patate con fagioli*
> *l'insalata la ricciolina*
> *bella la xe la xe la xe...*
> *E con patate e con piselli*
> *coi giovani belli*
> *l'amore si fa.*

Qualcuno mi chiama, ma non rispondo. Ormai sono lupo, cinghiale, gufo. Appartengo a un altro mondo. Ma ascolto con le orecchie dritte le voci della piana. Ora il gruppo intona un ultimo canto davanti alla porta del locale. Dalle mie parti, il passaggio dall'allegria alla malinconia è istantaneo come quello dei violinisti zingari del Danubio. È un canto che conosco. Forse lo fanno apposta, lo cantano per me. È un lamento che echeggia come in una gola alpina e parla di una guerra sconosciuta agli italiani.

Quando fui sui Monti Scarpazi
miserere sentivo cantar
ti ho cercato tra il vento e i crepazi
ma una croce soltanto ho trovà.

Carpazi: le ultime montagne prima dei fiumi divaganti e delle lune smisurate d'Oriente. Il gelo di inverni senza riparo, il terrore del galoppo dei cosacchi e delle armate dello zar. Solo i trentini e i triestini, con i goriziani, gli istriani e i dalmati, sono morti così lontano da casa. Italiani "sbagliati", nati sotto l'Austria-Ungheria, che il fronte russo l'avevano conosciuto già nella Grande guerra, trent'anni prima della campagna sul Don.

Oh mio sposo eri andato soldato
per difendere l'imperator
ma la morte quassù hai trovato
e mai più non potrai ritornar.

Si ripete il grido nelle gole. L'aria è calda, troppo calda per la stagione, il Carso d'ottobre sfiata vapori, ramarri immobili fiutano l'aria. A un tiro di schioppo, i cipressi guardiani di Redipuglia e il pennone con la bandiera afflosciata. Ed è allora che sento di nuovo un comando. Dice: vai dai Centomila. E io vado, prendo la strada nella pioggia. La macchina va quasi da sola, come avesse il pilota automatico, come un sommergibile nella notte liquida, e quando mi fermo ai piedi dei gradoni, sulla scena è tornato un silenzio assoluto.

Eccoli. Sono lì senza parole, senza capire davvero perché, alla mia età, davanti a quell'immenso piano inclinato, sento ancora il tremore di una recluta. In questa notte di visioni il sacrario pare un corpo estraneo, una gelida astronave scesa a fari spenti da un pianeta sconosciuto. Pare aspetti solo me.

Ricordo il posto una sera di maggio con Luna di cartapesta, latrare di cani e un'aria calda, sensuale. Era anche l'ultima Luna, perché il giorno seguente sarebbero venuti i temporali e il cielo si sarebbe chiuso per settimane. Era il 24 di maggio e tutto mormorava, come il Piave della canzone: Trieste, il Carso, le lenzuola stese alle terrazze, le bluse delle donne, le alberature delle vele. Ricordo l'odore di rosmarino, il richiamo imperioso della vita come nei versi scritti da Ungaretti, lì a due passi sull'Isonzo, accanto a un commilitone ucciso. Fu per me come una chiamata alle armi. Di lì a pochi giorni sarei partito per il fronte italo-austriaco.

Dopo quel viaggio, tutto è cambiato per me. Dopo l'Ortigara, il Pasubio, il Grappa, dopo il San Michele e il Sabotino, ora posso dire di sapere. Ora ho la percezione del simbolo, della tremenda scenografia di una guerra tutta in salita, combattuta dagli italiani sempre sotto il tiro di un nemico asserragliato in posizione dominante.

La torcia elettrica sciabola alla ricerca di un fiore nella nudità totalitaria, ma né le mani né lo sguardo trovano un appiglio. Solo pietra levigata, senza niente che somigli a un vaso o un'aiuola.

I morti, da queste parti, sono il doppio dei vivi. Fra italiani e austriaci, più di quattrocentomila in uno spazio ridicolo, una densità forse più alta che sul fronte francese. Faccio un po' di conti. L'ho fatta franca, ho sessantasei anni e ho vissuto già il triplo di questi ragazzi ammazzati con ancora nelle orecchie la ninnananna delle madri. In caso di guerra, persino i miei figli sarebbero già veterani, assegnati alle retrovie. Ma so che questa fortuna comporta un rischio: farmi cogliere di sorpresa da un nuovo conflitto, per non aver saputo riconoscere il volto di Ares.

Mormoro agli inquilini della notte: "Chi erano i cavalieri apparsi nella brughiera? Da dove venivano? Datemi un segno, voi che abitate la casa dei venti e siete stati ingranaggi di una macchina spietata; voi, obbligati a obbedire a ordini talvolta incomprensibili o deliranti, eppure portatori di un senso del dovere oscuro, antico e austero che oggi l'Italia non conosce più".

Intorno, solo il silenzio.

Ora lo dico più forte, quasi per scuoterli: "Perché vi nascondete, voi che siete figli della durezza e dell'emigrazione?".

Su ciascuno dei ventidue gradoni c'è scritto PRESENTE, ripetuto come salve di fucileria, ma nessuno risponde. Quei morti non abitano più il tempo.

Provo a cantare "*Sento il fischio del vapore, del mio amore che 'l va via*".

Niente. Regna su tutto una formidabile assenza. Unico segno, il lampo nero di un cane dietro il sarcofago del duca d'Aosta, magro e immateriale come Anubi, il dio delle tombe degli Egizi.

Salgo verso le croci, e a ogni gradone la pianura si dilata. Le luci di Aquileia, l'aeroporto, il Monaco-Trieste che scende lentissimo verso la torre di controllo, le retrovie italiane perfettamente leggibili, i fari giallini alla base della spianata che allungano sugli spalti l'ombra di un uomo solo che cammina, come tra i vuoti colonnati di un De Chirico. E ancora la cima, le croci, qualche ulivo, l'odore violento del Carso, la cripta di marmo nero, la luce artificiale fredda che bagna le lettere cubitali incise su pietra. I MORTI, LA GLORIA, GLI INVITTI. AL COSPETTO DI QUEL CARSO CHE VIDE. La guerra sacralizzata, la mobilitazione permanente. In cima, la lapide dell'inaugurazione con Mussolini, 13 settembre 1938.

Ora urlo: "Dove siete?". Mi risponde solo un tuono cupo, lungo, come il rotolare di una frana. Capisco di non essere in un cimitero, ma nella negazione della tomba e della pietà. Sto cercando inutilmente la chiave di una base siderale criptata, cui è stato tolto ogni contatto con la terra madre.

Solo pietra avrai attorno, soldato, non porterai con te nessuna data e nessun nome di luogo. Ti bastino il grado e il battaglione. Anche l'intimità del dolore ti sarà negata. Così sta scritto. Su queste gradinate si piange non solo per i Caduti ma anche per lo sgomento di una morte anonima, condannata a perpetuarsi in eterno.

17

L'ho visto da bambino, al sommo dello scalone, il magazzino delle ossa senza nome. Per giorni, poi, ho sognato teschi, femori e tibie. Oggi so che quei resti sono stati trasloca-
ti non una ma tre, quattro volte: dalla trincea ai piccoli camposanti dietro le linee, poi ai cimiteri di guerra, poi ai grandi
ossari, capolinea di resti già inventariati, sterilizzati e ripuliti
come ciottoli di fiume. Redipuglia stessa è stata fatta e rifatta,
in un traffico di corpi durato vent'anni, per celebrare un impero. Sredipolje, in veneto Redipuia, è diventata Redipuglia,
infine RE DI PUGLIA, stampigliato sugli infradito cinesi.

   Non è questa l'Italia per cui combatterono, scrivo su un
pezzo di carta alla luce della mia torcia. È così evidente. Non
ne possono più, i Centomila, di stare schierati sull'attenti.
Vogliono dormire. Maledicono i custodi dei sacelli, i ruffiani
e imboscati che vengono qui a tenere discorsi, gli stessi arroganti, ruffiani e imboscati che hanno consentito Caporetto e
oggi affondano l'Italia. Vorrebbero tornare alla pace della
terra, in piccoli cimiteri, simili a quelli dei Vinti, esonerati
dall'obbligo della retorica.

   Cimitero austroungarico, a qualche centinaio di metri,
sull'altro lato della strada. Il cancello semiaperto, la torcia che
illumina nomi polacchi, dalmati, slovacchi, tedeschi e magiari. Szász, Borodin, Turko, Wiszniowski, Feldberger, Vraty,
Cattarinich. Mormorio di consonanti slave e vocali magiare,
come in un canto di musica klezmer. Tremolare di nastri an-
nodati alle croci, con la scritta SIGNUM BELLI 1914. Quelli
bianco-rosso-verdi degli ungheresi e quelli bianco-rosso-blu
dei boemi sono più numerosi delle coccarde bianco-rosse degli austriaci. C'è persino qualche fiore; lì almeno esiste il posto per deporli.

   C'è aria di temporale, si leva il vento, e intanto la notte
riaccende i suoi rumori. Abbaiare di cani, discoteche, treni,
una motocicletta. Nel condominio della morte sento come
non mai il richiamo e la contiguità della vita. Vedo la mia
ombra vagare nell'erba alta, leggere l'epitaffio IM LEBEN UND
IM TODE VEREIN, annotare sul taccuino il numero 14.550,

tanti sono i soldati sepolti lì dentro. Quel perimetro minimo rappresenta l'Impero e il suo ordine plurale; qualcosa di simile, penso, a ciò che oggi l'Europa unita non è capace di essere. Tutto è più curato che a Redipuglia. Erba rasata e lapidi ben lustrate dalla Croce Nera – Schwarzes Kreuz –, l'equivalente austriaco di Onorcaduti. Cammino tra le tombe masticando rabbia per l'incuria del mio paese. Gran parte dei monumenti italiani sono in stato pietoso, come se decenni di patriottismo di maniera li avessero svuotati del senso più vero: la pietà. Hanno esaurito la missione di pattugliare un confine che nessuno più discute, e ora cadono a pezzi. Mi chiedo che futuro possa avere, un paese che non rispetta i suoi morti.

Ma almeno, penso, dopo tante contrapposizioni, frontiere, ideologie, reticolati, su questo confine torna a vincere l'Europa. Era tempo. I cimiteri nemici non si guardano più in cagnesco, gli inquilini delle opposte case dei venti sono diventati "ragazzi" e basta, per la gente.

Ma alla notte di morti manca una cosa. La più importante. Mancano i triestini, gli istriani e gli altri figli delle terre conquistate dall'Italia. Non i Battisti, i Filzi, gli Slataper o i Sauro celebrati con piazze, monumenti, strade, scuole e rifugi alpini. Non loro, gli arditi che hanno scelto di combattere col Tricolore: ma gli altri, cento volte più numerosi, coloro che, prima di essere ribattezzati "italianissimi", sono stati "nemici". I nostri vecchi, andati in guerra, "für Kaiser und Vaterland" sotto la bandiera giallo-nera.

Ragazzi che non cantano *Il testamento del capitano* e nemmeno *Era una notte che pioveva*, ma marcette burlesche simili a quelle della Stiria o della Carniola. Soldati che parlano italiano, ma non portano il Tricolore. Come una vela che va di bolina, c'è la mia ombra tesa controvento che fruga con le orecchie nella notte, capta segnali dai nembi incombenti, sente che il vento comincia a parlare. Un vento che non scende giù dai monti ma sfiata dalle tombe, e questo dice:

19

"Ascolta tu che passi solitario
tu che hai gridato invano il nostro nome in questa notte
percorsa da ombre di uomini e cavalli e treni e croci, ascoltaci perché da questi marmi per poco ci è concesso di parlare.
Fu lunga processione per morire qui, crocifissi da filo spinato, su questo dislivello di sventura che ghigna e chiama ancora vento e fulmini tra la Bainsizza e il colle dell'Hermada.
    "Treni a migliaia da tutta l'Europa
si videro in quei giorni, a fine maggio, immani processioni di tradotte con uomini e animali e materiali, giorni infiniti
di strada ferrata fino a Verona, a Vicenza e al Friuli, e ancora,
giù da Vienna e da Zagabria, ingorghi senza fine di vagoni
fino a Tarvisio, a Gorizia e al Trentino. La macchina di morte
si metteva in moto intorno al Carso e agli altopiani senza
badare a spese e con frastuono.
    "Noi, per finire su queste pietraie
nude, contorte, a scavare trincee, siam giunti dall'Abruzzo e dal Piemonte, e da Sardegna, Toscana e Calabria senza
sapere nemmeno perché Trieste si dovesse conquistare.
Dall'altra parte si videro figli della Croazia, Boemia e Ungheria, polacchi di Galizia e tirolesi con gli sloveni e i ragazzi di
Bosnia raggiungere spaesati queste pietre battute dalle nostre artiglierie.
    "Noi che abitiamo la casa dei venti
veniamo da lontano come vedi, dunque è fatale che il dio
degli eserciti abbia spedito lontano anche i tuoi, in terre assai diverse dalla loro: pianure dagli inverni senza fine dai
fiumi divaganti e dai villaggi abitati da gente miserabile, la
terra degli ulani che nel buio hai visto andare al passo tra i
ginepri, speroni conficcati su quei miseri stalloni da fatica.
Sono loro che ti han voluto indicare la strada.
    "Tu senti di partire e non hai torto:
hai camminato sul fronte d'Italia dal Monte Nero fino
all'Adamello, e adesso è giunto il tempo che tu vada lontano,
in quelle terre oltre i Carpazi dove i tuoi nonni guardano la
Luna di pergamena, là, in mezzo ai mirtilli, nei campi di patate e rape rosse... la terra favolosa dei rabbini e dei cavalli
grandi in libertà, che dormono in nebbiose praterie.

"I Centomila ti dicono: 'Vai!',
rompi gli indugi... questo è il tempo giusto... perché se
per davvero vuoi capire chi fummo noi qui giunti dall'Italia,
noi, qui blindati in gradoni di pietra nel segno di un vessillo
tricolore, devi conoscere il nostro nemico, ed essi, i vecchi
tuoi, furon tra essi. Ma sappi e tieni conto anche di questo: ci
fu maggior rispetto fra inquilini di trincee contrapposte qui
sul fronte, che fra noi fanti e i nostri generali.

"Senza imbarazzo puoi dunque partire:
vai per i boschi cresciuti sui corpi della tua gente e ritorna alla fine a dirci ciò che hai visto, e non temere che la tua
storia ci possa ferire. Ascolta soprattutto, e nella notte, perché è di notte che parlano i boschi. Vai dai dimenticati, i
senza gloria, dai vinti e da coloro che non hanno nient'altro
che una fossa senza nome.

"Ma ascolta come il vento ora ci chiama
soffiando dai sacelli senza luce! Non ci è concesso oltre
di parlare. Duro è il destino di chi non ha terra... Tu affonda-
ci le dita, invece, e vai... non disdegnare nemmeno il letame...
vai e prepara il tuo sacco da viaggio. E non badare se verso
nord-est tuonano granate dietro il monte".

Cannonate sempre più vicine, il cielo si prepara alla battaglia. Ora fa freddo. Gli alberi perdono le foglie e la pianura
perde le luci. L'uomo solitario che ha ascoltato immobile, in
piedi, ora torna di corsa, ma il temporale lo cattura. Nembi
tracimano dal monte. Sul sacrario la pioggia comincia a tambureggiare, diventa rullo di guerra. Lui sente "l'acqua giù
per le spalle", poi sente i sassi "a rotolar". I gradoni dei Centomila diventano cascate, ed ecco l'ombra a cercar riparo
sotto il tetto del Museo della guerra. Oltre una grata intrave-
de tagliole, cesoie, mitraglie, baionette e corone di spine illu-
minate dai fulmini. Comincia per lui una notte insonne.

2.

All'ultima frontiera dell'Impero

Torno a casa, tolgo la roba bagnata, accendo un piccolo fuoco e metto fette di mela a seccare sulla piastra di ghisa, un rito che mi aiuta a propiziare il ricordo. Sono passati cent'anni e il tempo è maturo. I giorni dei Morti si avvicinano, aprono una finestra sull'aldilà. Devo andare, ora, subito, per scontare una rimozione di cui sono stato complice. Perché anch'io ho accettato il lungo silenzio su quei combattenti cui nessuno ha dedicato strade e scuole. Eroi senza cimiteri, senza lapidi, cerimonie, musei, monumenti.

La pioggia torna a crescere con litania di voci, ridiventa diluvio, la sento friggere sui vetri della veranda. Cielo e terra sono ancora in balìa di un fango cosmico. Sento che non può durare a lungo e che uno squarcio deve aprirsi. Desidero fortemente le stelle, provo a immaginarle, e vedo quelle dell'ultima elegia di Rilke, concepita qui a Duino, a due passi dal fronte. Ci sono il Cavaliere, il Bastone, la Corona di frutti, sfolgoranti sulla mia testa. A nord, costellazioni mai viste: Wiege, Weg, das Brennende Buch, Puppe, Fenster. E intanto nel cielo del Sud, "pura come l'interno di una mano benedetta, fulgida di luce", splende la "Emme" che significa "Madri".

Ho un grande zio di cui so tutto. Si chiamava Giorgio Pitacco; un "italianissimo" che dopo il '18 diventa ministro e sindaco di Trieste. Invece di suo fratello minore, che poi è mio nonno Ferruccio, non so niente. Lui è finito dalla parte sbagliata, ha combattuto per l'imperatore. Della sua guerra ho solo accenni evasivi. So che in Galizia si è trovato di fronte un reggimento di circassi, tremendi nel lancio del coltello. E so che gli ufficiali tedeschi ne storpiavano il nome, gridavano "Lauf Pìttaco!", corri Pìttaco, invece di "Pitacco" con le doppie giuste e l'accento sulla *a*. Ma lui non tentava di correggerli, perché con un fratello irredentista era meglio far finta di niente.

Il nonno se ne andò prima che nascessi, dopo la Seconda catastrofe mondiale, senza lasciare nulla di scritto. Qualche anno dopo trovai in un cassetto una sua foto con la "montura", la divisa austroungarica. Portava la data dicembre 1916; sul retro c'era una dedica alla nonna e la dicitura *Lublino*, ma siccome Lublino non sapevo che roba fosse, lessi *Dublino* e mi accontentai, senza riflettere sull'insensatezza di quella collocazione geografica. Le favole di Singer, le storie di Babel' e i paesaggi di Schultz non erano ancora entrati nel mio orizzonte. Nulla sapevo della città dei maghi; e tantomeno della Polonia, che prima del 1918 nemmeno esisteva, perché se l'erano spartita Austria, Russia e Germania.

Rieccola la foto del mio vecchio, in libreria, fra i volumi del '14-18. L'ho ritrovata poche settimane fa, a casa di Guido, mio fratello. Si parla della guerra e lui, tac, me la ripesca da una busta. È Guido l'archivista di famiglia, fin da bambino ha sempre conservato tutto. Ed eccolo, il nonno, in piedi davanti a un oleandro: un bel tipo, baffetti, fossetta sul mento, occhi ironici e labbra da tombeur. Giubba di feltro con cinturone di cuoio, spadino sul fianco sinistro, mostrine con tre stellette ai due lati del bavero.

Quanto pagherei per sentirlo raccontare, per sapere da lui la verità nascosta dietro le balle che mi fecero bere dalle elementari al liceo. Sul reggimento 97 per esempio, il Sieben und neunzich, chiamato dai triestini sibuniàizi, il più famoso e denigrato dei reparti di fanteria del Nord Adriatico; italiani, sloveni e croati, dipinti come una marmaglia di pessimi soldati, ma ancor più spesso come una banda di assenteisti, vigliacchi e disertori, il ricettacolo di tutte le infamie militari. Il suo inno, rivissuto nella lingua del posto, regna ancor oggi nel folklore locale con strofe degne del miglior Jaroslav Hašek.

Maledetta sia la sveglia
sia la sveglia del mattino
si riposa un pochettino
per marciare un poco ben.

Ci ho messo cinquant'anni per sapere la verità, e cioè che il reparto del disonore fu vittima di una maldicenza. Certo, non era formato da prussiani addestrati all'obbedienza cieca, ma aveva ottenuto fior di medaglie ed era meglio di tanti altri reparti. A decidere la sua reputazione erano stati gli alti comandi di lingua tedesca o ungherese, che avevano trovato in quella banda mistilingue lo scaricabarile perfetto dei loro fallimenti. Le armate asburgiche arretravano? Colpa dei triestini, o dei trentini. E così gli uni e gli altri vennero pesantemente denigrati, con gratuite brutalità e umiliazioni di ogni tipo. Figurarsi cosa accadde quando l'Italia entrò in guerra e la nostra gente divenne il paradigma del tradimento.

Ma il peggio venne dopo, quando i vincitori, nel '18, invece di restituire l'onore a quei ragazzi, adottarono la menzogna del nemico e confermarono la degradazione. Non si doveva sapere che migliaia di italiani avevano combattuto per l'Austria con onore. E così accadde che a guerra finita, al ritorno dal fronte o dalla prigionia in Russia, i nostri furono non solo diffidati dai carabinieri a raccontare ciò che avevano vissuto, ma addirittura spediti in campi di rieducazione nell'Italia del Centro-Sud. Dopo essere stati troppo italiani per i tedeschi, erano diventati troppo tedeschi per gli italiani.

Qua se magna, qua se bevi
qua se lava, qua se lava la gamela
ghe diremo demoghèla
fin che l'ultimo sarà.

Col fascismo l'epopea fu oscurata, ridotta a canzonetta satirica o borbottio clandestino. Si costruì la leggenda dei lavativi, dei "pomigadori", detti così dalla pietra pomice di chi lava i piatti in cucina invece di combattere. Nella sua versione dialettale, l'inno del reggimento dice "demoghèla", cioè "diamogliela", sottinteso "la fuga" ai nemici. Ma si gioca anche con l'ambiguità di una parola che può significare "diamocela", sottinteso "a gambe". Assalto e fuga nello stesso tempo. L'accento, originariamente bisdrucciolo (démoghela), fu traslocato sulla penultima sillaba per schernire gli ufficiali austriaci, incapaci di pronunciare la parola. "Was ist Demoghèla?" chiedevano, e veniva risposto loro con la canzone. Ma mentre in guerra i "crucchi" abboccavano, dagli anni venti in poi l'Italia lesse solo la versione disfattista dell'inno, e la nomea del Novantasette decadde definitivamente. Gente simile poteva esser solo derisa, non compianta. La scarsa autostima della mia gente nasce anche da lì.

Ma eccola che arriva, la bora benedetta tante volte invocata. Il vento serpeggia rasoterra, sibila e forma un vortice tra la veranda e il cortile, per chiamarmi con ululato di anima persa. Cresce rapida, soffia, spazza i miasmi della mente. Il cielo comincia a pulirsi, vedo già qualche stella. Ma sì: è arrivato il tempo di dare aria alla memoria, di stendere la biancheria, di aprire gli armadi, di tirare fuori le vecchie foto. Di rivoltare come un guanto la mia identità di europeo.

Quand'ero bambino la nonna diceva sempre: "La guerra del Quattordici", e io protestavo che era sbagliato, che tutto era iniziato nel '15, perché così stava scritto nei miei libri. E lei ogni volta da capo a dirmi: "Picio mio, noi de Trieste semo 'ndai in guera nel Quatordici". Altro non aggiungeva, forse per non addentrarsi in un terreno minato. Solo sulla definizione di Grande guerra restava intransigente. Non poteva esserci grandezza in un massacro, diceva, specie per chi la guerra l'aveva persa. Ma non aggiungeva mai che la guerra l'avevano persa i soldati di Trento e Trieste.

Nessuno, né a scuola né dopo, mi aveva spiegato che legioni di adriatici e trentini erano partiti per il fronte ben prima dell'ingresso in campo dell'Italia. Ignoravo che, col loro berretto grigio-azzurro decorato di foglie di quercia, essi avevano riempito treni e treni diretti a oriente, contro la Serbia e la Russia. Centoventimila almeno, l'equivalente di un corpo d'armata. Tantomeno sapevo che in venticinquemila erano rimasti lì, a "guardare la Luna" su un fronte terribile, scorticato dal vento e dalla neve. Venticinquemila: peggio di Solferino e San Martino messe insieme.

Dopo il '18 sono state deliberatamente occultate le liste dei morti messe a disposizione da Vienna. Si è fatto sparire tutto, e oggi non abbiamo né i numeri né i nomi. In quella guerra che ha polverizzato i corpi sotto milioni di granate, accadeva che dei morti restassero per l'appunto solo i nomi. Ma era pur sempre qualcosa. Ebbene, non abbiamo nemmeno quelli. La *damnatio memoriae* ha cancellato anche l'anagrafe. Non uno straccio di lista, non un miserabile elenco, niente di niente. Nulla per risalire ai cimiteri di guerra registrati dagli archivi austriaci.

Albeggia, la casa trema sotto le raffiche, dalle finestre sul golfo vedo battaglioni di creste bianche marciare verso sudovest. Metto un'altra mela a fette sulla stufa, forse sto arrivando alla radice della rimozione. Perché devo partire così alla cieca, come un clandestino, da solo, alla ricerca di cancellati, di gente che non doveva esistere? Cosa costava al mio paese ammettere che sudditi leali del Kaiser potevano essere buoni cittadini del nuovo stato? È possibile che non si fosse voluto riconoscere il valore di quei ragazzi per paura di demolire il teorema dell'italianità di queste terre? Tanto imbarazzava ammettere che Trento e Trieste non erano state poi così male sotto lo straniero?

Solo in Trentino qualche segno è rimasto. Nei piccoli cimiteri di paese i nomi e i cognomi li ho visti – Apolloni, Ballardini, Bertolini, Giovanella, Fedrizzi, Simoni –, ma incisi su lapidi dimesse, elusive, ipocrite, all'italiana. Per evitare di dire che quei ragazzi non sono morti per l'Italia, si parla genericamente di Caduti, e poiché i nomi sono tutti italiani, il gioco di prestigio rischia di funzionare. Non fosse che per un dettaglio: gli anni di guerra. C'è scritto 1914, non 1915. Una differenza che solo pochi possono capire. Ma è già qualcosa rispetto alla Venezia Giulia, dove tutto è scomparso fino agli anni novanta per via della Guerra fredda.

Ma anche i perdenti contribuirono alla grande amnesia. Dopo il crollo dell'Impero, misero una lastra tombale sulla grandezza perduta. E poi c'era mia nonna. In quanto triestina, non prendeva mai sul serio le cose del mondo. Aveva della Storia una visione farsesca, alla soldato Švejk. Cercava il comico. Del resto, il suo uomo era passato in leggerezza dal grigio-azzurro della divisa austroungarica al nero della camicia fascista, e probabilmente aveva partecipato alle sfilate avanguardiste con lo stesso senso dell'assurdo con cui aveva marciato contro i russi.

Figurarsi lei. Rideva di quei giri di valzer, rideva dei gendarmi asburgici, dei gerarchi mussoliniani, dei partigiani, delle bandiere e dei regimi, di tutte le autorità e le divise. Era riuscita nell'impresa di sbugiardare come finzione scenografica persino i ribaltoni che avevano distrutto il suo mondo e devastato le certezze dei suoi avi. È anche a causa sua se ho pensato a lungo alla guerra dei miei vecchi come a una barzelletta.

E così, a furia di rimozioni, i corpi dei miei Caduti sono diventati fango, terra da aratro, letame, senza che per cent'anni nessuno abbia potuto portare un fiore, accendere lumini o annodare nastri a quelle croci. Oggi, se chiedo a un torinese o a un napoletano cosa hanno fatto quei ragazzi fra il '14 e il '18, ti rispondono che mah, in effetti, non si sono mai posti il problema. Poi ci pensano su un po' e ti dicono: ma in fondo che altro potevano fare se non disertare e passare all'Italia, come se fosse un gioco da ragazzi saltare le linee... O magari aspettare pacificamente di esser liberati, come se in Austria-Ungheria la naja non fosse contemplata. Ma se proprio qualcuno di essi ha combattuto per l'Austria, è logico – ti dicono – che l'abbia fatto malvolentieri. E non serve spiegargli che nessuno parte a cuore leggero per una guerra lontana e incomprensibile.

Il primo sole sulla città illumina una topografia tutta asburgica. Taglia di sbieco i palazzi viennesi sul fronte mare, i magazzini primo Novecento dell'ex porto franco, il castello di Miramare, quello più lontano di Duino e, oltre, la dorsale del Monte Hermada, bastione che gli italiani mai espugnarono. La baia dove finisce il Mediterraneo è di un blu profondo, percorsa da eserciti di schiume. Davanti alle Alpi Carniche infarinate di neve, la mole di "Ursus", il pontone galleggiante – l'ultima opera realizzata dall'Austria a Trieste. Un ciclope sempre pronto a rompere le catene per salpare in libertà verso il largo.

Come ti amo Trieste al mattino, con la luce pulita, il mare zincato e gli scogli color rame nella luce radente. Ora posso nominare, finalmente, la meta di questa partenza non più rinviabile, il luogo dove hanno cavalcato gli ulani, dove si sono accese le lampade degli Shtetl e dove è sepolta la mia gente. Un mondo così stanco di guerre, pogrom, deportazioni e invasioni che, per depistare gli intrusi, si è diviso fra tre paesi – Polonia, Ucraina e Romania – ed è andato a cercarsi delle repliche con lo stesso nome in Spagna e in Anatolia.

Galizia. Il suo nome è Galizia. A esser precisi, Galizia, Ludomiria e Bucovina. Sulla mappa va da Cracovia fino a Černivci e oltre, ma per la gente di qui resta uno spazio mitico come la Curlandia o la Rutenia, favoloso come la Cacania e incollocabile come il mondo iperboreo. È l'ultima frontiera dell'Impero, l'ondulato Finis Terrae che si spalanca oltre la cordigliera carpatica, uno spazio immenso di cavalli, fuochi e contadini. Un relitto del mondo di ieri che la ferocia di un secolo ha cancellato dall'atlante mondiale.

Anni fa l'ho sfiorata, volando da Kiev a Varsavia. Erano i giorni del disgelo e grandi fiumi disegnavano ghirigori tra gli scudi metallici di migliaia di paludi. La mappa diceva Bielorussia, ma sottotraccia leggevo i nomi di terre chiamate Podolia, Volinia e Polesie, che mi parvero tutte eguali nel loro piattume disperato. C'erano ancora i segni degli Shtetl, là sotto, e c'era Pinsk, la città da cui il futuro reporter Ryzsard Kapuściński era partito scalzo per Varsavia. Non sapevo che da quelle parti, qualche chilometro più a sud, c'era il cimitero dei triestini.

Ma ora che sono morti gli ultimi necrofili, tristissimi guardiani dell'omertà di stato e delle memorie divise, so di poter scrivere finalmente di quei luoghi senza sollevare polveroni. Tutto è diventato più facile. Ora so collocare sulla mia mappa mentale città dai nomi impronunciabili come Rzeszów e Przemyśl, individuare i passi perduti dei Carpazi, tracciare il percorso di pallidi fiumi come il Prut, il Siret e il Pryp'yat'. In Trentino, durante il lungo viaggio sul fronte italo-austriaco, ho raccolto montagne di storie su quei lontani campi di battaglia. Storie di fango, di neve e di fame.

In soli cinque mesi, da agosto a dicembre del '14, la Galizia inghiotte due milioni di uomini, fra morti, feriti e prigionieri, nel solo settore austriaco. È lì che si mostra il volto di Medusa. Armate ottocentesche, con trombe e cavalleria leggera, vanno al massacro contro le mitragliatrici: marce senza rifornimenti, treni di soldati alla cieca contro il nemico, fiumi rossi di sangue, montagne di cavalli sventrati, reclute pazze allo sbando, ospedali da campo al collasso, fughe in massa. I russi sfondano con la sola forza del numero, e prima di tentare la riscossa gli austroungarici devono arretrare fin quasi a Cracovia.

Ma che ne sa il mio paese, e che ne so io stesso, della realtà di quella terra? A che porta andrò a bussare per sapere di mio nonno? Come farò a orientarmi in quel fronte smisurato, cinque volte più lungo e cinquanta volte più largo di quello franco-belga, per non parlare di quello italo-austriaco? Come concepire quel mondo piallato e struggente, così diverso dalle gole anguste del Pasubio e dalle pietraie del San Michele, quell'orizzonte lungo che un giorno, improvvisamente, nereggiò di milioni di uomini?

Apro le mie mappe sul tavolo della cucina, ed eccomi davanti a migliaia di chilometri d'Europa inghiottiti dall'oblio. La Galizia è uno degli orrori del secolo, eppure resta lì, rimossa dagli austriaci, non calcolata da russi e polacchi, guardata con spocchia dai francesi, snobbata da inglesi e belgi. Figurarsi dagli italiani. Digito d'istinto sul computer le parole "die vergessene Front", il fronte dimenticato, e cosa ne esce? Galizia. E giù foto: cavalli, prigionieri col colbacco, zingari, ebrei, armate nella neve, chiatte su fiumi immensi, trincee di terra tenute su da puntoni in legno. Ponti distrutti, generali con la pelliccia. E fango, fango, fango.

Ora lo so: ciò che per figli e nipoti dei fanti in grigioverde è il Carso, per i trentini e le genti del litorale è la Galizia. Prima ancora di capire dove sono stati mandati, due terzi dei miei caduti triestini finiscono invischiati in quella ragnatela, in quei primi cinque spaventosi mesi di guerra. Da noi, l'epifania del disumano porta questo nome e numero: Galizia 14. È lì la memoria fondante, la differenza che segna ancora un confine tra me e il resto del mio paese, la parola chiave che divide Veneto e Trentino e spacca in due la mia regione.

In gran parte del Friuli, italiano già dal 1866, la parola Galizia non significa nulla. Ma se passi l'ex linea di frontiera, eccola sulla bocca di tanti. Se ne parla, come in Polonia, in Boemia, in Ungheria. Anche negli ambienti più sinceramente italiani, oggi basta scavare un po' sotto l'epopea irredentista perché escano fuori con prudenza racconti di nonni in divisa austriaca persi nelle bufere dei Carpazi. Stessa cosa se dalle valli del Primiero, in Trentino, scendi nel Regno d'Italia verso Primolano o Pedavena. Appena oltre, se pronunci quel nome incontri sguardi smarriti. In Veneto la guerra è solo Carso, Piave, Adamello, Ortigara. E il 14 non significa niente.

Preparazione al fronte. Sacco, scarponi, libri, mappe, date. Scopro che nel luglio del '14 il Kaiser di Germania è ancora al mare in vacanza, dimentica persino di avvertire il capo dello stato maggiore che c'è tensione con la Russia. A Mosca lo zar annuncia la mobilitazione generale, ma così, solo per mostrare i muscoli. L'Inghilterra governa tranquilla la Borsa di Londra e le rotte degli oceani, e in Francia, a pochi giorni dal disastro, nel cuore di un'estate che pare la più sfolgorante di sempre, i giornali hanno in copertina fatti di cronaca nera o previsioni ottimistiche sul raccolto. Norman Angell pontifica che la guerra è impossibile perché troppo forte è l'interdipendenza economica delle nazioni, e il suo libro tranquillizzante vende milioni di copie.

Quando capisci come è andata davvero, non puoi più sopportare che non si sappia, che non si scriva a lettere di fuoco, che non si proclami ai quattro venti e in ogni libro di scuola dell'Unione che tutto è scoppiato per caso, che la guerra era perfettamente evitabile, e che l'Europa si è suicidata così, sbadatamente, nel suo momento di massimo fulgore. Ti diventa inconcepibile che in premessa a ogni discorso sul primo conflitto mondiale non si dica chiaro e tondo che nessuno se l'aspettava, che la gente è caduta dalle nuvole, e che tutto è stato sottovalutato.

La guerra? Che ne sa la gente nel 1914? Troppo tempo è passato dall'ultimo conflitto e il mondo pare viaggiare verso progressi illimitati. A rileggerli, i cartelloni teatrali del '13 a Trieste e gli investimenti in Borsa dello stesso anno in città, non dicono niente di quanto sta per accadere. Irredentista o austriacante, la città sforna una prima al giorno, a un ritmo infernale, Ibsen e Schnitzler vanno in scena con anticipo sui teatri concorrenti dell'Impero e della stessa Italia. Trieste è un formidabile sismografo di arte, commercio e geopolitica, amplifica le note di Smetana e Sibelius come le fibrillazioni dei Balcani, i prezzi delle granaglie ad Alessandria d'Egitto allo stesso modo delle visioni febbrili di Slataper o delle imbecillità futuriste.

Al Verdi si esegue uno Schönberg per soli archi che pare un requiem del vecchio mondo o uno straziante preludio del massacro a venire, ma nelle osterie ci si sfida a suon di settenari ebraici in yiddish, oppure si canta in quel nostro dialetto fatto per prendere in giro ogni cosa, in primis se stessi. Dalla Bulgaria arrivano notizie di barbarie, fanti uccisi a baionettate, ma a Trieste il porto raddoppia e si inaugura la nuova monumentale pescheria, mentre intorno impazzano l'operetta, le canzoni di Cecchelin e il ritmo scatenato della czarda.

E riecco la moviola del 1992, l'ultimo disastro bosniaco. Anche lì, tanti sono colti di sorpresa, perché tanti hanno dimenticato la guerra. Intorno a Sarajevo sferragliano i tank dell'Armata federale e si scavano trincee, ma la gente non crede al peggio e nelle kafane vicine al luogo dell'attentato a Franz Ferdinand gli intellettuali fumano, sorseggiano cappuccini e filosofeggiano dicendo: non accadrà. La diplomazia resta inerte, paesi ricchi guardano in tv le sequenze del crollo, ma tutto sembra lontano e privo di rischi di contagio. È una cosa balcanica, si dice. Ma certo, l'Europa è un'altra cosa, è distante dalla barbarie. E così, come nel '14, sempre a Sarajevo la macchina si mette in moto senza incontrare resistenze grazie all'incredulità dei benpensanti e al torpore degli intellettuali.

So già quanti famelici becchini della memoria si butteranno sull'affare del centenario. Mi sembra di vederli, all'arrembaggio in ordine sparso. Squali a caccia di sovvenzioni, pirati del metaldetector, restauratori di forti in subappalto, mummificatori di Caduti, raccomandati speculatori di cineteche. I paesi stessi dell'Unione ci porteranno nauseati al 2018. Vietato, per carità, dire che il 1914 è stata una tragedia, e che quella tragedia serve a evitare altre tragedie, e a capire l'Europa di oggi.

3.

Kanonengulasch

A rendere ancora più sinistra la ferraglia del Museo della guerra di Trieste è la strana morte dell'uomo che l'ha raccolta. Diego de Enriquez – così si chiamava – rimase carbonizzato nell'incendio di uno dei suoi magazzini, forse ucciso da qualcuno che voleva mettere le mani su documenti scottanti. Con la morte, su cui indagò a lungo la procura, il collezionista ebbe un rapporto così intimo da dormire in una bara in mezzo a cannoni d'acciaio, risme di documenti secretati e quaderni farciti di annotazioni personali, tra i quali trecento bloc-notes con la pignola trascrizione dei murales della Risiera di San Sabba, ricopiati prima che le pareti del campo di morte nazista fossero intonacate da un criminale.

La storia di quei reperti è a dir poco tormentata. In attesa di sistemazione definitiva, sommergibili e cannoni sono rimasti per decenni sotto la pioggia o in magazzini malcustoditi, per la felicità di ladri e collezionisti. Negli anni della mia adolescenza quella massa di armamenti aveva trovato alloggio a due passi da casa mia, in cima al colle di San Vito, e noi, con la banda del rione, si superava la cancellata per arrampicarci sulle torrette dei sommergibili o ficcarci come topi nei panzer. Era cento volte meglio del deposito legnami dove i ragazzi della via Pál erano andati a giocare alla guerra, perché la nostra era tutta roba vera. Sapeva di ferro, gomma, vernice e catrame. E poi, a garantire il brivido, c'era la paura del padrone, il misterioso de Enriquez, che poteva beccarci sul fatto.

Ho continuato ad amare anche da adulto quel mucchio di roba polverosa, poco accessibile e mal catalogata. Le ragnatele e la ruggine dicevano la vacuità degli imperi cento volte meglio di un moderno museo interattivo. Non toglieteli di lì, vi scongiuro, pensavo fra me e me. Ma alla fine tutto è stato piazzato in una caserma dismessa in vista della costruzione di un vero museo da inaugurarsi nell'estate del '14, per il centenario dello scoppio della Prima guerra mondiale. A quel punto ho capito che tutto sarebbe stato ridipinto, pulito, reinterpretato scenograficamente e affiancato da pignoli cartelli esplicativi. Così mi son detto: vado a vederli per l'ultima volta, i miei giocattoli d'acciaio, prima che qualcuno tolga loro l'anima.

Così ora eccomi qua davanti al portone del museo, sotto una pioggia monsonica, alla vigilia della partenza per il fronte, ad aspettare il custode che arriva alle dieci in punto, in Vespa, sorvolato da una nube di gabbiani, con un mazzo enorme di chiavi per aprire i cancelli. Entro esitando, forse temo l'incontro col ragazzo che sono stato, e subito li riconosco, i miei giocattoli di allora: i grossi calibri della Grande guerra, il sommergibile tascabile, i pezzi della nave *Elettra* di Marconi, i cingolati dell'Afrika Korps, le immense ogive della Marina asburgica incastrate in una corazza d'acciaio durante una prova balistica a fine Ottocento.

Trovo anche formidabili pezzi mai visti, come una cucina da campo, simile a una stufa su ruote, con tanto di forno, caldiera e camino, che gli utenti austroungarici avevano battezzato col nome inimitabile di "Kanonengulasch". Mi viene voglia di sedermici sopra, come il barone di Münchhausen sul cannone che lo sparerà sulla Luna. È roba che ha un secolo appena, ma dorme nella penombra come mummie egizie nei magazzini del Museo del Cairo. La polvere che si è depositata in pochi anni me li allontana già di un millennio.

In una saletta piena di roba alla rinfusa, un capannello di busti in gesso fine Ottocento, a grandezza naturale. Papi, imperatori, feudatari, generali, fondatori di compagnie assicurative, teste pompose o arcigne simili a tartarugoni che si allungano fuori dal carapace di imballaggi troppo piccoli, ammassati ai piedi di una finestra chiusa. E siccome qualcuno le ha orientate verso la porta d'ingresso, pare si siano appena girate per fissarmi. In un angolo, appoggiate al muro, cataste di fasci littori che paiono scolpiti nel marmo imperituro e invece sono di plastica, leggerissimi e cavi, quintessenza dell'anima illusionistica dei regimi. Si narra che il de Enriquez se li portò via da Lubiana nel 1945, a guerra non ancora finita, su un carretto a cavalli, ed ebbe per questo un salvacondotto sia dai partigiani jugoslavi sia dai tedeschi.

"Ma il meglio viene ora," mormora il custode, e mi accompagna verso un capannone in fondo a un cortile pieno di erbacce. Armeggia con il suo mazzo di chiavi e apre a fatica una porta di ferro che dà su un ambiente buio, chiuso da saracinesche. Non so se ci sia la luce elettrica, fatto sta che nessuno la accende, e mi ci vuole un po' per distinguere ombre come di enormi cavolfiori su zampe di cavalletta o di mantide religiosa. È una collezione di grandiosi carri funebri primo Novecento, tutti neri come la pece, fatti per cavalli neri bardati di nero. La morte cattolica è barocca, e il barocco della Controriforma trionfa con spagnolesco ritardo su quella celebrazione del Finis Austriae.

"E ora guardi bene," dice ancora il custode, "quello lì in mezzo è il gemello del carro funebre a cavalli che portò Sofia dietro al feretro del marito Franz Ferdinand, nel funerale che si svolse a Trieste dopo l'attentato di Sarajevo." Resto senza parole. Un pezzo favoloso, dalle grandi ruote esterne al catafalco centrale, che lì nel semibuio sembra librarsi nel nulla. Un trionfo di decorazioni in oro: fogliami, drappeggi, stemmi, putti, colonnine, aquile imperiali, volute, spirali, fregi di ogni tipo, e ancora croci, fanalerie e, davanti, il sedile decorato del vetturino, a forma quasi di slitta, con i freni e gli attacchi dei cavalli impennacchiati.

Cavalli, ancora cavalli traghettatori dell'aldilà, come quelli degli ulani della notte, bestie cocchiere del destino dell'Europa. Tolgo la polvere dai vetri laterali con l'effigie smerigliata di un angelo e riprovo, improvvisa e ancora più forte, la dilatazione del tempo. La mia vita è durata un soffio, ma quel soffio corrisponde già a due terzi del secolo che separa il mondo dall'evento. Li ho conosciuti solo pochi anni fa gli ultimi Cavalieri di Vittorio Veneto, gli ultimi testimoni centenari di quella guerra; gli ho parlato, mi hanno persino cantato le loro canzoni. Ma lì, nei magazzini del museo de Enriquez, il loro mondo sembra già lontano come l'impero degli Incas.

"Trieste era segnata nel destino di Francesco Ferdinando," bisbiglia il custode. "Lo sa che ha passato al castello di Miramare l'ultima notte prima del viaggio fatale? E lo sa che sempre un triestino, Max Fabiani, ha disegnato il famoso roseto del castello di Artstetten, che lui amava tanto e dove è sepolto? Rose di sangue, ha scritto qualcuno. E lei ha idea di che nave abbia portato il cadavere dell'arciduca a Trieste? La corazzata *Viribus Unitis*, varata a Trieste. E varata da chi? Dallo stesso arciduca. Capisce? Aveva messo in mare la sua bara."

Accarezza una ruota del catafalco: "E poi c'è questo maledetto funerale. Le due casse da morto prendono qui la strada di Vienna. A Trieste, stazione Centrale. E migliaia di ragazzi gli vanno dietro, appena un mese dopo, su questa stessa linea ferroviaria. Verso la Galizia. Poveri muli nostri".

Fuori ha smesso di piovere, la luce è già forte, l'asfalto sfiata vapori. Esco dal luogo e dal tempo, con addosso ragnatele incollate al naso, alle orecchie, alle mani. Ho visto molte foto di quel funerale, ma stavolta l'ho vissuto dal di dentro. C'ero. Posso raccontare di quel 2 luglio del 1914, dei feretri che arrivano a Trieste direttamente da Sarajevo e attraversano la città fino alla stazione della Südbahn. Posso testimoniare che in quel caldissimo giorno d'estate, fra le 7.45 e le 9.50, inizia per davvero il conto alla rovescia per il disastro.

Conosco a memoria quella strada, dallo sbarco sulle Rive alla stazione, e ne ho contato i passi: 1800. La fine del mondo si consuma in 1800 passi. Per la precisione, 1804. L'ho ripercorsa, con lo stesso ritmo esasperante di allora, in 125 minuti.

Ecco, i feretri scendono dalla corazzata *Viribus Unitis*, ancorata in rada. Vengono traghettati su una maona, il mare pullula di navi da guerra, con soldati schierati sulla tolda, pennacchi di fumo nero, cannonate a salve.

Pieni anche i moli, di navi da trasporto e passeggeri. Vedo l'ammiraglia dei Cosulich, *Kaiser Franz Joseph I*, e il *Baron Gautsch*, che di lì a pochi giorni salterà su una mina "amica" per la distrazione del comandante.

Odore di carbone, pesce e spezie d'Oriente. La pavimentazione delle Rive non è ancora completata, la città è tutta un cantiere, le banche e le assicurazioni scommettono su un futuro senza ombre. La nuova pescheria centrale è stata appena inaugurata.

Cinquantasette passi dalla banchina ai palazzi sul fronte mare. Piazza Grande, 2 luglio 1914. Luogo e momento tremendo, avvio di una sequela di sciagure. La guerra, il fascismo, le leggi razziali proclamate in quello stesso luogo. Poi un altro conflitto, la Shoah, le vendette che seguono, i profughi, le foibe, la Guerra fredda, l'agonia del porto. Per un secolo, Trieste sconterà la fine del mondo di ieri.

Fa caldo, la folla si abbarbica alla fontana per vedere oltre il cordone dei marinai. Luccicano elmetti col chiodo, vibrano pennacchi sui fez dei fanti bosgnacchi irrigiditi.

199, 200, 201. Folla immensa, rintocchi a morto, opprimente silenzio.

223, 224, 225, Capo di Piazza, statua di Carlo imperatore. Sono già passati un drappello a cavallo, due compagnie di soldati e sei carri pieni di fiori con tiro a due.

Le case sono listate a lutto, i lampioni hanno un cappuccio nero. Finestre e balconi affollati, qualcuno mi saluta dall'alto, dico distrattamente ciao, ma la mia testa è altrove.

Vado con andatura regolare, da metronomo. Chi mi conosce pensa che sono fuori, e difatti lo sono. Vedo solo quel film, e non è nemmeno difficile. Basta ignorare gli umani e la miseria dell'oggi. Quasi nulla è cambiato in un secolo, ciò che è stato fatto dopo il '14 è solo un intonaco che si scrosta.

Ma ecco, ora vedo convergere a sinistra i portatori delle croci, i prelati con mitria e piviale funebre, il clero delle altre confessioni, poi le due carrozze monumentali con quattro cavalli ciascuna. Scalpitano, i palafrenieri sudano a tenerli al passo.

667, 668, 669. Mia nonna mormora: "Questo è il funerale di un'epoca".

In due ore finisce il mondo delle riverenze e dei baciamano, delle donne fatali con veletta su auto decappottabili e degli idrovolanti con ali di seta.

Sotto il palazzo giallino dei Wulz, faccio in tempo a vedere un cavallo del servizio d'ordine che ruba la paglietta a un borghese e se la mangia. Fotogrammi fin-de-siècle.

Rullano tamburi, e la città sente puzza di morto, si mormora che a Vienna il Kaiser sia ostaggio dei signori della guerra.

1011, 1012, 1013, il fiume degli eventi si gonfia per imbottigliarsi verso la stazione, dove presto, con le fanfare della *Generalmarsch*, triestini, dalmati e istriani partiranno per il fronte.

1523, 1524, 1525, si passa davanti alla caserma che l'Italia dedicherà a Guglielmo Oberdan, attentatore di Franz Josef. Sta per consumarsi il suicidio di un continente.

Il corteo piega a sinistra, imbocca via Ghega, dedicata al costruttore della ferrovia del Semmering, un nome che nessuno oserà scalpellare dopo l'arrivo dell'Italia.

1803, 1804, capolinea della ferrovia, il serpentone nero si accorcia, si comprime, si ferma.

Autorità in nero, cappelli a cilindro. Ordini secchi, presentat'arm.

I marinai scaricano i catafalchi, attraversano il magnifico atrio della stazione.

Il convoglio aspetta, già avvolto nel vapore della locomotiva.

Alle 9.50 fischia il capostazione con feluca e spadino e il treno si muove, cigola, in mezzo ai marciapiedi pieni.

Ma il film non si ferma, perché ora vedo binari e cavalli, il vento gelido sullo Schneeberg, il cielo nero, i feretri sistemati nel palazzo della Hofburg, la folla silenziosa, la faccia di pietra dell'imperatore.

Poi, nella notte, l'ultima partenza, i catafalchi caricati su un altro treno alla Westbahnhof sotto un temporale imminente.

E lì altri binari e traversine, gli abeti del Wienerwald agitati dal vento, una notte di luglio che sembra novembre, il convoglio che si arresta a Pöchlarn sul Danubio, con il castello di Artstetten – destinazione finale – illuminato dai lampi sull'altra riva.

E alla stazione, in attesa, ancora cavalli, di nuovo cavalli neri e lucidi di pioggia che si impennano, spaventati dai fulmini.

La compagnia di necrofori che li tira a fatica, con le pesanti carrozze, sulla chiatta che dovrà passare il fiume tempestoso.

La cripta gelida che attende, con pochi inservienti intirizziti, i carri neri staccati, le gualdrappe sotto il nubifragio.

4.

Blues di binari, uomini e cavalli

Trieste, fine ottobre 2013

Che altro può scegliere uno che abita in fondo a nord-est, per andare a Vienna e in Polonia? La ferrovia, che domande. Catafalchi di arciduchi e battaglioni di coscritti non sono forse partiti da Trieste in treno? Ed è vero o no che oggi in Italia il treno resta una tradotta con addosso la stessa puzza del 1914? Ma ho mille altri motivi per fare questa strada su rotaia. Per cominciare, sul mio confine le ferrovie sono ancora quelle di allora: linee austriache, cui l'Italia non ha aggiunto nulla, semmai ha tolto. E poi c'è che questa mia storia è un blues di traversine, binari, uomini e cavalli, e a me serve la giusta colonna sonora per narrarla. Quand'ero bambino, la nonna mi raccontava che in guerra in ogni vagone venivano stipati "acht Pferde oder zwei und vierzich Männer", otto cavalli o quarantadue uomini, e io vivaddio devo ricordare anche lei, la mia vecchia. E c'è che solo in treno posso leggere in pace, mettere in moto la macchina dei pensieri. E incontrare, se capita, le Ombre.

Vado sui vecchi binari per nostalgia, perché il treno è un pezzo del mondo di ieri, solido di ferro di pietra e di legno. Ci vado perché un ponte ferroviario primo Novecento può avere le proporzioni sublimi di un Partenone. Ma ci vado anche per capire l'oggi, per sapere cosa pensa la gente, e per questo ho da frequentare stazioni, non aeroporti; dunque, viaggio per vedere esattamente quello che i politici – gente di scarpa lustra – non vedono, in quanto utenti fissi d'aeroporto. Ma scelgo il treno, perché no, anche per leggere il futuro, per capire dove va la mia Europa o semplicemente se l'Europa va ancora da qualche parte. Ci vado per passare in silenzio le linee di faglia, zitto come un pesce-siluro, e per sentire lo scricchiolio dei confini che si disfano o risorgono.

Mi imbarco su quella linea perché il doppio binario via Semmering è il mio cordone ombelicale con la città-madre e perché a Vienna la Südbahnhof si chiamava Triester Bahnhof. La prendo perché la mia città è stata austriaca per cinque secoli, per risalire fino alle sorgenti il fiume della mia storia. Scelgo la ferrovia perché lì, sul Danubio, si cela l'enigma di un mondo ordinato che un giorno, non si sa come e per quale motivo, sceglie di autodistruggersi, e ci vado perché, in una stradina dietro la cattedrale di Santo Stefano, troverò le mappe dei miei cimiteri di guerra e l'uomo giusto per leggerle. Scelgo la ferrovia perché oggi andare a Vienna, nell'era dei treni veloci, mi fa spendere quasi le stesse ore del 1914, e a me la lentezza non disturba. Questo è un viaggio nel tempo, e a me serve tempo per capire.

Parto così anche per ostinazione, perché da Trieste non si va più da nessuna parte, perché Roma ha chiuso anche l'ultimo dei collegamenti internazionali, e dunque vado a Vienna anche per masticare fino in fondo l'amaro della mia emarginazione. Lo faccio perché l'Europa del 1914 sapeva gloriosamente di ferro, carbone, stazioni e binari, e non conosceva passaporti; e perché a quel tempo mio nonno andava da Trieste a Klausenburg in ventiquattr'ore senza mostrare documenti, mentre oggi Klausenburg è Cluj-Napoca in Romania, e per arrivarci devi cambiare quattro volte e subire lunghi controlli di dogana, frontiera e polizia. Ci vado perché da Trieste a Vienna, nel '14, c'erano tre linee – una via Lubiana-Graz, una via Pontebba e una via Gorizia, Bohinj e Sankt Veit an der Glan – e oggi è rimasta solo la seconda, a mezzo servizio, con i bus.

Ma proclamo di farlo, e con rabbia, anche per i Caduti di

Redipuglia, perché non posso accettare che seicentomila ragazzi siano morti per questo, perché Trieste fosse cancellata dalle mappe e diventasse un binario morto dopo essere stata al centro d'Europa. Devo andare, per rompere il mio isolamento, perché sento che la mia città "cara al cuore" non è amata dai vicini – friulani, sloveni o croati che siano –, e perché oggi, in una micro-regione di un milione di abitanti, Trieste conta meno di quanto contasse in un impero esteso dalle bassure padane alle steppe sconfinate della Russia.

Vado in treno, naturalmente, perché il viaggio è sogno, e io covo una nostalgia insana del vecchio *Orient Express* e del train de nuit Lubiana-Mosca dal samovar fumante in fondo al corridoio. Parto per maledire lo squallore dell'oggi, perché persino durante la Guerra fredda andare a est era più facile e la rete di ferro tagliava fiumi foreste e montagne meglio che in questi tempi ipocriti in cui, nonostante i proclami, c'è meno Europa di cento anni fa.

Eccomi dunque, allo sportello della stazione, più per rivendicare un diritto che per comprare un biglietto. Per farmi certificare che da qui non si va più da nessuna parte, né a Vienna né a Lubiana; perché mi si dica sul muso che non esiste più l'*Orient Express* e mi si notifichi senza giri di parole che negli orari sono scomparse Parigi, Praga, Berlino, persino Fiume e Spalato. Qui, per avere dagli orari la conferma che Pontebba è tornata confine fra Impero e Regno d'Italia, e che per fare cinquecento chilometri fino a Vienna mi ci vorranno tre biglietti, uno per Udine su un locale, uno per l'autobus Udine-Villaco delle Österreichische Bundesbahnen, e uno da Villaco a Wien-Meidling su treno veloce via Semmering.

In stazione trovo una coppia di francesi diretti a Zagabria. Sono all'ufficio informazioni, increduli di fronte all'evidenza di non poter andare oltre la città multiculturale, il porto dei grandi caffè storici e delle navi per Suez, l'emporio in bilico fra Mediterraneo e Mitteleuropa declamato sulle guide come centro del Continente. Tutto cancellato negli ultimi vent'anni. Controllo il tempo che mi ci vorrà per arrivare a

Vienna: nove ore e ventotto. Solo un'ora e un quarto in meno di allora: dieci ore e sette minuti, quando si andava con locomotiva con sedici soste fitte di coincidenze.

Uno sguardo agli orari del vecchio mondo, dal dépliant illustrato del treno panoramico con vagone ristorante della Canadian Pacific sulla linea Berlino-Trieste, anno 1912. Berlin, Dresden, Prag, München, Salzburg, Bischofshofen, Schwarzach-Sankt Veit an der Glan, Bad Gastein, Spittal-Millstättersee, Villach Hauptbahnhof, Rosenbach, Assling, Feistritz, Santa Lucia di Tolmino, Gorizia, Prevacina, San Daniele, Opicina, Trieste Sant'Andrea. D'accordo, era roba per ricchi. Ma il confronto col nulla di oggi resta deprimente.

Lo capisci da altri elenchi di luoghi. È quello dei binari, degli scambi, degli innesti e dei raccordi rottamati dall'Italia. Gemona, Sacile, Pontebba, Cormons, Redipuglia, Udine, Carnia, Guardiella, Prosecco, Aurisina, Servola, Trieste Centrale, Opicina, Scalo Legnami, Aquilinia. Persino la bella stazione di Miramare, dove Massimiliano d'Asburgo scendeva dal predellino per raggiungere in carrozza il castello, si è vista estirpare i binari di sorpasso. Chilometri di strada ferrata smantellata con l'alibi bugiardo della "rete snella". Povero paese mio, maestro in eufemismi imbroglioni.

In che mani siamo? Il mobilio asburgico della Sala reale della stazione Centrale è stato salvato dai volontari del dopolavoro quando era già nella spazzatura. Stessa cosa per l'archivio delle ferrovie austriache, destinato al macero. E non è finita: linee industriali spolpate, binari di precedenza tolti, declassamento di fermate, saccheggio di scali merci, caselli storici venduti o lasciati alle ortiche, linee vitali ridotte a raccordi. Un disastro. Senza contare le demolizioni in programma, tutte, guarda caso, sulla linea del fronte. E noi lì, fortissimamente voluti dall'Italia solo per essere tagliati fuori dal mondo.

Confronti umilianti. Alla vigilia della Grande guerra c'erano dodici treni al giorno per Vienna, tutti diretti. Oggi nessuno. Il raccordo tra Gorizia e la Slovenia è chiuso da decenni, anche se la linea esiste ancora. In sonno anche la seconda stazione di Trieste, quella di Sant'Andrea-Campo Marzio, che ebbe un grande tetto in ferro stile Milano Centrale e fu scelta come sfondo per un film tratto da *Anna Karenina*. Cadono i confini, ma la Venezia Giulia resta prigioniera del suo binario morto. Per Roma, il mondo finisce a Mestre. Da lì, per Trieste, hai solo l'imbroglio di treni veloci che impiegano lo stesso tempo dei locali.

Archeologia, solo questo rimane. Commoventi pezzi unici che si ostinano a funzionare. La vecchia Gomulka sovietica usata dai treni di Tito. La Kriegslokomotive nazista, macchina di morte che deportò gli ebrei e poi divenne macchina di pace col trasporto degli aiuti del Piano Marshall. Carrozze fine Ottocento con tappezzeria intatta. Nell'ex sala d'aspetto, il patrimonio inestimabile di uno dei più bei musei ferroviari d'Europa. Timbri, telefoni a manovella, quadri di comando, carri passeggeri, tappezzerie, amperometri, pompe, scambi, segnali, divise, spartineve, locomotive, fotografie, mappe, plastici, sigilli doganali per la piombatura dei vagoni, berretti con visiera e decorazioni in oro di un mestiere che fu nobile, e tale rimase anche con l'Italia fin tanto che per entrare in ferrovia fu prescritto di giurare sulla bandiera.

Nonostante decenni di lettura italianissima della Storia, nonostante le strade e piazze ribattezzate romanamente – Foro Ulpiano, Campo Marzio, Riva Traiana –, nonostante lo sventolar di Tricolori e i giuramenti di reclute in piazza Unità, sui binari di Trieste la percezione di una decadenza iniziata dopo il '18 è lampante. Nelle vecchie stazioni nessuno può toglierti l'idea che dopo il Finis Austriae l'Europa sia diventata più lontana, la marineria meno importante, il paese meno ordinato, l'edilizia meno solida, la burocrazia meno onesta, l'istruzione meno capillare, il fisco meno equanime e la manutenzione della cosa pubblica più approssimativa.

E intanto, dalla politica, quanta dissociazione, quanto rifiuto, quanta infinita sciatteria nei confronti di questa nobile memoria. Un Museo del mare ridotto ai minimi termini, seminascosto in modo che non venga in mente a nessuno che Trieste è stata grande sui mari grazie agli Asburgo. I giardini del castello di Miramare mangiati dall'abbandono del verde pubblico. Tutto dice l'impossibilità di leggere il mio luogo natale in modo alternativo e diverso rispetto a come l'aveva disegnato l'Impero. La pavimentazione del fronte mare, uno dei più belli d'Europa, con i grandiosi palazzi viennesi degni di una capitale europea, è rovinata dai camion e dall'incuria. Aree pedonali delimitate da ringhiere spezzate, vecchie pietre di arenaria sostituite da roba cinese, poi svendute o accatastate su un terrapieno.

"Marco," dico al mio panettiere, "parto fra pochi giorni. Biglietto per Vienna e poi Polonia meridionale, fino al confine ucraino." So che muore dalla voglia di imbarcarsi anche lui in questo viaggio della memoria, ma non può mollare la bottega.

"Ah. Galizia, dunque. Vedrai cose grandi," brontola. E subito mi butta una trave tra i piedi: "'Scolta. Se te scrivi qualcosa, te prego, no sta' tirar fora anca ti quela monada de la inutile strage. Xe una trapola". Si riferisce all'appello di Benedetto XV a por fine alla guerra.

"Oh Madonna santa," replico, "non vorrai mica dirmi che ci sono stragi utili?", e capisco che non me la caverò facilmente. L'obiezione ha un retroterra robusto.

Dalle mie parti il pensiero forte non aleggia nei salotti e tanto meno nelle accademie, ma negli ultimi posti dove si usano le mani, perché le mani tengono lontano dal grande anestetico del web. Fra le tre e le sei del mattino, quando impasta il pane, Marco – che tende al millenarista apocalittico – fa una cosa che nessuno fa più. Rimugina. E siccome legge, rimugina molto. Dal momento che ho cominciato a occuparmi di guerra mondiale, rimugina ancora di più. E quando vado a comprar pane di mattina, spara conclusioni che mi impallinano.

Insiste: "La guerra fu il fallimento di tutti, è ovvio. Ma se non ci fosse stata la guerra, quelle pidocchiose aristocrazie sarebbero durate chissà quanto ancora, grazie agli imperi".

Fuori piove. Nella stanza accanto la gente fa ressa per il pane ancora caldo. Cerco una difesa. "Ma poi, è arrivato il

45

fascismo, e lo stalinismo. Dopo, tutto è stato peggio. Dov'è l'utilità della strage?"

"Non c'entra. Quelli sono incidenti di percorso."

"Ma come incidenti? La Grande guerra ha prodotto decenni di sciagure."

"Appunto. La guerra è durata trent'anni, fino al '45. E alla fine, per mezza Europa, è arrivata la libertà. E poi la definizione di inutile strage è di un papa, ed è del 1914. Non possiamo avallarla passivamente."

"Era un codino reazionario," dico, "che teneva i massoni Savoia sotto scomunica, e intanto faceva le fusa a quei bigotti degli Asburgo."

Peccato stendere anche in italiano questa conversazione in dialetto. La mia lingua locale non è di basso rango. Al contrario: va benissimo per gli alti pensieri. Ti fa rimanere con i piedi per terra, evita voli pindarici e tiene attiva l'autoironia. È perfetta per gli affari e anche per l'amore. Fino agli anni ottanta, prima che venissero a italianizzarci, è stata la lingua dei capitani di mare e dei vertici delle grandi assicurazioni.

"Mah," riattacca il Nostro, "i papi xe ossi duri de rosigar. Sta' attento: Benedetto XV rimproverava anche l'Austria-Ungheria di sottrarsi al potere della Chiesa. Il demonio per lui era dappertutto, specialmente nei venti di democrazia e uguaglianza. Prova a leggere Pio X: ti vien la pelle d'oca."

"Va be', ma il cuore," dico, "gli batteva per gli imperi. Gli piaceva lo zar, che faceva frustare i contadini e genuflettere le truppe davanti al suo cavallo. Le hai viste le foto? Intere armate in ginocchio."

E lì Marco dilaga. Dopo ore di isolamento nel retrobottega, non gli par vero che qualcuno lo ascolti.

"Nell'enciclica *Ad Beatissimi Apostolorum* il papa individua i mali della modernità – la laicizzazione dello stato e della scuola e gli afflati libertari che distruggono la verticalità del potere: Cristo, impero, popolo."

Si interrompe solo per rispondere alla moglie che lo chiama dal bancone, poi riattacca con le capriole. "Abbiamo faticato a conquistarci la democrazia, sì o no? E allora, se non vogliamo rinnegarla, dobbiamo riconoscere a quella guerra un'utilità storica. Non dimenticarti che è stata fatta da chi voleva impedire la nascita di un mondo nuovo. Furono i privilegiati, gli Junker, i detentori delle rendite, a voler distruggere il nuovo mercato mondiale che stava nascendo con la navigazione a vapore, il telegrafo, le lotte operaie eccetera."

Non molla: "Ti te me dirà che i popoli se ga odià in 'sta guera. Mi digo caso mai che i se ga conosù. Forsi l'Europa xe nata in trincea".

I pensieri di Marco sono pagnotte che lievitano nei miei bloc-notes per settimane. E, sapendo del viaggio imminente, mi ha lasciato nella cassetta della posta vecchie edizioni di *La grande illusione* di Norman Angell e di *I cannoni d'agosto* di Barbara Tuchman. Tutta roba buona, quasi introvabile.

Si sa, all'imbarco di un grande viaggio capita di fare incontri premonitori, come Ismaele sul molo di Nantucket dove è attraccato il *Pequod*. Saggi, cabalisti, visionari, gente che annuncia sventure o ti parla delle tredici lune del 2014. Ed è sul molo che, prima di partire, trovo Marino il pilota. Accompagna le navi fuori e dentro il porto di Trieste e, tra un'uscita e l'altra, si diverte a discutere di come va il mondo.

Corporatura stagna, saggezza istriana, legge molto e spara anche lui fondatissime conclusioni in lingua locale. Quando gli dico che vado in Galizia, mostra subito di sapere dov'è: "Te ga visto che ribalton in Ucraina?". Zac, passato e presente collegati al volo. Per Marino è ovvio che i terremoti si ripetono sempre negli stessi luoghi. Ed è lampante il nesso fra lo smembramento dell'Impero asburgico e l'instabilità dell'oggi.

"Le semenze i le ga messe quela volta, xe ciaro," i semi sono stati gettati allora, dice, e mi squadra allegro ed energico come sempre, in braghe corte da lavoro, gambe larghe e braccia conserte sul camicione a quadri.

E via a discutere di Russia zarista e Impero ottomano, lì sulla riva del mare, col vento d'ottobre che arpeggia il sartiame delle vele e i cormorani che si tuffano in cerca di paranza; lì a dire che oggi un terzo conflitto globale potrebbe benissimo deflagrare per motivi egualmente prevedibili ed egualmente sottovalutati dalla solita cricca di ebeti. Cosa sono l'Ucraina, l'Iraq, i Balcani e la Palestina, se non vecchie cicatrici del 1914? Poveri imperi: non furono poi così male, se scontiamo ancora oggi la loro dissoluzione.

Marco e Marino. Come fai a dire chi ha ragione? Forse tutti e due. La Storia è una cosa seria, e io non la trasformo in un derby fra nazione-Italia e impero-Austria. Non mi riconosco né in quei triestini che al concerto di Capodanno applaudono come ebeti la *Marcia di Radetzky*, la più anti-italiana che ci sia, né nei gufi italianissimi portatori di labari, basco e occhiali neri, appollaiati in tutte le cerimonie militari. Non accetto che i morti di Galizia siano reclutati contro quelli del Piave, o che il '14 sia usato contro il '15. E viceversa.

Né Gulasch né amatriciana, né birra né vino per questo centenario di disgrazia. O banchetto con tutti e quattro. Qui si viaggia in terra di nessuno. E chi se ne frega delle nazioni.

5.

"Perché parlel todesc, sior sergente?"

Tradotta numero uno, Trieste-Udine. Mi beccano appena il treno si muove. "Ma lei cosa si sente?" chiede un emiliano che mi riconosce, dopo due parole d'approccio. Non gli dico che odio quando mi strappano dall'anonimato ferroviario. Mi limito ad allargare le braccia e a rispondere: "Siamo complicati". Vedo di cavarmela così. Sennò dovrei attaccare con la solita tiritera, dire che sono friulano a metà, e per il resto istriano e un po' boemo; che sono figlio di un ufficiale-gentiluomo fedele al Tricolore e sono cresciuto in mezzo a irredentisti e nostalgie per l'Istria perduta, ma che, attenzione, la storia dell'altra parte della famiglia è austriaca. Dovrei ripetere per la centesima volta che mia nonna, senza muoversi da Trieste, è passata sotto sei bandiere: monarchia asburgica, Regno d'Italia, Germania, Jugoslavia, governo militare alleato, Repubblica italiana. Ma mi è passata la voglia.

Il treno prende quota sul mare, si avvicina al fronte del '15, ecco le risorgive del Timavo dedicate al Randaccio, uno che D'Annunzio manda a morire solo per tesserci su un elzeviro, poi supera il dosso dove Enrico Toti tira la stampella. Cosa gli dico a questo che ho di fronte? Che quando noi si dice "i nostri", nemmeno noi sappiamo di chi stiamo parlando, se dei soldati in divisa austriaca o dei bersaglieri giunti a "redimerci" nel '18? Come fargli capire che ci riconosciamo in entrambi? E come raccontare che io, Paolo Rumiz, so mettermi nelle scarpe di chi vide nell'Impero una gabbia repressiva e clericale, ma ho anche la lucida consapevolezza che, dopo l'Impero, ci sono piovute addosso solo sciagure – il fascismo, l'imperialismo, il comunismo, la negazione delle lingue altrui, l'estetica della morte? Meglio lasciar perdere.

Magari dovrei portarlo a vedere il bollettino della vittoria vergato a lettere di bronzo dall'ammiraglio Thaon di Revel sulla parete della prefettura triestina prospiciente le Rive, dove c'è scritto di navi affondate dalla Real Marina "a Pola, Trento e Trieste", e spiegargli che non è uno scherzo ma la monumentale coglioneria di un incapace che dalla flotta austriaca ha preso fin troppe lezioni (sui libri di scuola non si dice che nel porto di Taranto, il 2 agosto 1915, sabotatori austriaci fecero saltare in aria la corazzata *Leonardo da Vinci*, e che nel dicembre del '16 una mina nemica affondò la corazzata *Regina Margherita*). Oppure dovrei dirgli di una certa Carolina Invernizzi che, con i suoi penosi romanzi d'appendice, fece più danni di D'Annunzio nell'instillare a livello popolare odio razziale contro gli austriaci, parlando di loro come di "belve" capaci, a Trieste, di "sgozzare donne, trucidare fanciulli, profanare e bruciare cadaveri", efferatezze che provocavano l'assalto alle caserme da parte degli "eroici popolani" oppressi.

O forse dovrei tagliar corto, come ho fatto tempo fa con una troupe della Rai che in piazza dell'Unità insisteva a farmi celebrare il Diciotto come vittoria della libertà, obbligandomi a sbottare: "Senta, siamo circondati da palazzi austriaci, e dopo il '18 è venuto il fascismo. Veda un po' lei". Magari dovrei pure consolarlo, l'emiliano, poveraccio, e dirgli che non è colpa sua se l'Italia non sa niente di noi.

Esempio. Il 24 maggio del '15 la cavalleria italiana passa il confine austriaco dalle parti di Cervignano e chiede a un vecchio seduto sulla porta di casa: "Scusi buon uomo, dov'è il nemico?". E il buon uomo, tranquillo, risponde: "Veramente, signor ufficiale, il nemico siete voi". Oppure: negli stessi giorni c'è un assalto italiano a un forte della Val d'Astico, a ovest di Asiago, e un sergente che sa il tedesco urla col megafono di arrendersi alla guarnigione. Qualcosa tipo "Nachgeben sofort!", o giù di lì. Al che uno degli assediati grida: "Me dispias, se avanzé sbarem. Ma perché parlel todesc, sior sergente? El varda che parlem talian anca noi".

Sì, molto meglio fare da asettico Baedeker al mio compagno di viaggio, mostrargli cose semplici come il bivio ferroviario di Aurisina, dove dorme l'inutile doppio binario austriaco per Lubiana e Vienna, spiegargli che quella strada mi farebbe risparmiare cento chilometri, ma che qualcuno a Roma vuole che la linea resti fuori servizio. Raccontargli che lì a due passi ci sono i resti di una stazione monumentale, oggi mangiata dalla sterpaglia, che fino alla Prima catastrofe mondiale fu coperta da una volta di ferro come quella di Milano, e dove lavoravano centinaia di addetti, tra cui uno stuolo di camerieri in guanti bianchi che servivano vino francese e Wienerschnitzel in un ristorante di prima categoria.

Quando gli racconto queste cose, lui mi guarda come se parlassi dei Longobardi. Gli sembra impossibile che tutto sia successo appena ieri. E allora mi tocca imbarcarmi in altre spiegazioni, fargli capire che qui il tempo è più relativo che altrove, che le due guerre mondiali si sovrappongono, che le trincee del '15-18 si confondono con i bunker della Guerra fredda, che ad Aurisina son passati anche gli ebrei nel '43 e '44, diretti ai campi di sterminio, e che qualche ferroviere è riuscito a salvarli travestendoli con la sua divisa. Ma come diavolo faccio a spiegarmi, se qui non sappiamo capirci nemmeno fra noi? Come, se qui non esiste una memoria comune e generazioni di politicanti hanno fatto di tutto per dividerci?

Giorni fa, a un incontro pubblico sulla guerra, uno sloveno del Carso – cittadino italiano – mi ha rampognato dicendo: "Voi ci avete invaso, il 24 maggio siete stati voi ad attaccarci". Il senso era chiaro: appartengo alla genia degli oppressori. È sempre la stessa storia. Conosco l'inossidabile formuletta: quella secondo cui per gli sloveni la resistenza austroungarica del '15-18 sull'Isonzo altro non è che l'antifona della guerra antifascista contro lo stesso nemico, l'italiano. Semplice, no? E così, settant'anni dopo la guerra numero due, siamo ancora al "noi" e "voi" come i bambini.

Come sarebbe più semplice vivere in un mondo che conferma i pregiudizi. Un mondo fatto di francesi supponenti, italiani corrotti, polacchi antisemiti, tedeschi filonazisti, serbi violenti eccetera. Ma il mondo è complesso, ti smentisce sempre, e c'è chi non lo tollera. Così c'è sempre qualcuno che vuole banalizzarti perché non regge la tua complessità. Qualcuno che ha bisogno di un nemico per esistere. Ed ecco quell'accusa "etnica", costruita per semplificarmi, per farmi diventare solo italiano, io che italianissimo non sono stato mai. E difatti il colpo va a segno, perché subito mi passa la voglia di spiegare che anche mio nonno è stato "invaso" nel '15, e che anche lui ha combattuto sul fronte russo. Se lo spiegassi, sarebbe come dissociarmi da chi parla la mia lingua, come scusarmi di ciò che sono. E so che, per darci un taglio, basterebbe la parolina magica: "Galizia". Ma preferisco tacere.

Siamo pazzi, caro italiano d'Emilia, è inutile cercare eufemismi. Come facciamo a declinare generalità presentabili se siamo figli di una tempesta genetica, se da noi "sorso" si dice "sluc", "battuta di spirito" è "viz" e la "spinta" diventa "ruc"? Che garanzie può offrire una gentaglia che se ne frega dei confini e adora camminare sui moli con la bora a cento? Non posso pretendere che gli altri si sobbarchino la fatica di capire un simile guazzabuglio. Non posso chiedere al forestiero di grattare sotto la toponomastica, l'elenco telefonico, la retorica e le fanfare per scoprire che ci hanno cambiato metà dei cognomi, che dietro a Fabbri c'è Kovac, che Sbaizero è Schweizer, e Novotni è diventato Novelli.

Molto meglio, caro amico, che ti racconti storie. Mia nonna che dalle Rive di Trieste guarda la guerra sul Carso come una luminaria di fuochi d'artificio. Gli incendi in Carso dopo i temporali, che ancora negli anni venti fanno deflagrare centinaia di bombe inesplose, e la gente non sa distinguere fra i tuoni e il crepitio di quegli immani petardi. E poi i giornali che, credo nel 1925, scrivono di una bimba decapitata da una granata inesplosa, che viene ritrovata e ricomposta dalla nonna, la quale urla in modo così atroce da essere sentita nei paesi vicini.

Ma alla fin fine, gentile forestiero padano, mi basta che tu sappia una cosa. Noi qui si fa più fatica di altri a capire chi siamo. Sulla frontiera ogni viaggio è nelle pieghe dell'anima e ogni grotta del Carso è un abisso della mente. Mi è sufficiente che tu impari che qui a Nordest, nell'angolo in alto a destra della carta geografica, speleologi e psichiatri fanno in fondo lo stesso mestiere.

Tradotta numero due, Udine-Villaco. A Udine la coincidenza per l'Europa è un bus austriaco che dovrebbe fermarsi davanti alla stazione ferroviaria, ma il bus non c'è, mancano dieci minuti, e allora bisogna correre per il viale con la valigia a ruote fino al terminal, ma anche lì nessuna indicazione. Per Trenitalia il mondo finisce a Udine, la rotta del Nord è cosa per pochi intimi. Poi vedo la corriera stravagante, arrivata alla chetichella, lì che ronfa a una qualsiasi fermata d'autobus, bella e felpata, a due piani, una specie di salottino molleggiato, dove l'autista augura "piacefole fiaccio" e garantisce coincidenza infallibile a Villaco. E via nella pioviggine, via per l'ultimo giro di giostra del vecchio mondo, a pensare in che casino mi sono messo.

Lo so, dovrei iniziare dalla Serbia, perché lì hanno cominciato a crepitare le Maschinengewehr. Lì le prime cannonate, fra il Danubio e la Drina. Ma i cammini della memoria non rispettano le sequenze dei manuali. Qui si comincia dai Carpazi, da quell'ignoto assoluto dove abita un pezzo della mia identità, dalla Galizia maledetta, senza la quale non si capisce nulla, non si spiega perché a Trieste le partenze del '15 furono tragiche a paragone di quelle dell'agosto 1914. Galizia è la caduta dell'illusione, la scoperta dell'orrore del fronte, la disfatta, lo sbando, i morti a migliaia. Galizia è il treno che torna, stantuffa nella direzione contraria, pieno di feriti e mutilati, o di prigionieri russi, serbi, ucraini, montenegrini.

E poi col '15 c'è la guerra lontana che diventa guerra in casa, c'è l'armata tricolore che passa l'Isonzo, l'alleato di ieri che diventa nemico e obbliga gli italiani dell'Impero a una guerra fratricida. Nel '14 i coscritti austroungarici partono cantando da Trieste e Gorizia, preceduti dalla banda, increduli e convinti che sarà una cosa breve. Quelli del '15 invece, scrive Silvio Benco, arrivano ai treni ubriachi, scortati dai gendarmi, con un codazzo di madri, mogli e fidanzate in lacrime. Testimoni riportano di una donna che si alza le gonne, depone i suoi escrementi sulla pensilina e mentre i ragazzi partono, urla: "Se prenderanno Trieste, almeno avranno anche questa".

Vado allo sbaraglio con brandelli di diari, cartoline di robivecchi, qualche carta geografica. E liste di cognomi di ragazzi venuti dalle terre che nel '18 l'Italia avrebbe ribattezzato Venezie – Giulia e Tridentina – anche se mai veneziane erano state. Faccio un primo appello. Dalle terre dell'Adige rispondono i soldati Zattera, Botteri, Guadagnini, Leonardi, Riccadonna; e ancora Pelos, Fedrizzi, Grenes. Dall'Istria, Gorizia e Trieste, ecco i Lestan, i Leghissa, i Bartoli, i Bizjak, i Pitacco, gli Stanta, i Laurenti. Talvolta hanno i cognomi di amici o conoscenti. Spesso sono nonni di contemporanei che oggi si maledicono per non aver ascoltato abbastanza le storie dei loro vecchi.

Con un rùcsac tacà drio la schena
i ne imbarca per Graz o per Viena
chi va in Serbia chi va in Rumania
chi va in Rusia chi va in Bulgaria.

Mappa dell'Impero, ristampa Freitag&Berndt, Österreich-Ungarn 1890. Le didascalie sono in tedesco, Lubiana è Leibach, Belgrado è Belgrad, ma tutte le città costiere dell'Adriatico portano nome italiano. Rovigno, Cherso, Pago, Spalato, Lesina, Curzola, Ragusa. Che bisogno aveva l'Italia di italianizzarci? Da cosa doveva redimerci? Qui era già tutto italiano, prima. Il veneto era rimasto la lingua della marineria, anche sulle navi da guerra. E nelle antologie di letteratura per le scuole italiane dell'Impero c'era persino Silvio Pellico con *Le mie prigioni*. Un caposaldo del Risorgimento, come dire la quintessenza dell'avversione all'Austria.

Tradotta numero tre, Villaco-Vienna. Sankt Veit an der Glan, Judenburg, Knittenfeld, Leoben, Bruck an der Mur. Mangiucchio un panino, scende la sera, primi lumini nelle valli, il tempo si è messo al bello. Sto entrando in un altro cielo. La motrice austriaca sale silenziosa verso il Semmering, senza sforzo apparente. La curvatura dei binari è una delle meraviglie dell'umanità; ferrovia mitica, figlia del tempo in cui la bellezza era ancora al servizio della tecnica.

Leggo Zweig, *Il mondo di ieri*: "Ogni cosa nella nostra monarchia austriaca sembrava essere stata fondata per durare nel tempo, e lo Stato stesso era il garante di quella stabilità. Ognuno sapeva quanto possedeva o quanto gli spettava, cos'era permesso e cos'era proibito. Ogni cosa [...] stava ferma e immutabile al suo posto. Nessuno credeva a guerre, rivoluzioni o sovvertimenti sociali".

Ma allora perché tutto crollò? Quale tremenda energia negativa si era accumulata all'insaputa di tutti? Nei giorni del nazismo, l'ebreo tedesco Stefan Zweig dirà ancora: "Dal baratro di orrore in cui siamo precipitati [...], persino da quaggiù continuiamo ad alzare lo sguardo verso le costellazioni che splendevano nel cielo della mia infanzia e mi consolo con la fede innata che quella ricaduta, un giorno, sembrerà soltanto un intervallo nel ritmo dell'eterno progredire".

E invece, terribile, il viennese Karl Kraus, nel 1922: "Io collego in linea d'aria una vita aggrovigliata in cui siamo minacciati dalle melodie di Lehár e dai colori di Schnöpflug, a un ultimatum in cui un'abissale idiozia intima al mondo di spezzare l'imperial-regio letamaio, per il cui prestigio essa è scesa in campo". E ancora: "Se l'idea imperial-regia continuerà a mostrarsi inestirpabile, ci saranno nuove guerre. Per ragioni di prestigio, questa monarchia avrebbe dovuto da gran tempo suicidarsi".

A un tratto ho l'impressione che tutto il vagone mi guardi. Strano? Non tanto. Questi subalpini sono tanti controllori mancati. Li vedo, indagarmi da dietro i giornali. Qui, se passi col giallo a un incrocio deserto in mezzo alla campagna, c'è sempre un elfo invisibile che chiama la polizia. Hanno l'anima del delatore. Thomas Bernhard deve averlo scritto da qualche parte che il clima prealpino rende psicopatici gli esseri umani, che già da piccolissimi hanno dovuto subire l'ottusità e con l'andare del tempo diventano malvagi. Specialmente qui, che sono cattolici per sbaglio, in un posto dove tutto, anche gli abeti, ti spinge verso Lutero.

Non è colpa mia se fra i crucchi ridivento mediterraneo all'istante, io mitteleuropeo. Quando mio figlio studiò a Dresda, fu l'unico in classe a capire che la linea non era un segmento e poteva attraversare un parallelepipedo. I todeschi sono spaventati dall'infinito, cercano rifugio nei segmenti, si chiudono nei parallelepipedi, recintano anche i pensieri. I più implacabili sono quelli del Sudtirolo, che dobbiamo pure tenerceli dopo averli invasi per sbaglio. Privatizzerebbero anche l'aria, se potessero. A pranzo a Castel Juval, feudo di Reinhold Messner, mi misero in conto anche la caraffa d'acqua della sua fonte. Un giorno, a Siusi, domandai di riempire la borraccia alla fontana di una casa e la padrona mi chiese scortesemente tre euro. Ovviamente rifiutai, sarei morto piuttosto che cedere.

E per fortuna, cento metri più in là un vecchio in grembiule blu mi fece accomodare con grande cortesia e all'acqua aggiunse anche del vino. Ma era un fossile del mondo di ieri, un nonno come il mio, una creatura che col nuovo avido mondo non aveva più niente a che fare. Non esiste terra dell'ex Impero che abbia sepolto più accuratamente del Sudtirolo l'ecumene della vecchia Austria, ed è stata questa abiura ad aver reso la vita impossibile a grandi come Klaus Gatterer e Alexander Langer e all'immenso Franz Thaler.

Nel buio vedo ombre di casellanti esausti. Non dormono da giorni, tale è il traffico di treni. Una tradotta ogni cinque minuti, tutte in direzione est. Krieg, il monosillabo avvelenato uscito dal torchio delle tipografie imperiali, comincia a figliare, genera Rat, War, Guerre; corre per i fili del telegrafo, accende le luci delle case e delle caserme, moltiplica l'urlo isterico dei suoi ministri in terra. Dal Voralberg alla Rutenia, sento abbaiare nella notte: "Kehrt Euch!", "Lauf Schritt!", "Haaaaabb Acht!", seguito dal tuono degli scarponi e delle baionette innestate.

Ma tu come ti senti, camerata Botteri da Trento, che in questo pandemonio vai al fronte in divisa kaiser-und-königlich come un agnellino allo scannatoio, sotto il controllo della Feldgendarmerie, sperando che per la vendemmia sarà tutto finito? E tu, soldato Lestan da Trieste, che porti le mostrine della Landwehr, li hai certamente uditi in caserma gli ufficiali urlarti in tedesco "italiano-porco-cane-merdoso-vigliacco-lavativo", e meno male che erano austriaci, perché gli ungheresi al fronte ti grideranno anche di peggio, e che Dio ti salvi dalla magiarità militante.

Sul treno per il fronte, Kaiser Franz, i popoli che vanno alla tua guerra si chiedono dove sia finita la pergamena del tuo proclama in dieci lingue. A Trieste, alla vigilia del disastro, italiani e sloveni bastonano per le strade e dalla Galizia ho ricevuto dispacci di disordini fra padroni polacchi e ucraini servi della gleba. Da Tarnovo e Leopoli arrivano sorridenti foto di gruppo in divisa attorno a ebrei impiccati. I cechi fanno i furbi, sento dire, sarebbero da appendere tutti per diserzione e tradimento. Dove caga un boemo, si sa, per sette anni niente erba, "wo ein Böhme hinscheisst, sieben Jahre kein Grass". Solo dei bosniaci ti fidi, vecchio Franz, quegli implumi mandriani che ami perché hanno imparato dal Turco il mestiere del suddito meglio di chiunque, "deine treuen Bosnjaken". E non fa niente se ti hanno accoppato l'erede al trono. Anzi, per te è forse meglio.

Concedimi che questo non è un impero, è un minestrone di avanzi che bolle.

Ma poi accade che mi passino davanti al finestrino le tue imperial-regie stazioncine con i gerani, la fontana e le panchine in legno, posti dove gli orari sono orari e un viaggiatore può ancora dissetarsi, sedersi e pisciare senza spendere un baiocco e senza essere bombardato di réclame, e allora riesco a digerire anche questo tuo paese-bomboniera, e soprattutto mi torna su come una vampa la vecchia indignazione garibaldina per la mia nazione di smantellatori di ferrovie, cui hanno strappato l'anima contadina, paese mangiato dall'incuria, infestato di uscieri, portaborse e ipocriti baciapile senza Dio, terra di bambini tiranni e di adul-

ti educati fin da piccoli al baciamano di vescovi e sottose-
gretari.

Camerata Stanta, che fumi la tua pipa di maiolica con lo
stemma del Novantasette, e tu sergente Bizjak, che guardi
imbambolato i fuochi di sterpaglia dei paesi oltre il finestrino, ma anche tu là in fondo, soldato Sauli, che ronfi con la
testa sullo zaino, voi sicuramente non pensate a queste cose.
Ma vi siete almeno accorti di come sono nitide le prime stelle questa sera, sopra questo tramonto arancione, e di come
tremula l'incendio dei faggi al passaggio del treno? E lo udi-
te, fuori dal finestrino, il canto dei ruscelli oltre il ronzio della motrice? Dai, che se abbiamo fortuna, in Galizia non è
ancora cominciata la stagione del fango che inghiotte carri,
cavalli e persone.

Si va, otto cavalli o quarantadue uomini, con grandinare
di zoccoli nei vagoni di coda. Camini con vecchi nidi di ci-
cogna, scambi che portano in Ungheria. Stessa massicciata,
stesso refrain sincopato di giunti e traversine, stessi pensieri, stesso trapano nel buio verso terre mai viste. Divento
clandestino, contrabbandiere – ho sempre amato chi beffa
le frontiere delle nazioni –, ma con quella divisa addosso
sento anche crescere l'estraneità per quelli oltre il finestrino; birrai, arcipreti, salumai, scribi e farmacisti bene imboscati in quella tranquilla costellazione di lumini, sparsi tra i
colli della Stiria e la piana del Burgenland. E intanto il Danubio si avvicina, e non è affatto blu. Sotto un'enorme
aquila nera a due teste, scivola verso il Mar Nero nella notte nera.

6.

"Se non erro, sarà versato del sangue"

A Vienna, se hai fiuto, la respiri subito l'arietta mortuaria
che si nasconde dietro i pasticcini e la cioccolata calda. Nella
terra del caporale Hitler, hai il caffè Sacher con la torta più
famosa del mondo e le Stube più "gemütlich" del Pianeta.
Hai la crinolina di Maria Teresa, la parrucca del Prinz Eugen
e i favoriti di Maximilian von Habsburg che escono dalle
cornici dei loro quadri alla Hofburg. Ma hai anche, ogni due
mesi, dietro l'angolo, quella gelida compravendita di feticci
guerreschi che porta il nome di Militaria, mercato milionario
dove serpeggia la simbologia nazista e la spada di un ufficiale
delle SS ti costa anche ventimila euro. Roba blindata, una
specie di messa nera, senza manifesti, senza annunci e senza
inviti, ma solo con un tam-tam che scatta da non si sa chi,
una settimana prima, in un rituale da servizi segreti che porta dritti alla Vienna del *Terzo uomo*, l'indimenticabile bianco
e nero di Orson Welles.

Grosse cilindrate nero o rosso fuoco parcheggiano in periferia in un posto convenuto e aprono i cofani di anticaglie
già alle tre del mattino, per un primo défilé di cuoio, acciaio
e panno di lana cotta, dove guru senza nome, ma riconosciu-
ti da tutti, decidono in modo inappellabile cosa è falso e cosa
no; quindi, colazione alle cinque in un hotel lì vicino con
birra, salsicce e monumentali cameriere polacche; poi, la
vendita al dettaglio in qualche palestra beccata di straforo; e

infine la trattativa vera, per pochissimi, nelle case di collezionisti un po' nazisti, con verdi mazzette da cento che si riflettono in specchiere mortuarie alla Egon Schiele che mettono i brividi. E anche lì bisbigli, come al caffè Sacher. L'Austria intera è un educato parlottio da sagrestia.

"Dove va tutta questa gente?" chiede il decrepito Franz Josef, vedendo folle di coscritti per le strade. "Wohin gehen alle diese Leute," si sente dire il ciambellano mentre l'inchiostro dell'augusta firma non si è ancora asciugato sulla pergamena che annuncia al mondo "die Katastrofe". E che può rispondergli il brav'uomo, se non "Maestà, è la guerra!", e aggiungere "ma stia tranquilla Sua Altezza, prima che le foglie cadano sarà tutto finito". Il vecchio, curvo sul suo bastone con il pomello d'argento, sussurra parole come: "Se non erro, sarà versato del sangue". E le folle vanno al fronte, inebetite, perplesse o entusiaste, al suono delle fanfare, a farsi infliggere l'inenarrabile in uno stato di assoluta confusione mentale, perché solo uno stato di demenza e ipnosi collettiva può portare un impero a suicidarsi dopo decenni di non belligeranza. Solo un impasto esplosivo di ordine sclerotico e generali forcaioli, burocrazia devota e bel Danubio blu, perbenismo cattolico e monarchi eternamente moribondi. Un mondo dove l'atrocità, ha scritto qualcuno, è "avvinghiata" alle cerimoniose prelibatezze dei caffè viennesi.

Non vale nemmeno la pena di cercarli, i responsabili, perché tanto non ce ne sono, perché qui è un'intera generazione di manovratori incoscienti che si butta voluttuosamente nel baratro, contro il più grande esercito del mondo, senza la minima preparazione. Ed è la fine di tutto, in quel dannato Quattordici: la fine della politica, che non controlla più niente; la fine del discorso, sostituito da slogan e brandelli di frasi; la fine dell'individuo, che non può nemmeno indignarsi perché non sa dove si nasconda il burattinaio della sua disgrazia; la fine dell'uomo-contadino figlio di una piccola Heimat, lasciato solo col suo corpo miserabile sotto il peso di eventi immani, uomo che diventa massa, materiale al servizio di un'industria bellica che, a sua volta, è parte integrante dell'economia, e non la sua antitesi.

Ma è l'Europa tutta a buttarsi in stato di sonnambulismo in una voragine dove anche la guerra non è più tale, non più l'opposto della pace ma parte integrante di una pace fondata sulla sofferenza di altri, espressione di un mondo dove il mio benessere dipende dalla tua povertà, dove in Italia si va al mare e in Bosnia, negli stessi minuti, ci si taglia la gola, e magari poche miglia a sud della Sicilia centinaia di disperati sono inghiottiti dalle onde. Una guerra che non è più assalto alla baionetta e nemmeno fischio di granata, ma qualcosa di peggio: sentirsi pupazzi in mano a un Mangiafuoco sconosciuto che accende e spegne focolai a macchia di leopardo, l'Afghanistan, poi l'Iraq, la Siria, poi la Libia, l'Ucraina. Posti dove, per carità, non c'è guerra – guai a nominarla, la guerra –, solo uno stato di instabilità permanente. Aree di crisi, le chiamano. Peccato che nessuno, tantomeno l'Europa, è in grado di gestirle.

Erwin. Quando il padre volle battezzarlo così, il prete brontolò che a Trieste non c'era posto per nomi stranieri. Era il 1947 e con gli "slavocomunisti" alle porte non era tempo di mettere in discussione l'italianità italianissima. Allora il padre disse: "Va bene, chiamiamolo Ervino". E così fu. Oggi il buon Schreiber, dal più classico cognome germanico, vive nella capitale austriaca e, per un tipico calembour di frontiera, è chiamato Ervino dagli amici viennesi divertiti, ed Erwin dai triestini in pieno recupero di identità imperiale.

Eccolo che mi aspetta davanti alla cattedrale di Stefano il Santo, con l'occhio vigile di uccello notturno e un bel dossier sotto braccio. Ha lavorato una vita nelle ferrovie italiane con base negli uffici commerciali di Vienna e, ora che è in pensione, si è trapiantato qui anche per essere più vicino al fronte. Il suo fronte. Per quello occidentale non ha tempo. Erwin non ama le guerre troppo raccontate. Latitudine nord, longitudine est: la sua anima naviga in quei quadranti, perché lì abitano i dimenticati. Lì tra la Masuria e i Carpazi sono sparpagliate le sue costellazioni di croci e lumini.

Ci siamo cercati a lungo, a distanza. Ma già alla prima

telefonata ho fiutato in lui l'uomo giusto. La sua mappa mentale dei cimiteri di guerra era un piccolo capolavoro. Una geografia dell'altro mondo che conteneva anche le sepolture dei senzanome. Aveva battuto boschi e montagne lontano dai sentieri conosciuti, raggiunto posti isolati col fango e la neve, angoli sconosciuti persino al Gps, anfratti dove c'è una lapide e basta, e dove capita che una lieve convessità basti a indicare l'esistenza di migliaia di Caduti. "È lì che le senti, le ombre," mi aveva detto un giorno.

Tavolino di un caffè, la carta 1 al 300.000 dei Carpazi polacchi fitta di annotazioni, l'indice di Erwin che cerca fiumi, passi montani, cime sugli ottocento-mille metri. Nomi ostrogoti: Nowy Żmigród, Iwonicz-Zdrój, Magura Małastowska, tremendi da memorizzare. Ma non è l'anagrafe che lo interessa. È l'aura dei luoghi, la neve che cade, la lunga ricerca nella boscaglia, i lumini da accendere. Perché lui se li porta spesso nello zaino, i lumini dei morti chiusi in un vaso di vetro, con una bella scatola di fiammiferi. E se li accende, con una preghiera, appena strappa un'ombra dall'oblio.

Il fango galiziano! Nessuno lo conosce meglio di lui. "L'inizio di dicembre è un disastro. Grigio, sterpaglia, pozzanghere, freddo, umido, lupi... e neve sporca, ruderi, immondizia. E non pensare che l'estate sia meglio, hai ortiche a montagne, liane, acacie spinose, gineprai. Devi avanzare con le cesoie... Ma poi, quando passi tutto questo, e in fondo a una foresta impenetrabile, in una radura da bracconieri, sotto le erbacce, intuisci quella trama inconfondibile di sporgenze squadrate, allora il tuo cuore sussulta e ti viene da piangere... Capisci? Entri nel loro patimento, li accarezzi, ci parli attraverso la terra, e quando accendi la tua candela sembra davvero che loro non abbiano aspettato che te.

"La Slovacchia ha i luoghi più arcani. Posti come Sterkovce. Oltre una tabella stinta di latta nera, ne hai settemila lì sotto... E a Osadné, in una cappella sotto la cripta vedi i crani dal parapetto, col buco dello Shrapnel nell'osso parietale... E i russi poi, quanti russi ammucchiati lì senza pietà, senza un fiore, contadini mandati al macello dallo zar e poi dimenticati anche dai bolscevichi... e ancora gli ebrei, e le vittime dei gulag... e i polacchi deportati da Stalin con l'operazione Vistola... e i morti della grande fame staliniana... Tu cammini e sembra natura... Invece è mattatoio."

Otto Jaus, "governatore" dei cimiteri militari austroungarici d'Europa e del mondo, pare un tipo più da birreria che da funerali. Sanguigno e frenetico, non ha tempo per le malinconie: vola dalle Fiandre a Stalingrado, dal Nordafrica alla Siberia e al fronte dell'Isonzo per deporre fiori, conferire onorificenze, raccogliere fondi, aggiustare croci e strappare all'incuria migliaia di tombe di soldati della Prima e Seconda guerra mondiale. I suoi uffici della Croce Nera – Schwarzes Kreuz, Kriegsgräberfürsorge – dietro la cattedrale di Santo Stefano a Vienna, Wollzeile 9, disegnano la mappa di uno sterminato arcipelago di lapidi, croci e lumini che ricalca un po' il perimetro dell'ex Impero.

"Abbiamo un compito enorme, e ci finanziamo da soli. Lo stato non ci dà quasi nulla," spiega mettendomi in mano un librone illustrato con le mappe dei cimiteri paese per paese. Mille solamente in Austria. "Il problema," dice, "non è restaurare, ma impedire che, dopo, ricominci l'incuria." Il contrario, penso io, di Onorcaduti in Italia, che si nutre di incuria per avere fondi dallo stato. "In Slovacchia abbiamo recuperato un posto bellissimo, ma già dopo un anno e mezzo abbiamo trovato erbacce dappertutto. Anche in Ucraina è spesso così. Diventa una fatica di Sisifo... Così abbiamo deciso di lavorare là dove ci accolgono volentieri e dove troviamo collaboratori validi capaci di combattere l'incuria, come in Boemia, Ungheria, Polonia. Altrimenti lasciamo perdere."

Mi esorta a visitare la parte polacca della Galizia. "Ci lavoriamo da trent'anni, abbiamo cominciato già sotto Jaruzelski. La vecchia monarchia ha speso cifre importanti per costruire cimiteri, e per accogliere anche le spoglie dei soldati nemici, inquadrati nell'esercito russo. Vedrà che posti bellissimi, viene voglia di farcisi seppellire... In Ucraina è più difficile, perché i sovietici hanno distrutto tutto e bisogna ripartire da zero. A Leopoli hanno spianato un campo con quattromila tombe austroungariche, e non si sono fermati nemmeno di fronte ai loro stessi caduti. Terra bruciata.

"L'Impero teneva memoria di ogni cosa, ci sono registri e registri con centinaia di migliaia di nomi pazientemente annotati a mano in caratteri gotici... Vi troverà certamente i suoi triestini. E se ha i nomi poi può risalire ai cimiteri. Il problema è che a Trieste e Gorizia hanno perduto i nomi dei loro Caduti, e allora noi come possiamo aiutarvi? Ma intanto vada, anche così, cercando dove capita, troverà certamente i nomi della sua gente, specie dalle parti di Gorlice e Tarnów."

Con cortese irruenza, Jaus mi sbatte in faccia la gravità della mia rimozione. È come se dicesse: come possiamo aiutarvi se non sapete nemmeno chi vi manca, se avete perduto persino i nomi dei Caduti, i nomi che sono l'ultimo, l'estremo presidio della memoria, quello dopo il quale c'è solo il nulla? Aveste almeno il numero, ma avete perso anche il conto di quelli rimasti lassù... Mio Dio, come fa un paese, come fa una città come la sua, che ha avuto una storia europea, a dimenticare così il suo passato? Che futuro può avere una terra che dimentica se stessa? Come fate a non sapere chi siete?

"Bisogna vederli quei posti. Non si accontenti dei libri, come gli storici... Vedrà che lune, che tramonti. Gute Reise, Herr Rumiz."

Taxi per Wien Meidling, dove mi aspetta il treno della notte per Cracovia. Chiacchiero in tedesco con l'autista, un tipo con favoriti e baffi alla Franz Josef. Mi fa: "Ma lei è tedesco di dove? Non capisco l'accento". Gli dico: "Veramente sono italiano".

"Di che zona?" replica lui nella mia lingua.

"Di Trieste."

"Ah! Io ho portato per vent'anni turisti tedeschi in Dalmazia, e facevo base a Grado. Così ho imparato a parlare italiano. So anche il dialetto: cazza la randa, guanta che xe bora... Avevo uno di quei barconi a motore con le vele messe solo per 'décor'. Voi le chiamate 'menalùgheri'. A proposito, non ho mai capito cosa vuol dire lùgheri."

Gli spiego che i lùgheri nel mio dialetto sono passeracei di un verde simile alle divise austroungariche. A Trieste la parola è diventata sinonimo di austriaco e tedesco. Dunque menalùgheri è un barcone da pesca a cui hanno aggiunto le cabine e che mena a spasso quelli con i sandali e le calze bianche. Germanici, insomma.

Ride di gusto e si presenta – piacere, Sven Arend – e spiega: "Dopo la guerra in Jugoslavia ho venduto la barca. Il lavoro non mi piaceva più. La Dalmazia non era più quella di prima. I nuovi croati sono troppo duri, lo dice anche il nome. Croati". Ride ancora. "Insomma, ho cambiato mestiere e mi sono comprato un taxi." Quando gli dico dove sto andando e perché, mi chiede: "Ma lei quanto tempo ha? Quando parte il suo treno?".

"Fra un'ora."

"Allora mi permetto di portarla, senza sovrapprezzo, in un posto che le piacerà," dice il mio simpatico "lùghero" asburgico.

E mi porta – sorpresa – all'ex ammiragliato austroungarico. Ex mica tanto, a dire il vero, perché lì c'è il Mediterraneo più che a Genova, Napoli e persino Venezia. Scende e, lisciandosi i mustacchi, mi declama tutta la fame di rotte, di vento e di oceani che può albergare in un paese rimasto senza mare. E via, si sfila davanti ai porti dell'Impero, dipinti su una parete come in un arazzo di Bayeux, con mirabile minuzia di dettaglio. C'è Monfalcone, Trieste con la vecchia Lanterna e gli ultimi velieri, persino l'infinitesima Muggia, e poi avanti per l'Istria fino a Pola, e ancora oltre, Fiume, Zara, Spalato, Ragusa. E le isole! Mi pare di riconoscere Lussino, Valle Grande, la mitica Comisa.

Cristo santo, leggo il senso della mia città con evidenza nuova, lampante e indiscutibile. Ma che vai a cercare, Trieste, non capisci che non hai alternativa al destino marinaro scritto nella tua storia, una storia che Roma ha estirpato e coperto di cloroformio? Non vedi che da un secolo il tuo

Adriatico, che sta in mezzo a tutto, è stato declassato a mare di serie B?

Tra i primi atti del governo italiano nel novembre del '18, c'è il sequestro dell'ultimo proclama del luogotenente austriaco di Trieste, il barone von Fries-Skene, che invita il popolo "a conservare la quiete e l'ordine e ad evitare che la città, che ha già tanto gravemente sofferto causa la guerra, non abbia a sopportare alla soglia della pace nuovi e sensibili danni". Ma soprattutto dice che "Trieste, la quale da più di cinque secoli si univa per libera elezione all'Austria e che in istretta unione a questa divenne un potente emporio commerciale, non può trovare [...] uno sviluppo degno del suo passato, altro che in un nesso, scelto di propria volontà ed assieme ad un retroterra ad essa congiunto per natura e per la storia, il quale ormai s'avvia ad una nuova forma statale. Trieste, 31 ottobre 1918".

Traduzione: anche col nuovo padrone, ricordatevi che la vostra fortuna sarà legata al Mediterraneo e alla Mitteleuropa. Ma al nuovo padrone non va che Trieste dia noia a Genova, Napoli e Livorno. E siccome è dalla battaglia di Lissa, vinta dall'Austria nel 1866 con equipaggi adriatici, che il Tirreno vuole farcela pagare, ecco la decadenza del porto e la conseguente nostalgia, "die Sehnsucht", per il vecchio mondo; ecco la *Marcia di Radetzky* annidata nelle suonerie dei telefonini o il fischiettare dell'inno di Haydn *Gott Erhalte* che serpeggia nelle piazze e negli androni di Trieste. In italiano la prima strofa iniziava con *Serbi Iddio l'austriaco regno*, e poiché il verbo serbare era sconosciuta al popolo, tutti ripetevano a pappagallo "Serbidiòla austriaco regno", e quello strambolotto oggi si è insediato nel mio dialetto come un folletto del mondi di ieri.

7.

Andirivieni di tradotte nel buio

Tradotta numero quattro, e via per Cracovia, anticamera del fronte. Un saluto plurilingue in versi agli amici rimasti a casa. In traduzione libera: "Vi prego mandatemi soldi, perché Vienna è stata una pacchia e devo pur scommettere un baiocco che tornerò":

Oh maine coleghi, posdraute damà
io alle vi preghi, das Liste me dà
Oh Vienna velica che tanto t'amai
scometo na flica che torno nasai.

Questo sì che sarebbe un viaggio per voi, miei coristi da osteria, compagni di bevute in Carso e di arrampicate in Dolomiti. Vi evoco, veterani di tante battaglie: ecco Nereo che dirige "la clapa", rigido e serio come un abate medievale, Silvano sornione che tira di pipa, Ciaspa, Stellio e tutti gli altri che godono di quelle strofe bastarde senza mamme e fidanzate in lacrime e senza nostalgia per la casa lontana. Rivedo soprattutto Virgilio, ne celebro l'assenza, la guida, la voce, il gesto, la gioia. Da quando se n'è andato non smette di starmi vicino. Figurarsi ora, che parto in cerca delle Ombre.

Meidling 22.31, cigolio di partenza, notte calda e intrico di binari, scambi e ancora scambi che passano sotto la cuccetta del wagon-lit, sobborghi di luci gialline, e subito si comincia a sentir puzza di cannoni, la mappa dice "battaglia di Wa-gram", dove agli austriaci teste dure non è bastata Austerlitz e si son fatti bastonare ancora da Napoleone; poi tutto gira verso nord, e il treno va con rollio soporifero lungo la vallata della Morava, larga, paciosa e ingannatrice verso il centro d'Europa, con la Polare azzurra che balugina e scintilla fuori dal finestrino a indicare la Porta di Boemia fra i Piccoli Carpazi e le vigne del Weinviertel.

Paglia, sudore, piscio di cavallo, odore di soldataglia che si muove. Polmoni, cuori, stomaci, fegati e piedi incolonnati verso un unico punto. Notte piena di soldati che ungono baionette, impacchettano proiettili, lustrano gavette e strigliano cavalli. Su centinaia di treni ci si prepara, si rammendano calzini, si arrotolano cappotti, si verifica la tenuta stagna della scatola che racchiude la piastrina di riconoscimento. Finestre accese di caserme già alle quattro del mattino. Si piegano le magliette di lana mandate da casa, si fanno buchi alle cinture, si controllano le cuciture delle giberne e la tenuta dei bottoni sulle giubbe. Gli ufficiali spazzolano le divise e i sottufficiali controllano il suono del fischietto d'ordinanza.

Notte di poche luci. Břeclav, Otrokovice. Risalgo come un pesce di fiume verso le sorgenti e le foreste di Moravia, da dove un trisavolo tedesco di cognome Quidemus si calò a metà Ottocento verso l'Adriatico per innamorarsi di una trisavola mediterranea e abbandonare le terre natie sui monti tra Slesia e Boemia. Posti chiamati Brunntal, Friedental. Cartello che indica Brno, che vuol dire maniero dello Spielberg, diari di Pellico, carbonari e catene. E Maroncelli, l'amputazione più famosa della letteratura, il medico che prende la rosa e piange. E poi il maniero che si trasforma in caserma per la clemenza di un re, ma solo per diventare, alla vigilia della Catastrofe Due, nido della Wehrmacht di Adolf Hitler.

Stelle, è pieno di stelle che ardono come d'estate, accanto al finestrino riesco a leggere anche senza Luna il librone della Croce Nera. La tradotta fila senza scossoni: sonno che trapana la nuca, e il nonno Ferruccio che dormicchia col sacco sulle ginocchia sulla strada per Lublino. E c'è anche Egon Schiele, con quel suo testone torvo e pieno di capelli, che disegna treni e stazioni nello scompartimento accanto. Viaggia con lo sconto perché è figlio di ferroviere, macina chilometri inquieti, fra Trieste, Praga e Zagabria, imboscato di lusso che la guerra risparmia, ma non la febbre spagnola, che se lo porta via a pochi giorni dall'armistizio.

Finestrino, visione laterale del mondo, lanterna magica che va. Bivio per Olomouc, città magnifica, ricordo di tram bloccati, quindici anni fa, in una tempesta di neve. E più lontano, oltre Praga, in mezzo al quadrilatero boemo, i desolati campi di raccolta dei trentini deportati lontano dal fronte italiano: Jozefov, Milovice e soprattutto Terezin, altro posto che riassume i secoli. Donne, vecchi e bambini a svernare lontano dal Sarca e dall'Avisio, in terra di nebbie gelide e neve senza la consolazione di una croda. E tanti prigionieri italiani, quindicimila e più, di cui settanta al giorno che muoiono di fame, e la morte che non viene denunciata finché i cadaveri non puzzano, per spartire più rancio tra i vivi.

Terezin-Theriesenstadt, sperduta a nord-ovest sotto le stelle boeme. Nessuno dei civili deportati e dei militari prigionieri sa che dentro il sinistro muraglione della fortezza piccola, in fondo a un sotterraneo, c'è il giovane Gavrilo Princip ai ceppi, l'attentatore di Sarajevo, larva umana che langue dal dicembre del '14 in una cella nuda e che, prima di morire alle sei di sera del 28 aprile del '18 nella stanza 33 dell'ospedale militare di Brno, si farà amputare proprio come Maroncelli, per una cancrena dovuta agli stenti. Terezin, simbolo tetro di una monarchia poliziesca, che diverrà trent'anni dopo il finto Lager-modello del Reich, perno di una tragica messinscena bevuta dagli ispettori della Croce Rossa.

Emigreranno a Vienna i nostri spettri
e lì si aggireranno nel Palazzo
a incutere sgomento nei sovrani.

La memoria sputa versi di Gilberto Forti sugli ultimi giorni di Princip, e intanto il treno piega verso l'alba che ancora non c'è, taglia una terra spugnosa di spartiacque minimali, perfetta per eserciti e condottieri. Sempre gli stessi binari, con mio nonno che va a nord e il mio trisavolo che scende a sud, soldati che vanno e feriti che tornano, vagoni di cavalli che traslocano verso il fronte nella Prima guerra mondiale e vagoni di ebrei che viaggiano verso Auschwitz nella Seconda.

E munizioni, e artiglierie, e cucine da campo, e pentoloni di Gulasch. Un tritacarne infernale, con momenti di paradosso. Come l'andirivieni dei cannoni delle fabbriche Škoda, trasportati dagli austriaci sul fronte dell'Isonzo, catturati dagli italiani nel '18, poi rispediti sul Don dai fascisti che non hanno saputo produrre di meglio, infine presi come trofeo dall'Armata Rossa. Tira forte, da queste parti, il vento della Storia.

Auschwitz, stazione di Auschwitz. Prime luci accese nelle case. Impossibile evitare un pensiero, non riflettere su quanto è simile ai rituali del campo di sterminio la procedura che già nel '14 trasforma le reclute in soldati. La liturgia egualitaria della rasatura, della mietitrice imperial-regia che passa sui cernecchi degli ebrei, le criniere forestali dei ruteni, i covoni biondi dei polacchi, la lanugine dei boemi, i riccioli degli italiani, altro non sia che il preludio di qualcosa di ancora più tremendo. L'abbandono degli effetti personali, il nome che diventa numero, l'imballaggio dei corpi, le urla della bassa forza nel piazzale davanti al "block": tutto porta ai campi di sterminio. E poi quella tremenda doccia collettiva che ti denuda davanti a tutti e non serve affatto a pulirti, ma a notificarti che tutto ciò che hai imparato fino a ora non ti servirà a nulla, e che da quel momento tu sei morto per il mondo.

La vedo da lontano, sulla pensilina del binario tre alla stazione di Cracovia. Alta, agghindata come una zarina, Marina detta "la Russa" mi aspetta per accompagnarmi fra i Caduti. A Trieste, nella sua casa al limitare del bosco, una tana piena di libri, divani e matrioške oltre un pergolato di glicine, ho imparato i movimenti-base del fronte più dimenticato del mondo: lo sfondamento dei russi a nord-est, la rovinosa ritirata austriaca, il primo tremendo inverno di guerra, la fame, la controffensiva del maggio 1915. So che, per capire la vicenda, ha studiato la lingua russa e dagli archivi di Mosca ha tirato fuori – prima al mondo – documenti inediti sui soldati italiani d'Austria e i prigionieri austroungarici in Siberia.

Marina Rossi è una donna radiosa, imponente e rituale. La sua forza è la ricchezza dei preamboli, con i quali comunica la felicità dell'accogliere e del narrare. Appena ti apre la porta di casa, vestita di tutto punto con qualche sfumatura rétro, vedi la fiammella azzurra del samovar che borbotta in fondo al corridoio alle sue spalle. Il tè, le aringhe affumicate, i pettegolezzi snocciolati al ritmo caldo di una fiaba creano l'atmosfera giusta per affrontare qualsiasi tema. "Come va, ragazzo?" ti dice un po' materna, squadrandoti con l'occhio tartaro di una contessa che ha molto vissuto; guerre, amori e chissà quali altre avventure. Poi ti accompagna per mano nei labirinti della Storia, con la sapienza di chi ci ha lavorato una vita.

Alle sei del mattino la incontro ben sveglia, allegra e affamata di orizzonti, determinata ad annusare i boschi, le radure, i villaggi, le chiese e le sinagoghe dove si è consumata l'epopea di cui certo sa ogni dettaglio, ma che ha conosciuto quasi solo su carta. "Ah Tarnów, Gorlice, la linea della massima avanzata russa..." dice passandosi la lingua sul palato. E poi: "Przemyśl, la fortezza imprendibile, assediata per mesi... Il passo di Dukla, il fiume San rosso di sangue...". È per vedere finalmente i suoi luoghi che mi ha quasi imposto questo acrobatico rendez-vous a Cracovia, con lei in aereo da Berlino e io in wagon-lit da Vienna. Ma ne vale la pena. So di andare al fronte con la migliore guida possibile.

Vodka alle sei del mattino, per celebrare l'incontro. Brindiamo ai nostri vecchi con la formula russa "a quelli che non ci sono più", ed è un gesto dovuto, visto che stiamo viaggiando con loro. Sul tavolo del bar della stazione, accanto a immensi soldati polacchi in partenza per un campo sui Monti Tatra e pendolari metropolitani insonnoliti o perplessi, Marina la Russa disegna fra le tazze di tè e il piatto del pane nero un'immaginaria carta geografica con i confini delle tre

71

potenze imperiali – Austria, Russia e Germania – e i movimenti del fronte.

"È un fronte di cui nessuno parla. Pochi romanzi, pochi film, niente archi di trionfo, parate, monumenti. I tedeschi hanno speso tutto sulle colpe della Seconda guerra mondiale, e adesso non hanno più voglia di occuparsi di Tannenberg e dei Laghi Masuri. Dei russi non parliamo, per quelli la Storia comincia appena nel '17, con la Rivoluzione d'ottobre. Il bolscevismo ha distrutto tutti i segni precedenti, persino i cimiteri, rivoltati con le ruspe. Quanto agli austriaci, figurarsi se hanno voglia di pensare a una guerra che li ha ridotti a uno stato Lilliput. Per questo i racconti dei nostri triestini sono importanti. Senza i loro diari sapremmo molto meno. E tu, ragazzo, fai bene a parlarne".

Ma si interrompe. "Adesso basta camposanti, beviamoci sopra." E giù un'altra vodka. E mentre i nostri bicchieri cantano toccandosi, eccomi davanti il ghigno del barone Goffredo de Banfield buonanima, un anglo-triestino asso dell'aviazione imperial-regia, che si regalava un goccio di brandy per scacciare le malinconie sulla guerra del '14. Alle dieci di mattina, ricordo, tirò fuori una bottiglia quadrata da un cassetto della scrivania e brindò con l'ospite colpevole di averlo spinto sulla strada del ricordo. Poi attaccò, in dialetto, con le acrobazie del suo biplano da combattimento.

Marina è al massimo della vena, riattacca con storie di boschi innevati, fantastici rabbini e terribili monarchi, e io mi lascio portare tra spezzoni di film e vecchie fotografie, senza distinguere tra ciò che ho visto e ciò che immagino grazie all'efficacia del racconto. Ed eccomi davanti in bianco e nero lo zar Alessandro in visita alla fortezza di Przemyśl appena strappata agli Asburgo, la copertina del "Wiener Bilder" col funerale del Kaiser nelle strade di Vienna e un arciduca a capo scoperto che tiene un bambino per mano. Ecco dignitari ungheresi brindare eccitati a una guerra che, si illudono, manderà in rovina gli speculatori londinesi che hanno affossato il prezzo del loro grano. E ancora ufficiali austriaci prigionieri portati dai russi graziosamente in carrozza, con dietro la fiumana dei loro soldati, a piedi nel fango.

E quella terra ondulata e triste, dove ogni gonfiore può essere una tomba.

Tradotta numero cinque, Cracovia-Tarnów. Accelerato per l'Est, mattino sfolgorante, grande armistizio fra cielo e terra alla vigilia dei giorni dei Morti. Con questo tempo non ho scuse, devo marciare in cerca dei miei vecchi. E via lungo un susseguirsi di colli come mandrie, montagne fulve, equine, gualdrappe di color baio, e il vento che semina il tremulo giallo oro delle betulle, mentre i boschi sprofondano in tappeti di foglie rosse e brume azzurrine. Autunno 2013, niente fango, stagione eccezionale, mai vista prima. E la vecchia Galizia comincia con campanili, fiumi, e migliaia di polacchi in maniche di camicia che puliscono e infiorano i camposanti.

E cavalli. Cavalli ovunque a segnare la strada. Passano quieti con i carri, ruminano erba d'autunno, preludio di abbeverate di ussari nei fiumi solitari di pianura, avanguardia di ulani al passo verso tramonti di fiamma e di cosacchi gonfi di vodka in piedi sulla groppa delle cavalcature. *Già sulle rive dello Xanto ritornano i cavalli*, verso di Alceo che riemerge da letture liceali. E sempre quello scalpitare di quadrupedi irrequieti nei vagoni, tambureggiare di zoccoli sulle assi di legno. Otto cavalli o quarantadue uomini. Proporzione uno a cinque. Vuol dire che a ogni milione di morti devi aggiungere duecentomila cavalli. Milioni di cavalli dietro ai neri stalloni che han tirato il catafalco di Franz Ferdinand. Mi viene in mente che l'ultima cosa che ho visto a Vienna prima di entrare negli uffici della Croce Nera sono stati i cavalli delle carrozze in attesa sotto il duomo di Santo Stefano.

Polonia viene da "Polje", campo, è scritto nel nome il destino di questo immenso pascolo naturale dove i cavalli non si macellano ma muoiono di vecchiaia. E loro proprio qui ti vanno a morire nel '14, in un paradiso che diventa inferno, fatti a pezzi da cannoni e mitraglie, spazzati con i loro carichi di viveri e feriti e rotoli di filo spinato in mezzo alle bombe e alla tormenta. La terra coperta di carcasse austriache, russe, boeme, tedesche, croate, cosacche, ucraine. E la Russa racconta, racconta, racconta la favola di un'umanità infelice.

"La Galizia è un cimitero di cavalli. Fosse comuni dappertutto, voragini come crateri di vulcano. In Ucraina, Slovacchia, Polonia, Ungheria. Qui le patate crescono su ossa di cavalli. Pensa a queste bestie sottratte ai loro pascoli, requisite in tutta Europa, dall'Irlanda all'Anatolia. Il lamento dei cavalli feriti è uno degli incubi del fronte. Qualcosa di ancora più sconvolgente della parola "mamma" sulla bocca dei morenti. La notte, specialmente, quando tace il cannone. È allora che il buio si popola di ombre senza pace ed è impossibile dormire. Gli animali inciampano nelle budella, annaspano con la spina dorsale rotta, e i fanti escono come pazzi dalle trincee, rischiando la morte pur di porre fine a quelle sofferenze con un colpo di pistola."

Ed è allora che la Russa trae dal fondo della memoria una canzone triste in una lingua impossibile, la trasfigurazione di un pianto quasi animale. Un lamento dedicato ai popoli sfortunati dell'Europa di mezzo. Parole di Bronislawa Wajs, poetessa zingara, dea della malinconia.

O piccola stella
tu sei così grande all'alba
così reale è la tua luce
acceca gli occhi dei tedeschi
mostra loro la strada sbagliata
non quella buona, non quella buona
perché possa vivere un bambino ebreo
perché possa vivere un bambino zingaro.

8.

Luna che sorge dal piatto orizzonte

Ora è Tarnów, alberghetto sul fiume Biała. Pomeriggio di cielo cobalto e vento forte che dilaga a ondate da nord-ovest e fa ondeggiare i canneti sul greto, accende turbini di foglie cadute dalle foreste dondolanti. Una birra, i piedi nudi nell'erba, sulla linea di massimo arretramento delle armate austriache dopo la batosta, il panico, l'orrore dello sfondamento russo su Leopoli, duecento chilometri più a est. In Francia hai una sola Marna, in Italia un solo Piave. Qua ogni corso d'acqua è un Piave, una Marna. Fra l'Oder-Neisse e il Dnepr l'andirivieni dei confini, delle invasioni e delle dominazioni si misura a fiumi su una fascia di mille chilometri, con la Germania che spinge verso est, la Russia verso ovest e la Polonia che cerca di esistere in mezzo, in quella terra ondulata che non offre ostacoli né ai venti né alle armate. A nord dei Carpazi la gente ignora la rassicurante protezione di una catena montuosa.

Anatre, letti larghi e paciosi, ghirigori tranquilli verso la Vistola. Dunajec, Biała, la Wisłoka e suo fratello Wisłok, il San, e poi quegli spartiacque piatti – incomprensibili a un mediterraneo – verso fiumi ancora più immensi e lenti, Dnestr, Pryp'jat', Prut, Niemen, Beresina. Parlare di fronte in Galizia è sbagliato. Devi rapportarti a qualcosa di smisurato non solo in lunghezza, ma anche in larghezza. Niente a che fare con la fangosa immobilità del Belgio e della Francia: qua è stata guerra di movimento vera, l'ultima della storia, guerra di cavalli, treni, controffensive, marce estenuanti alla ricerca di un nemico che non c'è e che spesso ti ricompare alle spalle. Due milioni di uomini perduti nei primi cinque mesi di scontri, senza il riparo di una trincea. È su questi fiumi che i due imperi, scontrandosi, vedono in faccia la loro fine imminente. Che ne sappiamo di tutto questo?

Comincia un tramonto di fiamma. La Polonia è terra dorata e fulva, e qui a sud lo è ancora di più. Quando il sole scende, il contrasto col blu zincato dei fiumi ti ara l'anima. Leggo su una cartolina della Feldpost: "Cara moglie," scrive in italiano un soldato dal nome indecifrabile, "sono qui in Galizia ad ammirare l'autunno con i suoi tramonti e i suoi bei colori, ma preferirei francamente non averli mai visti". Conosco questa pace ingannevole di retrovia.

"Canneti color cenere nel vento."

La dolcezza della sera produce endecasillabi, l'occhio diventa telescopico, percepisce l'insieme del paesaggio e contemporaneamente ogni suo minimo dettaglio. Vedo l'onda delle canne lungo il fiume e ogni singola goccia di rugiada sulla staccionata, e poi due fattorie, un uomo solo che cammina su un sentiero con un sacco sulle spalle, un treno che arranca verso i Carpazi, un piccolo cimitero con due lumini rossi, una donna che affetta cipolla e patate in cucina davanti a una finestra sul bosco, un camion che cigola e traballa curvando su un ponte, un cartello stradale con la scritta ZWOLNIJ! NIEDZ´WIEDZIE, attenti all'orso, fili di fumo azzurro che rigano una valle già inghiottita dalla penombra, e ancora cavalli assopiti in una radura, una segheria, un bar con ubriachi davanti a un'insegna rossa al neon, una nube di corvi urlanti che si agglutina attorno alla guglia della cattedrale. Neri e di malaugurio.

Purpurn färbt sich das Laub im Herbst, fogliame d'autunno si tinge di porpora: anche Georg Trakl, il poeta infelice, vede quei colori, e subito dopo si uccide, a ventisette anni, nel novembre del '14, perché ha imparato cosa c'è dietro il rosso dei tramonti galiziani. Arriva come sottotenente della sanità nell'esercito austriaco e crede di avere di fronte una guerra di assalti, fanfare e coraggio. Invece trova impiccagioni di civili, feriti dimenticati nelle infermerie e nel fango, ecatombe di uomini e animali, spietatezza di ufficiali contro soldati. Esce di testa, inghiotte cocaina, una dose massiccia, e muore. Ma prima scrive ancora di quel feroce autunno del '14 in cui il rosso della sera diventa incendio di battaglia. *Am Abend tönen die herbstlichen Wälder...* Endecasillabo perfetto. Provo a tradurre: boschi d'autunno risuonano a sera di armi tremende, distese dorate e azzurro di laghi, mentre il sole rovina sull'orizzonte di tenebra; la notte abbraccia guerrieri morenti, il furioso lamento delle loro bocche frantumate.

Caro Andrea,

questa sera Marina mi ha raccontato dei nostri soldati, quelli che son finiti quassù, come tuo bisnonno. È bastato che uscisse la Luna, una Luna enorme di pianura, e lei li ha svegliati uno per uno, con nome e cognome, capisci? Danielis Antonio. Stanta Emilio. Hermann Julius. Li chiamava così, come se fossero non morti ma assopiti, come se fossero rimasti lì, per un secolo, in quella che i medici chiamano fase Rem. Oliva Adriano. Ruzzier Aspromonte. Martinuzzi Carlo. Tu mi dirai: zombie, riti voodoo. No, qui è Polonia, e i milioni di morti di questo paese infelice disseminato di tombe di guerra sono un'altra cosa: cavalli che dormono in piedi, fermi con l'occhio semiaperto in radure nebbiose. Ti scrivo subito, finché la voce di lui vibra ancora, finché il vino fa effetto. Oggi non sono un notaio che si affida a un taccuino, ma un apprendista mago che suscita voci e le propaga. Verba volant, dice qualcuno con disprezzo. Io dico: e meno male che volano. Solo volando vanno lontano.

Ti dicevo, figlio mio, di questa Luna piena che esce dai canneti, qui alla periferia di Tarnów, oltre un fiume chiamato Biała, gigantesca come un sole, prima purpurea poi giallo pergamena poi gelida come il ghiaccio, una Luna che nessun monte nasconde, ma che sorge dal piatto orizzonte, come sparata al rallentatore da un mortaio, e che nel piatto orizzonte andrà a sprofondare dopo una lunghissima parabola. Noi si sta cenando, dalla veranda Marina la vede, mi dice "Guarda", poi chiude gli occhi, alza il bicchiere e attacca: "Era una Luna mesta e silenziosa... grande fuor di misura, e rossa color del sangue. Oh! Com'era brutta, pareva un fantasma del malaugurio che si presenta davanti a noi per portarci sventura". Non so come chiamarla questa cosa. Evocazione? Forse. So solo che, quando senti una roba così, il tempo si annulla e le voci diventano un fruscio simile a quello dei canneti del Biała nel vento.

Così, ancora, Marina frugando tra le sue lettere e i diari dal fronte: "Avanzando sotto il fuoco furono momenti tremendi... Correndo incontro alla trincea nemica io non vedevo più nulla, solo le gambe del mio compagno Marussich, nel moto della corsa. Mi meravigliavo a vedere sempre quelle gambe correre, pensando: ora si fermano, ora si piegano e cadono, poi mi fermerò e cadrò anch'io... La tensione faceva sì che ormai eravamo diventati automi... Qualunque comando, qualunque ordine sarebbe stato eseguito senza pensare lontanamente di fuggire da quell'inferno e ribellarsi... L'orribile scena non mi procurò alcun senso di dolore; passai oltre come se il mio cervello non funzionasse più... Non sentivo più il fischio dei proiettili intorno a me. In tale stato di subcoscienza restai finché giunsi lontano ove la terra era coperta solamente dagli steli del frumento e dalle erbe aromatiche".

Ma qui è giusto che ti spieghi: queste che ti metto per iscritto sono voci di sopravvissuti, di fortunati che ce l'han fatta a tornare, o a mandare cartoline... Io è gli altri che cerco, quelli senza voce, quelli "rimasti a guardare la Luna", dei quali l'Italia ha cancellato anche il nome... A proposito, lo sai che qui la Luna si capovolge? L'artigliere Alois Blasizza giura di averne vista l'altra faccia in combattimento... Arrivare ai Caduti, questo dicevo. Ma qui è difficile: di questo maledetto fronte è rimasto pochissimo, quasi tutto è stato spazzato via dal tempo... Dei russi, poi, non si sa nulla... sono fantasmi inghiottiti dalla neve... In Polonia hai solo tombe mute, si brancola nel vuoto, si annaspa in spazi immensi inconcepibili in Italia, e chissà cosa sarà l'Ucraina, con le sue sconfinate terre nere. Ecco perché i brandelli di memoria dei nostri ragazzi devono esserci

*ancora più cari e preziosi. È forse l'unica pista, l'unica chiave
per arrivare al bisbiglio dei sepolti, all'armata-ombra che domani andrò a cercare su per il fiume.*

*Ah, quell'agosto del '14. Dovevi vederla la mia compagna
di viaggio gesticolare evocando la battaglia di Gliniany, attorno a Leopoli, dalla quale gli austriaci escono a pezzi... e poi
Rawa-Ruska, lassù verso la Volinia, dove essi sono nuovamente sconfitti. Lì hai interi reggimenti che sbandano, e l'esercito
che lascia ai russi centomila prigionieri... e poi la ritirata oltre
il San, rosso di sangue, quaranta divisioni che traghettano sotto il fuoco nemico e di cui rimangono solo "pietosi resti"... E
poi, e poi... Marina racconta la grande Storia come fosse una
fiaba di orchi e di maghi, come se parlasse a un bimbo credulo-
ne; ma io questa sera ascoltavo chiedendomi con quale sublime
incoscienza un esercito così impreparato avesse potuto scatena-
re una guerra mondiale. Pareva il preludio del nostro disastro
sul Don nel '42.*

*Senti che roba: "Ci ritirammo precipitosamente inseguiti
dai russi i quali sparavano furiosamente... il suolo era coperto
da trenta centimetri di neve fresca... io feci parecchie capitom-
bole... I superiori ci precedevano e gridavano halt, halt, ma
noi vedendo che essi continuavano a gridare ma anche a correre, non ci fermammo che quando non udimmo più il fischio
delle pallottole". E ancora: "Alla notte abbiamo cosa fare con
le signore pantigane che sono come gatti ci caminano per la
testa le gambe e sempre ci mangiano il pane, che non sapiamo
più dove meterlo". E ancora fango, fango, fango, in terra e
anche in cielo, una grigia mota che ti "slorda", e palle che fi-
schiano come mosche, e il cielo che si incendia a mezzogiorno,
e pioggia e freddo e neve che non smettono mai, e continui
spostamenti, e ordini contraddittori dei comandi, e marce fino
allo sfinimento.*

*E poi la sofferenza dei civili. Ci hanno messo in testa che
solo la Seconda guerra mondiale è stata tremenda per la gente
comune. Ma dove mai? La guerra è sempre stata un disastro
per i popoli. Penso solo a questo: nella guerra dei Trent'anni la
Germania scese da diciassette a sette milioni di abitanti. Tutti
civili sterminati. E quando dalla Svezia scesero le orde riformi-*

ste, proprio i bambini vennero trafitti con le alabarde, perché la stirpe degli sconfitti non avesse più eredi. Leggiti "Simplicissimus" di Grimmelshausen. È roba della fine del Seicento e descrive un'Europa fatta a pezzi da crudelissime soldataglie. Ti basta a smontare ogni stereotipo.

In Galizia, nel '14 e '15, trionfano esecuzioni sommarie che diventano tanto più sommarie quanto più ci si avvicina al fronte e quanto più i signori ufficiali devono mascherare i loro fallimenti tattici. Più i russi avanzano, e più gli austriaci impiccano. E come Georg Trakl, come Josef Roth, anche il nostro Emilio Stanta scopre questi orrori inflitti a presunti spioni quasi sempre innocenti. Uomini strangolati appesi ai tigli con sorridenti foto di gruppo, esecuzioni che talvolta sono garrote alla spagnola, che ti spezzano il collo contro il palo come Cesare Battisti, e se manca la corda si usa la cinghia dei pantaloni. Gli ufficiali erano tremendi, soprattutto se beccavano un disertore. E soprattutto se il disertore era un boemo come il buon soldato Švejk.

Dovresti leggerlo, lo Stanta, come descrive minuziosamente una "vittima del capestro austriaco": corpo appeso all'albero in piazza, braccia distese e piedi scalzi, lingua nera che esce di una spanna, lì da tre giorni a puzzare per dare l'esempio. E il particolare grottesco del saluto al morto, prescritto dal regolamento militare. Leggi qua: "Quando arrivammo all'altezza dell'appiccato, il caporale ci comandò il saluto. Eseguito il saluto regolamentare, proseguimmo rientrando al quartiere, voltandoci qualtanto ad osservare il triste quadro. Il cadavere dondolava mosso dal vento e sulla camicia aveva appeso un cartello con la scritta: traditore della patria".

Orrori, figlio mio. Senti cosa dice Alfonso Cazzolli, un trentino che fa il tipografo a Tione e con i suoi reparti arriva fino in Bucovina nel settembre del '15. Ha visto, racconta, tutte le "barbarità verso l'uman genere, paesi e città incenerite, uomini attaccati a piante, strangolati, donne contaminate a tutta forza, giovani contaminate, martirizzate ed infine legate a una corda per ogni piede; le attaccavano ai rami di una pianta, colla testa all'ingiù, le gambe larghe più che potevano; per le strade si trovavano bambini morti o in agonia... queste erano le barbarità dei magiari e anche dei russi".

Adesso, Andrea, vado a nanna, che è stata una giornata lunga. Tu pensa al tuo vecchio al fronte, che un giorno avrà un bel po' da raccontare ai nipotini. Tieni conto che gli italiani non sanno niente di queste cose. Da noi hai le canzoni contro la guerra che vengono dalla sinistra, oppure roba patriottica melensa tipo "O Trieste o Trieste del mio cuore / ti verremo ti verremo a liberar". In mezzo – a costruire un giusto equilibrio – non c'è quasi niente, salvo certe canzoni degli Alpini. Figurarsi quanto possono essere conosciute le canzoni di casa nostra, di quelli che io chiamo "gli italiani con la divisa sbagliata".

Dimenticavo: l'altra notte, sul treno da Vienna, ho fatto un sogno strano. Ero accanto a una locomotiva che soffiava vapore in un binario morto formicolante di gente, e dal camino usciva una brodaglia giallina con pezzi di carne. I macchinisti erano cucinieri unti di grasso e il popolo entusiasta faceva la fila per buttarsi nella caldaia. Dev'essere stato l'effetto di una cucina da campo appena vista al Museo della guerra di Trieste. Anche quella pareva una piccola locomotiva... Pare la soprannominassero Kanonengulasch, nome brechtiano, perfetto per la guerra.

Ciao,

tuo papi

9.

Pareva andirivieni di risacca

Come è felice, la Russa, di farsi scarrozzare al fronte! Ride, mentre l'auto ronza nel sole e nel vento come un calabrone, a filo di querceti e di radure, alta sullo spartiacque fra il Biała e il Dunajec, ultima linea di resistenza austriaca. A est, lontanissima, Cracovia, che dovette tremare quel primo inverno di disfatta. A sud, la bruna cremagliera dei Carpazi che segna il confine con la Slovacchia, che fino al '18 era Regno d'Ungheria. Saliscendi di alture taciturne, solcate da torrenti ciarlieri. Paesaggio inedito per un mediterraneo. Gli americani le chiamano montagne russe, i russi montagne americane, e chissà come lo chiamano i polacchi questo andar su e giù per collinette boscose che all'improvviso si impennano e, al sommo, ti fanno vedere distanze infinite.

Rychwald, Brzozova, Lichwin. Fra la Vistola e i Carpazi Beschidi, il nostro Grand Tour nell'aldilà segue una trigonometria unica al mondo, quasi sempre segnata nei punti emergenti da cimiteri di guerra: sono i quattrocento cimiteri austroungarici di Galizia curati dalla Croce Nera, bene indicati da numerini nella guida polacca *Cmentarze wojskowe I Wojny S'wiatowej*. La stessa guida e la stessa mappa con cui l'amico Schreiber mi ha preparato il terreno, setacciando come un bracco il confine tra Polonia e Slovacchia. Erwin, tenace e commosso, qui per anni, unico italiano, con ogni tempo e in ogni stagione. E i suoi lumini dei morti nello zaino.

Ed è qui che ti ritrovo, soldato russo, proprio mentre cerco la mia gente. È qui, al tramonto, che mi becchi di sorpresa come un cecchino, su un tappeto di foglie secche giallobrune, nei sacri recinti del tuo nemico storico. Succede sulla porta del cimitero 187, pendio mozzafiato verso nord, muretto con due pilastri e teste di guerrieri greci stilizzati. Una lapide in marmo nero indica 199 fra Kaiserjäger e Kaiserschützen di Trento, Innsbruck e Bressanone (tutto Tirolo per Vienna), ma anche 138 "russische Soldaten", sepolti – meraviglia – con la stessa dignità e con memorabili iscrizioni su pietra che sanciscono una conciliazione *post mortem*.
LA MORTE DEL SOLDATO SPEZZA IL CONCETTO DELL'ODIO. AMICO E NEMICO, STRAZIATI DALLE FERITE, SONO DEGNI DI EGUALE AMORE E ONORE. Leggo con gli occhi gonfi, e Marina mi spiega che nei Carpazi troverò altre lapidi con parole egualmente nobili e prive di retorica. CHE I VOSTRI MULINI TORNINO A MACINARE, CHE I VOSTRI OCCHI SPLENDANO DI NUOVO, CHE LE VOSTRE FALCI DI NUOVO RISUONINO E DI NUOVO CANTINO LE VOSTRE DONNE. Frasi così. Perché non ho mai pianto così nei marmorei ossari delle patrie d'Occidente? Perché proprio qui e ora, in viaggio verso l'alba, inseguito dalla notte di novembre, alla vigilia dei giorni dei Morti, ritrovo la pienezza del mito di Europa, la terra del tramonto dove i popoli si ammassano e non esiste alternativa fra il massacro e la coabitazione?

Quanta più anima in questi fraterni camposanti in mezzo ai prati che nelle croci schierate per nazioni dell'Italia o della Francia! Sono qui ad ascoltare le ultime cicale davanti a un monumento alla *pietas*, all'armonia e alla civiltà, e mi chiedo come ha fatto, dove ha trovato il tempo e il denaro, la vituperata Austria, per costruire simili meraviglie nel mezzo di una guerra, per mobilitare i migliori architetti, ridisegnare il paesaggio, piantare tigli e querce destinati – leggo incredulo – a raggiungere il massimo del rigoglio nel 1960. Millenovecentosessanta! Una lungimiranza risibile oggi, in tempo di rapina, incuria e apparenza. E come strazia pensare che nel 1916 l'Impero si illude ancora di durare. È questo, non la morte, che rende amaro l'idillio del luogo.

Tronchi di piramide di pietra grigia con una piccola croce in ferro decorata da una corona d'alloro e una targhetta in maiolica con il nome dei trentini e sud-tirolesi sterminati dai russi nella controffensiva del maggio del '15. Tuffi al cuore come fucilate. Giulio Andreatta, Giorgio Faori, Josef Petrelli, Davide Fedrizzi. E poi gli altri figli delle Alpi, Unterlechner, Tischler, Pichler, Langer. E ancora, accanto a loro i figli della steppa venuti dagli Urali, chissà, o dal Lago Aral, o dalla Siberia dello Jenissej e del Bajkal.

Passano gitanti in silenzio, nonni spiegano ai bambini cos'è accaduto quassù: sparatorie, cannoneggiamenti, cariche in salita. I polacchi vanno per un sentiero che collega la necropoli numero 187 alla 186 e alla 185, attraverso boschi e praterie con vista strepitosa, e mentre li vedo perdersi nella luce d'ottobre, mi dico che no, forse non è stato buttato alle ortiche il messaggio di questi cimiteri di fratellanza. Anche se in Polonia altri morti hanno cancellato il ricordo, anche se la guerra russo-polacca dopo il '18, e poi l'orrore della Seconda catastrofe mondiale, Katyn, gli ebrei, lo stalinismo, i gulag e gli sradicamenti pianificati hanno coperto di nebbia la guerra numero uno, oggi c'è qualcosa che ritorna.

"È dal culto dei morti che nasce la civiltà." Così rompe il silenzio un maturo ciclista, fermandosi accanto a noi, curioso del nostro incantamento. Ed è incredibile, usa le stesse parole che ho udito tempo prima da Camillo Zadra, direttore del Museo storico italiano della guerra di Rovereto. "Sta rinascendo interesse per questi luoghi," dice in inglese, "è successo un po' prima del crollo del comunismo, quando i testimoni diretti hanno cominciato a sparirci sotto gli occhi... Da allora c'è stata nei nipoti come la paura di perdere le radici..." Poi sorride scuotendo la testa: "Non so perché si debba beccare la memoria sempre per la coda... Siete italiani? Da queste parti c'è un cimitero con un obelisco che pare sia stato costruito da un prigioniero italiano di forza leggendaria. Così dice la gente nel paese. Andate a vederlo".

Marina gli chiede dove si può godere la vista più bella, e lui indica la topografia dei luoghi come un egizio davanti alla Valle dei Re.

"Il 185 è il più incredibile. Vedi tutta la Polonia, nelle belle giornate. Eccolo lì in fondo, oltre il ripetitore. Andateci a piedi, se potete. L'hanno restaurato a meraviglia e tengono l'erba ben tagliata. E poi c'è sempre qualcuno che porta dei lumini, anche per i russi."

Il segno di Erwin! Sicuramente è passato di qua, il vecchio segugio. So che non è vero, ma mi piace pensare che sia così, che sia stato il bravo Schreiber a iniziare con le luci, e gli altri ad andargli dietro, in un paese magico di boschi e lumini che dialoga con i morti e in questi giorni sfolgoranti pullula di gente intenta ad agghindare camposanti. Mi chiedo se la presenza dei Caduti non dia forza al paese che li ospita. E mormoro una preghiera: gloria a chi onora i propri morti, ma ancora più gloria a chi onora quelli altrui. Ma sì: che Dio benedica la Croce Nera.

Salita ripida, Marina non ce la fa, resta indietro a contemplare la sera. E così arrivo al 185 ansante e perfettamente solo, e la sommità pare un pallone aerostatico sospeso sulle colline. Nevicano zecchini d'oro dalle betulle nel vento, per un attimo la cima è avvolta da una furiosa tempesta scintillante, poi tutto si quieta, e dal turbine che si affloscia emergono file di piccole tombe non schierate ma dolcemente adagiate sulle isoipse del pendio prativo fra le querce, aggrappate alla natura perché la Natura – non la Nazione, non lo Stato, non l'Impero – è il luogo giusto del Sacro.

Non può esistere un'antitesi più totale di Redipuglia, di Douaumont e degli altri ossari europei del dopoguerra, figli del marmo freddo e sorvegliati da dee androgine divoratrici di vite. E allora ti chiedi come siano potute albergare tanta umanità illuminata, tanta pietosa devozione, tanta profonda conoscenza della cultura e dell'etica nei funzionari di Lui, nei burocrati al servizio del Grande Vecchio di Schönbrunn, che famosi scrittori descrivono "chiuso nella sua impersonalità demoniaca" o in una "glaciale decrepitezza come in una corazza di venerando cristallo".

Kriegsgräberabteilung è il nome del dipartimento per le

sepolture di guerra istituito nel novembre del '15, quando la Russia è definitivamente ricacciata oltre Leopoli e ai confini dell'Impero suona il cessato allarme. È allora che Vienna recluta un'armata di architetti, disegnatori, fotografi, scalpellini, muratori, carpentieri, scultori. Tremila, forse più. Ascolta vescovi, rabbini, imam, archimandriti ortodossi, persino rappresentanze di prigionieri russi, perché vuole realizzare, nel cattolicissimo Impero, il paradigma dell'Ecumene *post mortem*, o forse qualcosa di simile al bosco degli eroi pagani, espressione di una terra madre che si riprende i suoi figli.

Da allora, un fiorire di cappelle, obelischi, croci, coperture in legno in simbiosi con pietra e metallo nei luoghi più belli della Polonia sub-carpatica. E soprattutto epigrafi, superbe, fatte non da poetastri imboscati ma da gente che ha conosciuto o capito il fronte. E le croci, differenziate per cattolici e ortodossi, le mezzelune per i caduti bosniaci di fede musulmana, le stelle di Davide per gli ebrei. E quel flusso di energia pazzesco che ti prende quando in mezzo al cinguettare dei passeri arrivi sulla cima di posti così, alture dominanti incantate e maledette, che sono state tuono e devastazione, e ora, grazie all'Homo Faber, vedono restaurati l'ordine e il silenzio.

Ma eccoli i trentini, nella luce viola della sera. Centinaia, tutti ammazzati fra il 2 e il 4 maggio del '15, all'inizio del micidiale sfondamento di Tarnów-Gorlice. I più sono ammassati in una fossa comune sul lato ovest della collina, segnata da un altare largo parecchi metri, con sette piastre di bronzo che portano i nomi. E come cantano le vocali dei nomi italiani in questa terra piena di *z* e di *s* che frusciano: Guadagnini, Petrelli, Chisté, Pelos, Albertini, Manderla, Canarin. E poi Biotti, Degrassi, Odorizzi, Menapace, Demanego, Panizza. Annoto i nomi in ginocchio sulle foglie secche, e trovo tutta l'anagrafe dell'Adige e dintorni.

Arrivano tre bambini con il nonno e la mamma; il più piccolo – avrà quattro anni – si arrampica sul monumento centrale a tronco di piramide. Vedo i suoi polpastrelli innocenti sfiorare le lettere TOD, morte, le uniche leggibili di un'epigrafe a caratteri cubitali. *Rings sich die Täler neigen / es dunkelt schon die Luft*, nell'aria che si abbruna, si chinano le valli intorno... Ma è una bugia che qui si sia morti così, nella pace e nel fulgore di Abendrot, come nella poesia di Eichendorff. Questa è stata un'ecatombe che non sapremo mai. I Caduti hanno la bocca piena di terra.

E se luoghi così fossero solo un inganno, un mostruoso camuffamento della verità? E se i cimiteri militari dovessero essere piuttosto un luogo orrendo, la rovina sfasciata di un mattatoio, per meglio insegnare all'uomo la nausea di questa macchina spietata? Ho visto una foto del '17, il "Magazzino della morte" di Tarnów, con decine di migliaia di croci in ferro fatte in serie, accatastate e pronte per soldati in partenza per il fronte. L'impero di Kaiser Franz pensava in anticipo a tutto, anche alla tua morte. C'era soltanto da incidere una targa col nome.

Scendo col cuore gonfio, in una tempesta di pensieri, e sul sentiero incontro uno storpio che con pena e fatica si trascina sulla cima con le stampelle. Ha occhi azzurri come laghi alpini, mi sorride e trova le parole giuste. "Vengo qui ogni sera; è il posto più bello del mondo. Giocavo qui quand'ero bambino. Provi ad aspettare il tramonto anche lei." Poi riprende a salire, assetato di consolazione.

Ora che tutto è finito, non so come narrare ciò che ho visto l'altra notte sul colle con la Luna. Ho l'impressione di averlo vissuto tanti anni fa in un tempo indefinito, e ora mi è penoso ritornare all'oggi, alla sua prosa miserabile. Stavo scendendo in mezzo a quelle croci e, mentre andavo in cerca a testa in su di qualche stella perduta mi accorsi che tutto l'orizzonte... pascolava: mandrie di alberi andavano lente fra boschi di cavalli e di puledri. Ed ecco, discendevo giù dal colle masticando una frase che diceva:

"Come cavalli che dormono in piedi".

Ma certo, eran cavalli i miei Caduti, cavalli tra betulle nella sera, a ruminare insieme fra le tombe... Ancora ripetevo quella frase, e il ritmo delle sillabe scendeva dentro di me come acqua di fonte, pareva andirivieni di risacca o spinta regolare di un amplesso. Sentivo il tempo dattilo del verso in quel tramonto viola, e molti uccelli nascosti nel boschetto degli eroi chiamavano la notte che veniva. Erano fischi brevi e solitari, come di assiolo o civetta, non so. Il vento si era quietato del tutto e il turbine di foglie di betulla aveva steso un tappeto frusciante sotto le mie scarpe da montagna.

I luoghi puoi capirli solamente se ci dormi e se cerchi di captare la voce che rilasciano col buio: e questo vale, credo, soprattutto sui campi di battaglia, dove è inutile, davvero inutile, andare di giorno. Pare si dica *incubatio*: i latini già la praticavano stendendosi sopra le tombe di eroi e poeti, di grandi taumaturghi e sacerdoti. Era una sera di miele e di seta e tutto mi incitava a rimanere. Fu allora che sentii una voce lieve che lì sotto la Luna ripeteva:

"Ma quando puoi restare se non ora?".

Dissi alla Russa di tornare a valle e di venire a prendermi al mattino; lei mi rispose "Va bene, ragazzo", mi diede le sue mele e se ne andò. E io mi misi zitto fra le tombe disteso sulla pancia a orecchie tese per ascoltare il canto del Profondo; rimasi lì finché, disceso il buio, sentii brusio di zoccoli e scarponi e un vociare sommesso dentro il bosco. Poi venne un canto, e tremai ascoltando, dietro un bordone corale profondo, queste parole di lutto e dolor:

Canto dei trentini caduti
ispirato dal diario di Antonio Rattin detto "Picci",
Landesschütze di Ronco di Canal San Bovo

"Ubriachi partimmo, e con gran pena
increduli dai masi del Primiero, la Patria ci strappava alle montagne e ci mandava in Galizia a morir. Passammo in quattrocento il Passo Rolle, stanchi sfiniti arrivammo a Bolzano, con folla a salutarci alla stazione, baci strazianti di donne e bambini, tumulto di pensieri mentre il treno passava le montagne del Tirolo. A Vienna nobildonne ci donarono sigarette, denaro e cioccolato, poi con sei giorni di strada fer-

rata ed altri tre di cammino a digiuno, passammo la Moravia e le pianure fin oltre i monti chiamati Scarpazi.

"E via, senza sostare neanche un attimo

da Lemberg, nella notte, e con tradotta, morti di fame, ancora verso Oriente, acht Pferde oder zwei und vierzich Männer, col rombo del cannone ormai vicino. Persino ai manzi si dà un po' di sale, prima del colpo fatale al macello: noi eravamo meno delle bestie per i comandi alti dell'Armata, non si vedeva straccio di cucina, né zuppa, né salsiccia né pagnotta. Nemmeno una galletta ci fu data, solo patate rubate nei campi, e noi si recitava Avemarie, la mente più alla fame che al nemico.

"Era d'agosto, forse il giorno venti

il treno si fermò infinite volte in mezzo alla pianura sterminata; intanto turbinavano gli Shrapnel e il fronte rimbombava a poche miglia. Prendemmo a bordo altri mille soldati, eran polacchi, tutti volontari; stipati come bestie proseguimmo divisi fra bestemmia e Paternoster, i russi ormai sparavano a mitraglia, i russi, chi li aveva visti mai? Il treno si inchiodò sulle rotaie, tentò la retromarcia, ma fu inutile. Scendemmo tutti quanti, gli ufficiali abbaiavano isterici 'Schwarmlinee!', ordine sparso o vi ammazzano tutti.

"Si udì la tromba e poi il comando 'Sturm'

e via di baionette come pazzi per conficcarle nel cuore dei russi; undici ore durò quel macello, nella foresta, per trenta chilometri, il sangue appiccicato sulle suole, una palude di sangue e di fango, e mucchi di cadaveri smembrati. A mezzanotte sembrava finita, nemmeno più la fame sentivamo, crollammo come bestie sugli zaini, ma all'alba già eravamo circondati, palle nemiche fischiavano ovunque, i russi erano tanti, ci sembravano colonne di formiche assatanate.

"Salvar la pelle fu l'unico grido

e noi tutta la strada si rifece all'indietro, correndo a perdifiato dentro il fango melmoso e sui cadaveri fino al treno distrutto sui binari. Ma ancora ci dovemmo ritirare, la nostra compagnia era smembrata, cinquanta su trecento eran rimasti, scomparsi tutti i signori ufficiali. Si fece di ogni buco una trincea, ormai non si mangiava da sei giorni, la morte ridacchiava in mezzo a noi, si bisbigliava l'atto di dolore, 'Mio Dio mi pento e mi dolgo' e i cannoni facevano vulcani di terriccio, non si vedeva a più di cinque metri.

"Non so come volammo fra i burroni,
i fossi, le foreste e le paludi. Per meglio correre ci liberammo persino dei fucili, e vidi alcuni aver la forza ancora di curare qualche ferito e prenderselo in spalle. Loro eran tanti, almeno dieci volte più numerosi di noi del Tirolo. E un altro giorno e mezzo sempre a correre, e ovunque si sentivano le grida degli uomini ancor vivi nelle fosse che noi non si poteva più aiutare. E il lamento, tremendo, dei cavalli.

"Giunti che fummo a un villaggio deserto,
oche, galline, maiali e vitelli, facemmo uno sterminio per la fame. Marmitte, legna, fuoco, le cipolle, già si sentiva l'odor di bollito, quando si udì un funesto crepitio, erano avanguardie dei cosacchi! Fucileria, sibilare di sciabole, e ancora per chilometri la fuga, sfiniti per la fame e la fatica, fino al fiume San, che attraversammo di notte sotto il tiro dei cannoni. I russi ci sparavano a mitraglia e fu bersaglio facile per loro. Cadevan come mosche i Kaiserschützen, e il fiume si arrossò tutto di sangue. In diciassette eravamo rimasti quando trovammo la prima osteria e si rivide il pane e la salsiccia con birra benedetta a volontà.

"Noi si pensava che fosse finita
e invece fiumi fiumi e ancora fiumi dovemmo attraversare tribolando, e venne poi la pioggia con la neve, settembre di disgrazia coi cosacchi che sempre ci inseguivano a cavallo, e poi ottobre e novembre tremendo giunsero col freddo e la paura, e insulti di croati e di magiari che ci gridavan d'esser donnicciole, noi tirolesi di lingua italiana. 'Cani di merda,' diceva qualcuno, e a noi veniva voglia di spararci.

"Scese la neve e fu tetro Natale
abbarbicati su queste montagne, con poco rancio, a scavare trincee, ad ammazzar pidocchi e cucinare avanzi di patate, mentre i russi suonavano ogni sera balalajke che ci facevano piangere il cuore. E fu la guerra immobile nel gelo, lì dentro come topi, e vento forte, foreste di cristallo, neve sporca e, sopra, quella Luna indifferente, fino ad aprile,

90

quando giunse l'ordine di prepararsi alla controffensiva e vennero i tedeschi da Berlino.

"A mezzanotte tra l'uno e il due maggio

sentimmo gorgheggiare l'usignolo, poi prima che l'allodola iniziasse il canto solitario del mattino partimmo con l'attacco di sorpresa guidati da un tenente di Bamberga. Come ramarri strisciammo fra gli alberi spezzati nella notte senza Luna, senza alcun fuoco dall'artiglieria. Bastò un rumore fra i reticolati e loro si svegliarono e su noi piovve un inferno di ferro e di fuoco. Fummo respinti e tre volte tentammo l'assalto a quella cima desolata.

"Verso le cinque e trenta della sera

del 4 maggio l'Aquila a due teste, in un silenzio quasi insopportabile, dopo 61 ore di battaglia, venne issata su un palo di betulla. E noi restammo immobili a guardare la Luna indifferente di Galizia, immobili con palpebre di vetro, noi ultimi superstiti del San, di Grodek, Rawa Ruska e di Leopoli, insieme con i corpi dei mugik... e mentre le cicogne trasmigravano, muti eravamo qui con il nemico, distesi nel tramonto tra le viole, ad aspettare le stelle di maggio con una balalajka giallo oro rimasta intatta in fondo a una trincea".

Ma da dove viene la dolcezza infinita di queste colline e di questi fiumi ai piedi dei Carpazi? Perché qui l'orografia sublima così bene l'orrore? Davvero niente ricorda la durezza, l'incubo, il rimbombo e i temporali del Pasubio; niente che sia duro e spietato come il Carso, terra non a caso detestata da ucraini, polacchi e magiari. Perché qui incontro così spesso l'erbetta americana di Arlington? Forse che questa natura nordica priva di spigoli è più adatta a costruire il mito dei Caduti? O sono i generali a preferire i luoghi ondulati per farsi immortalare in battaglie di cui già vedono le mappe nei futuri manuali? Perché Waterloo, le sue brume e i suoi boschetti e praterie di Fiandra sono di una bellezza così struggente?

Ma intanto splendi, Polonia, in questo sole d'autunno. Non ti ho mai vista così radiosa come ora, nei giorni dei Morti; dovresti essere pioggia, brume, pianto e malinconia, e invece i tuoi cimiteri traboccano di buonumore. Quello di Ropa pullula di donne anche giovani, energiche custodi dell'aldilà munite di guanti di gomma, palette, spazzole e secchi, lì a chiacchierare pulendo le lapidi. Czesław Miłosz scrive che la rinascita del sentimento religioso in Polonia dovrebbe cominciare dalla festa maggiore, "che qui non è né il Natale né la Pasqua, bensì il giorno dei Morti, ossia l'antica festa pagana della comunione con i defunti".

Accanto a un piccolo recinto con tombe militari – trovo italiani d'Austria anche lì, Federico Valle e Stefano Pintorelli –, una Barbara dagli occhi neri e il fazzoletto colorato in testa mi spiega gioiosamente che da qualche anno vede tanti pellegrinaggi, la vecchia memoria che si risveglia, studenti che leggono ad alta voce lettere di soldati, e visitatori dall'estero che portano fiori e lanterne. È lì all'aperto, ai confini della foresta, che questo popolo esprime al meglio la sua anima. Non nelle chiese e nelle sagrestie. E tantomeno attraverso i suoi preti.

E difatti a Grybów, non lontano dalla tomba di un Franz Kafka – omonimo, naturalmente –, trovo un prete che parla tedesco, giovane, atletico e ben nutrito come quasi tutti i preti polacchi, un tipo alla Wojtyła prima maniera, agli antipodi del pallore penitenziale dei suoi colleghi italiani. Anche i preti croati sono così, cattolicesimo militante di frontiera bene annaffiato di prebende statali, e un feticismo pagano di icone, lumini e candele accortamente tenuto a bada da una gabbia di dottrine e catechismi. Tutti un po' guerrieri intonacati, con la santa croce ostentata come un'arma e propensione zero al misticismo.

Gli dico della guerra e attacco: "Padre, mi dica come Dio ha permesso tutto questo".

Lui sguscia: "Dio piange sempre per il dolore dei suoi figli".

"Lei pensa che il Dio dei russi sia un altro Dio rispetto a quello dei polacchi?"

"Certo che no, Dio è uno per tutti."

"Ma i cappellani militari pregavano ciascuno la vittoria del proprio Dio."

"Mi sta provocando?"

"No, aspetto solo una risposta, nel mio cammino verso la verità."

"Le vie del Signore sono infinite."

Vedo che è infastidito, ha voglia di andarsene, ma insisto: "Pensa che la Prima guerra mondiale sia stata una tragedia?".

L'altro taglia corto: "Una tragedia da cui è nata la Polonia".

È esattamente la risposta che aspetto: il Dio della nazione! Ribatto: "La Polonia, certo. Ma anche Hitler e Stalin. Ne valeva la pena?".

"Egregio signore, con lei avrei bisogno di più tempo, un tempo che purtroppo non ho. Le auguro buon viaggio." E fila a passo da parata, impettito come un galletto segnavento, seguito da uno stuolo di pie donne pigolanti.

10.

Con passo di Cheyenne nella notte

31 ottobre

Andrzej Olejko, professore di Storia militare all'Università di Rzeszów, mi aspetta oltre il fiume con il console generale di Slovacchia in Polonia, Marek Lisansky, giovane rappresentante di una nazione giovane uscita dalle macerie di due imperi, austroungarico e sovietico. Siccome i cimiteri del '14-18 lì attorno sono pieni di figli dei nostri tre paesi, il viaggio nell'altro mondo lo faremo insieme, con una buona scorta di lumini. Con Marina ne ho presi due cartoni interi, perché la mappa di Erwin indica una considerevole presenza di triestini ai piedi dei Monti Beschidi, ultima propaggine della Polonia sub-carpatica sul filo della frontiera slovacca.

"È qui che abbiamo salvato l'Ungheria dall'invasione russa... i magiari ci sono grati per questo e vengono ancora in delegazione a vedere il fronte che li ha salvati," argomenta solennemente Olejko, e indica una linea scura di colline come se la guerra fosse ancora in corso, come se la Polonia fosse ancora mezza austroungarica e come se oltre lo spartiacque ci fosse il grande regno magiaro e non un grumo di litiganti: Slovacchia, Ungheria, Romania e la terra serba di Vojvodina. Ma si sa: tutti i polacchi si sentono un esercito cui Dio ha affidato la missione di proteggere l'Europa dall'orda d'Oriente fino al martirio.

Nell'intimo, gli abitanti delle grandi pianure non sono fanti, ma ufficiali di cavalleria o di aviazione, gente da cuore oltre l'ostacolo, via di briglie o di manetta è lo stesso, e siccome dal primo massacro mondiale è rinata la loro nazione, hanno con la guerra un rapporto pericoloso che sfiora l'innamoramento. Il bravo Olejko guarda alle armi con esaltazione sentimentale, prima che con rigore scientifico. La sua anima ribolle di passione e sospiri. Quando gli dico che una daga romana e una baionetta di queste trincee affondano nella stessa distanza mitica, vedo che fatica a non abbracciarmi. "Strano che tu senta queste cose senza essere slavo nell'anima," gongola con gli occhi luccicanti. E poi ripete, parlando delle armi ritrovate: "Not only metal, this is not only metal".

E via fra boschi e radure e cavalli, su terreno magnifico da fughe in bicicletta, dove tra il '16 e il '17 lo slovacco Dušan Jurkovič costruì i cimiteri di guerra forse più belli del mondo in posti dai nomi ardui e fiabeschi: Magura Małastowska, Gładistów, Zdynia, Nowi Żmigród. Entriamo in quello che fu il regno incantato dei łemki, popolo spazzato via da Stalin nel secondo dopoguerra, dei quali restano solo lapidi e chiese bombate dai tetti a scandole in legno. Monika, ci vorrebbe Monika polacca che ci ha lavorato su per anni, che conosce ogni bivio e ogni tomba di qui, che a vent'anni si è fatta a piedi il confine d'Oriente, Monika Bulaj che ha riempito di storie, di nomi, di vite e di immagini il grande vuoto di queste colline. Ora ci vorrebbero i suoi racconti di fuochi accesi, di grandi nevicate e violini, di febbri alte guarite con preghiere e intrugli d'altri tempi.

"Sono stato qui con due metri di neve," racconta Andrzej aprendo il cancelletto di legno del cimitero di Magura Małastowska come fosse la copertina di un libro di fiabe. Marek annoda una coccarda bianco-rosso-blu, si raccoglie e dice: "Il capolavoro di Jurkovič è aver fatto cimiteri di guerra studiando opere di pace". Nel sacro recinto, ben sorvegliato da alberi-guardiani, un'energia che travolge, ti porta all'istante sull'orlo del pianto; un reame di croci con tettucci e targhe in maiolica, piccoli campanili a vela, obelischi di quercia coperti di muschio, icone, Madonne d'Oriente con bambino, stelle di Davide per gli ebrei, e di nuovo i russi, "Russische Krieger", fratelli nella morte con croce ortodossa. E l'ombra benedetta dei tigli e dei castagni carpatici, il tremolare di nastrini e candele, e poi quella magica trinità di materiali – legno, metallo e pietra – che qui sui Beschidi tocca la perfezione. In ogni dettaglio, le stigmate della cura, del rispetto e della pietà.

Forse, qualcosa di simile l'ho visto solo in Slovenia, in mezzo allo scampanio a distesa delle mandrie, nella chiesetta lignea di Javorca, costruita in stile Secession dall'esercito austroungarico in un fondovalle sopra Tolmino, un anno prima di Caporetto, con all'interno incisi a fuoco su tavole di legno i nomi di 2800 caduti di tutte le regioni dell'Impero. O, ancora in Slovenia, nella commovente, piccola cappella ortodossa con doppio bulbo a cipolla, tirata su anche questa in legno dai prigionieri russi nel cuore delle Alpi Giulie, non lontano dalle sorgenti dell'Isonzo. Anche lì, nulla di più antitetico ai sacrari.

Poco più a sud di Magura, a Gładistów, il bosco avanza, nasconde il cimitero e se lo mangia con morbidezza di muschio e durezza di radici, come se volesse allontanare gli intrusi; lo sigilla in un'ombra solcata da spade di luce, diventa navata di cattedrale e ti impone il silenzio; e tu cammini in punta di piedi sotto quell'oscillare di alberi, intimidito e con gli occhi gonfi, leggi parole come "Wir waren ein Atemzug der Millionen die das Vaterland gerettet haben", noi eravamo il respiro dei milioni di uomini che hanno salvato la terra dei padri, e senti che ombre mormoranti ti si affollano intorno, vogliono parlarti, ma tu non sai come scostare il sipario.

E allora non ti restano che gli alberi, non ti resta che il tuo bosco, coro potente di abeti bianchi e faggi mormoranti, contornato da forti abeti rossi, larici giallo fiamma, pini di tenebra, e poi aceri dai forti bicipiti, olmi torreggianti e frassini dalle gemme vellutate. Ma perché ti parlino devi usare la chiave giusta, chiamarli con i nomi che da secoli gli hanno dato i montanari di qui. Jodły, buki, wierki, modrzewie, sosny, jawory, wiązy, jesiony. Devi farti guidare da loro, e loro ti indicheranno un bastione di nome Rotunda, un secolo fa calvo e scorticato dalla guerra e oggi coperto da un'armata di faggi coetanei, tutti di cent'anni, nati da un simultaneo soprassalto di rivincita dopo la battaglia del primo inverno di guerra.

Eccoli, fermi come gli abeti gemelli di Asiago, come quei rugosi reggimenti, baffuti granatieri venuti su insieme dopo il '18 dai corpi degli Alpini e degli artiglieri da montagna, battaglioni schierati sul presentat'arm a baionetta innestata. Come ad Asiago, anche qui sali in preda all'incantamento, sulle foglie secche che in quella quiete fanno un frastuono bestiale e il cuore che ti batte come un tamburo fino a che non arrivi sulla sommità incoronata di abeti, piantati lì apposta a battaglia finita, davanti a cinque totem che tolgono il fiato, cinque guglie a pagoda con squame di legno, incoronate da croci acchiappafulmini e parabole di ferro che paiono ripetitori dell'aldilà.

E lassù sei davvero solo, in ginocchio, davanti all'immensità degli avi. È passato un secolo, ma la distanza fra noi e loro è già mitica. Li vedi, piccoli e tracagnotti ma capaci di tutto. Di restare a digiuno per giorni, nutrirsi di patate crude e dormire sotto la neve. Di portare cannoni da zero a duemila metri in una notte sola. Di marciare nel fango per centinaia di chilometri di seguito. Di scalare dislivelli paurosi con quaranta chili sulle spalle senza fiatare e poi andare all'assalto. Di correre con una mitragliatrice di quaranta chili in mano, sparando. Di pedalare senza rapporti per cinquecento chilometri di fila su strade non asfaltate. Di portare un pianoforte a coda fin sopra i ghiacciai solo per riempire la loro solitudine. Noi non siamo niente al confronto.

Ed ecco targhe di bronzo con parole di luce e di tenebra – Blitz, Donner e Morgenlicht –, fulmine, tuono e luce del mattino, figlie di un sito temporalesco dove si è combattuto allo stremo. Andrzej parla di date, numeri, strategie, ma io non lo sento più, accendo lumini e annoto epigrafi, ormai posseduto da questo panettone maledetto, dai pini immensi che alla sua sommità scricchiolano nel vento come salve di fucileria lontana. E poi, quell'onda lunga di un orizzonte dove pure russi, slovacchi, ucraini e genti di Polonia si sono parlati da sempre, un paradiso che il secolo ventesimo ha spazzato via, partorendo la monumentale coglioneria dallo spartiacque che divide le nazioni.

Sui Monti Carpazi, Polonia, Ucraina e Slovacchia hanno le stesse cicogne, le stesse legnaie, gli stessi tetti spioventi, gli stessi panni stesi, le stesse betulle, le stesse chiese in legno, le stesse tombe solitarie con un piccolo recinto nelle radure, la stessa incommensurabile pace della natura. Che senso ha la frontiera in un posto simile? Ma perché, ti chiedi, non tornano i łemki che Dio aveva messo qui apposta a far da cuscinetto fra le nazioni? Erano perfetti per amalgamare questo mondo di oche, violini, teiere, caffettani, carpe ripiene e sottane di campagna.

Esistono luoghi di frontiera, mi disse Monika, dove "gli dèi si parlano", e le fedi si ibridano per evitare scontri. Uno era qui, sui Carpazi, abitato dalla gente giusta per tener lontani i lugubri ministri dell'intolleranza. Ma i łemki non tornano, sono un mondo estinto come i pellirosse. Inghiottiti dalla Storia come gli ingusci, i curdi, i buddhisti calmucchi. Troppo complicati per la contemporaneità massificante. Troppo ibridi, e quindi infidi per il potere. Qualsiasi potere. Per questo, dopo il '45 li hanno trapiantati a forza nelle terre dell'Ovest, a morir di malinconia nelle case di tedeschi, a loro volta deportati in terre ancora più occidentali. Montanari destinati a estinguersi in una landa piatta esposta a tutti i venti.

WILHELM HESS 3.8.1893-2.9.1944
HEINZ KLEIN 2.4.14-25.10.44

Torniamo a valle e, dopo un lungo periplo fra boschi e praterie popolate di cavalli, subito oltre il cartello SLOWENSKO, ecco altri cimiteri, ma della Seconda guerra, con migliaia di croci tedesche lungo strade di campagna. Sono nuovamente di fronte all'idillio ingannatore che ti consola e depista dopo il macello. Il forestiero passa in fretta e non può rendersi conto che qui non c'è stata requie per trent'anni, perché non uno, ma due conflitti planetari hanno devastato questo spazio che oggi pare fuori dal mondo. Il passante non impara che qui come in Bosnia, come dalle mie parti, come lungo il Reno, la guerra moderna si accanisce proprio sui mondi plurali e bastardi, allergici alle identità monolitiche. Non capisce che la pace è finita per sempre nel '14, con la fine degli imperi, e che da allora la Terra trema ancora, sulle stesse linee di faglia.

E avanti, di nuovo in Polonia per strade a zigzag, col cerchio che si chiude, inseguiti dalla notte di novembre che squarcia il sipario fra il cielo e la terra, notte che ci fiuta e ci rincorre per sentieri con calpestio di zoccoli, come il bisonte di Białowieva che muggisce alla luna sparando fiato caldo nelle foreste del Nord. L'auto ronza in un dedalo di colline, ogni tanto una finestra illuminata, un ponte, abbaiare di cani, un fiume di stagnola e l'ultima luce di rame verso la Germania. La percezione del paesaggio si scarnifica, diventa epigrammatico haiku: cielo color prugna, oche che vanno a sud, canto del gufo, brume azzurrine, Luna che sale dalle cime seghettate degli abeti. E noi zitti, chiusi nei nostri pensieri, perché il viaggio nell'altro mondo si compie sempre da soli.

Paura, forse, di tornare tra la gente. Ormai, siamo più distanti dai vivi che dai morti.

Andrzej segue le piste come un segugio, le sente anche nel buio. Oltre una scritta ZWOLNIJ! RYSIE!, attenzione linci, lo vedo agitarsi più del solito e consultare le mappe. C'è qualcosa, oltre il diaframma della notte. E difatti, in vista del paese di Krempna, poche case e una segheria, eccolo gridare "That side! That side!", di là, da quella parte, per farci sterzare alla disperata in mezzo a un tornante. Nel lampo dei fari, è stato l'unico a vedere, sulla destra, lo sterrato per il cimitero austroungarico numero sei, annidato in un boschetto di abeti magri, in cima a un'impercettibile altura.

Scende con impeto polacco, trabocca di sospiri, è impaziente e felice. Ci guida con passo di Cheyenne verso un buio pieno di bisbigli, finché appare un muro perimetrale rotondo, un ingresso ad arco con due alte croci in pietra e

un cerchio di pilastri stile Stonehenge al centro di un arcipelago di croci. "Qui potrai accendere le tue candele," sussurra. La Russa tace, non l'ho mai vista così silenziosa. La torcia fruga nel buio, illumina una targa che dice RESTAURO
DEL LUGLIO 1990 A OPERA DEI SOLDATI DEL 54° REGGIMENTO
DELLA STIRIA, SUCCESSORI DEL REGGIMENTO AUSTROUNGARICO
CHIAMATO RE DEI BELGI, NUMERO 27.

Ventisette! Tuffo al cuore, soprassalto. Nell'anagrafe di
quell'immensa armata perduta, il numero sette è riconoscimento infallibile, perché i reggimenti col numero sette schie-
rano i miei vecchi, le dure scorze adriatiche temprate dalla
bora. Ventisette come Novantasette, la gloriosa marmaglia
ingiustamente denigrata. Eccola, la mia pista nella notte. Qui
c'è puzza di gente mia, signori, lasciatemi solo, voglio cercare
in pace i miei dalmati, i miei istriani, goriziani, triestini; parlare ai miei sloveni e croati della costa, e soprattutto a loro, i
miei italiani "in divisa sbagliata", di cui per quasi un secolo
non si è potuto parlare.

Ma ecco dei passi sulla ghiaia. Mi giro in tempo per vedere l'ombra di uno gnomo che mi punta la torcia in faccia. Chi
viene a disturbarmi proprio ora? Quando lo infilzo anch'io
con la mia pila, la luce lo illumina e lo deforma, scavando
ombre da seduta spiritica attorno a un naso importante e a
orecchie troppo lunghe sotto un ampio cappello da ranger.
Dev'essere proprio il guardiano dei Morti, quel tipo stagno
dai sopraccigli folti, capelli d'argento e occhio azzurro carpatico, che porta una camicia a quadri e un maglione rosso
fuoco sopra una pancia da taverna.

Restiamo a guardarci un po' in silenzio sotto i pennoni
degli abeti che oscillano nel vento. Lui fruga nel mio cappello da Alpenjäger, io nel suo stemma del Club alpino polacco,
e intanto la notte si dilata in un moltiplicarsi di voci. La campana delle sette, poi il rumore di una sega, un muggito, due
cani lontani, voci allegre di bambini, una moto che passa verso il fiume. È la Polonia rurale che si prepara alla cena. Mi
accorgo che più fa buio, meglio si vedono i profili delle croci
contro le stelle. Sembrano levitare nella notte. Croci cattoliche e croci ortodosse. Dunque, russi anche qui.

Lo gnomo di Krempna si chiama Roman Frodyma, ho già sentito parlare di lui, pare che la sua memoria sia un catasto vivente della sterminata necropoli militare di questa terra di battaglie. È salito dal paese a vedere chi erano i curiosi del crepuscolo. Forse ha pensato che non si sa mai, con i tanti cretini da messe nere in circolazione. Ora che ci ha visti è tranquillo: c'è un diplomatico straniero in visita, un professore di Storia, e per giunta due italiani, che da queste parti non si sono visti mai. Credenziali perfette per l'altro mondo.

"Siete in mezzo al più grande universo funerario militare d'Europa," annuncia solenne. "Quattrocento siti nella sola Galizia occidentale. E ogni sito è unico, una cosa a sé, con la sua personalità, la sua estetica, la sua memoria, le sue iscrizioni in versi dedicate ai Caduti. Erano quasi tutti in rovina, poi sono stati sistematicamente restaurati. Naturalmente, tutto è diventato più facile dopo la caduta del socialismo." Col procedere della spiegazione, la voce di Roman diventa quella di un nonno che racconta una fiaba ai nipoti. Recita una poesia in polacco, forse tratta dalle iscrizioni di un cimitero di guerra lì intorno:

Voi che siete morti per la vostra terra in questa battaglia
nemici o amici durante il conflitto
dormite tranquilli in questa terra di pace
siete uniti da una corona di alloro.

Il troll dei Carpazi è arcicontento di far da sentinella ai Caduti e, come un altro emerito sovrintendente di cimiteri, il doktor Jaus della Croce Nera a Vienna, sembra non avere tempo per la malinconia. Troppo da fare in quell'affascinante labirinto dell'aldilà. Sembra il gran cerimoniere dei Dybuk, le anime inquiete e talvolta burlone dei morti della tradizione ebraica, ennesimo travestimento dei folletti dei boschi. E quando, dopo un cerimonioso congedo, lo vediamo ridiscendere verso il paese, felice con la sua livrea vermiglia e il passo elastico del montanaro, ci vien da chiederci se, in fondo, una visita ai morti non sia quasi meglio che una visita ai vivi.

Torna il silenzio sulle valli e ognuno si chiude nel suo

trasumanare. Andrzej sospira, il console attacca coccarde e mormora preghiere, Marina guarda le prime stelle d'inverno spuntare nella notte ancora calda, e intanto io vado a cercare i miei vecchi con zampettare da lupo. Di nuovo ho Virgilio accanto, l'amico della vita, con cui ho atteso tante albe e tanti tramonti, Virgilio che mi indica la strada e mi conduce al cospetto dei figli bastardi della mia terra, gente dall'anagrafe impossibile, eccoli, Johann Bartolich, Franz Pignatari, Michael Kovač, figli miei, tirati per la giacca da tutte le nazioni, ragazzi dai cognomi non ancora italianizzati dal Fascio ma dai nomi già germanizzati dall'apparato militare dell'Impero. Nonni già schierati per l'appello, identità e data di morte scritte in stampatello su targhette ovali in maiolica, assolutamente identiche a quelle che da cent'anni indicano gli interni sui pianerottoli della mia casa triestina. Condomini dei vivi e dei morti concepiti dalla stessa mente ed eseguiti dalla stessa mano.

E lì, dopo un minuto di silenzio, mi scopro a mormorar nella mia lingua: "*Tuti ve voio, noni, qua vizin; come fioi pici, vegnì che ve struco*". Vi voglio tutti, nonni, qua vicino, venite qua che vi abbraccio come bambini. Poi si apre la danza delle luci.

Litania per i Caduti triestini sui Carpazi

E via a impizar lumini per el Bizjak
che qua xe scrito Michael su la crose, partido de Gropada el sie de agosto, e altri per el mulo Pettarin fio del Vipaco, trovà dei gendarmi che el se gaveva sconto su in Tarnova: vignì che femo festa coi ferai, vignì tuti de corsa che tra poco la Luna sona adunata sul pra. L'impero ka und ka ve ga ciamado zento ani fa, e de lu no xe restai altro che i vostri nomi in zimiterio.
Adesso xe la Luna che ve ciama
Luna de pase, Luna de armistizio che più no la fa rima con disgrazia. Sè morti tùti, vedo, de dicembre, col fredo beco che spaca la schena. Un sligoviz ghe vol qua, per far fraia prima che torni caligo de inverno. Gavè capido voi del Sibenzvanzig, e

*voi che ve scondè là soto el muro, cufolai nela graia dei Carpa-
zi, Novantassete, marmaia de eroi?*

Me piaseria gaver una rimonica

*e ofrirve un spagnoleto de fumar, farve sentir la bora e el
mar che buliga, piera de Repen, tera de dolina, portarve cura-
biè cola gubana e quela Malvasia bona de Muia e po magari un
goto de Teran. E qua volessi spander vin e miel sora 'sta tera
negra benedeta, ma no i ga vin 'sti polachi, e mi, mona, gnanca
el miel no go ciolto, ma ve giuro: stasera me imbriago zo a
Gorlice, susini in trapa e dominus vobiscum, viva la clapa e i
altri che i se ciavi.*

Anton Cerutti, ti del Sibuniaizi

*contime come che te son finì nel Demoghèla, qua in tanta
malora, con quel cognome talian de regnicolo. E ti, Martin Cve-
treznik, dime un poco, che te se ciami come un caro amico tuto
inverigolà de consonanti: con chi se ga sposà la tua morosa? De
mi te pol fidarte, che no conto a nissun 'sto segreto perché vegno
de dove che la bora fa disastri de Miramar fin drento piaza
Granda.*

Rudolf Obreza, che te son sicuro

*de le montagne dure dei Morlachi, senti che ventisel che se
dismissia. E Martin Zaman, scoltime anca ti, tirite fora de 'sto
tunel scuro e buta l'ocio in alto un pochetin prima che Baba
Jaga se scadeni: par che le frizi le stele qua sora e dolze xe la
note de novembre... E ti Marinič Franz del Vintissete – s'ciavo
o talian no so coss' che te son – scolta ben cossa disi la ziveta e
cossa fis'cia pian el pipistrel: "Večir va via, pian pian la se di-
studa con un color che par de rame e seda".*

E Colarich Antonio de Piran,

*intanto che bazilo per trovar un fulminante per 'sta tua
candela, no rosigarte l'anima per gnente e vien che femo festa
ancora un poco soto 'sta Luna che par una zivola. Vien che
cantemo "El s'ciopo e la gamela" e poi mandemo in mona i
generai.*

Arde il recinto, arde di luminarie bianco-giallo-rosse; a
distanza, l'intero colle pulsa di una debole luminescenza e i

pini magri del camposanto si colorano di bronzo oscillando nel vento come una flotta di vele alla fonda. Ho perso il conto, non so quanto tempo è passato, se un'ora o un minuto, da quando ho preso a mormorare la mia litania. Andrzej ha smesso di sospirare, Marina tace inchiodata dalla visione, il console slovacco guarda il cielo e mostra che i diplomatici hanno un'anima. E il silenzio è tale che si sente la rotazione delle stelle, anzi no, della Terra, che si muove con tutti i suoi boschi, villaggi e lumini, emettendo un cigolio di giunti cardanici e ruote dentate sotto l'occhio del Grande Orologiaio.

STEFAN SZYSZKIN
UND 39 RUSSISCHE KRIEGER.

Ma ora, in mezzo ai lumini che ardono, sbucano un'altra croce, un'altra targa, un altro nome che è un guazzabuglio di frontiera. Szyszkin è un polacco, ma nel '14 la Polonia non esiste e ai polacchi tocca combattere in tre eserciti – russo, austriaco e tedesco – sparandosi tra loro. Stefan è finito fra i russi e lì, di fronte a quella tomba, sento che devo accendere una luce anche per lui e i suoi trentanove camerati moscoviti senza nome. Ho ancora fiammiferi, in fondo. E da nessuna parte sta scritto che il mio viaggio debba finire col ritrovamento dei miei. Non può finire, perché gli abitanti di questo luogo sono tutti "gente mia". Slovacchi, russi, ucraini, boemi, ebrei di Polonia, ungheresi, rumeni, portati via dalla stessa guerra.

Ma sì. Che miserabile, che squallido ufficiale d'anagrafe sono, ad aver pensato solo alla mia gente. La pietà non vuole angoli bui. Ed ecco, nella lunga notte del Nord, l'ombra inquieta di un uomo iniziare qualcosa di simile a una danza rituale attorno alle luci. Eccolo che si inginocchia, si rialza, cerca nel buio, si ingegna a trasferire piccoli fuochi da una tomba all'altra per costruire la costellazione giusta e onorare il luogo nella sua interezza. Prima li sistema accanto al muro perimetrale, poi li sparge tra le tombe per formare una luccicante corona d'Avvento, poi, non contento, li stringe insieme sull'altare al centro dei pilastri di pietra, alimentando un cratere che infiamma facce di guerrieri antichi nella pietra.

In realtà quell'uomo ha già capito che dovrebbe andare ancora oltre, su fronti più desolati, a cercare l'armata dei Senza Nome. Lontano, in Ucraina, Bielorussia, terre baltiche. Mondi di cui l'Europa grassa non sa nulla. Ricorda vagamente quanto scrisse Czesław Miłosz della sua prima infanzia lituana, quando a guerra finita i tedeschi cominciarono a costruire cimiteri di guerra, e quei cimiteri diventarono il terreno di gioco preferito dei suoi coetanei. Croci e aiuole amorevolmente curate tra mirtilli e lamponi, con sopra i nomi dei Müller e degli Schulz. Mani premurose, ma solo per i Caduti tedeschi. Nessuno che si prendesse cura dei soldati dello zar.

L'ombra danza ancora nella notte, si affaccenda con i suoi lumi, e chissà se in quel momento gli orsi, le linci e i caprioli stanno guardando con allarme quelle strane lucciole fuori stagione volare nel buio sulla collina sopra Krempna, perduta nelle valli sul confine slovacco. E chissà se i cani dei boschi sono diventati inquieti vedendo una sagoma umana agitarsi in quella foresta di croci appena illuminata dalla Luna. E chi lo può sapere se, in notti come questa, gli abitanti dei villaggi del Podkarpackje sentono venire dai cimiteri un mormorio plurilingue, quasi talmudico, un salmodiare di russi, cechi, polacchi, tedeschi, sloveni, italiani. Nonni, ragazzi, fratelli di cent'anni fa.

Virgilio mi si siede accanto su un muretto, e intanto friggono le stelle e sfrigolano gli stoppini, come grigliate di alici. La cera crepita, genera fontane di lapilli. So di aver fatto qualcosa che a Redipuglia non mi avrebbero consentito mai, specie nei giorni dei Morti. Nel più grande sacrario italiano è vietato accendere candele e deporre fiori. I burocrati degli ossari non permettono un rapporto personale e fisico con i Caduti. Quei corpi sono la loro rendita ed essi ne proteggono il monopolio. Qui, invece, ho dialogato liberamente con i morti, e il mio corpo lo sa. Le giunture dolenti per tanto genuflettersi dicono che le mie vecchie ossa stanno andando in sintonia con quelle di sotto, cominciano a cercare la terra. E forse il dolore è un'antenna, un linguaggio, un sensore di affinità con chi non c'è più.

La memoria è un lavoro da contadini, non da scrittori. La si coltiva come si coltiva la terra. La si rivolta, la si concima. È una campagna che dà frutti boni de rosigar coi denti, un sostrato nel quale il gesto di piantare non a caso somiglia al gesto di seppellire, e ovviamente a quello di scavare una trincea. Quando, per annunciarmi la morte di suo padre contadino, un'amica mi ha scritto che lui era andato "a zappare in cielo", mi sono ribellato: ma che cielo e cielo, ho risposto, lui era nella terra e basta, sprofondato nelle braccia di sua madre, felice nelle zolle negre che aveva amato e curato per una vita. I morti sono vivi, sono tra noi. Solo che noi non li sappiamo sentire, perché noi siamo i veri morti, ombre piegate sulle nostre miserie, i nostri cellulari, le nostre carriere.

A Gorlice la libagione in onore dei miei vecchi ritrovati finisce, dopo numerose birre, davanti a una bella cameriera bionda che sa solo il polacco. Al termine di una cena sontuosa, la Russa – che è golosa matricolata – ha voglia di un dolce, e io non so far di meglio che cercare nel vocabolario il termine corrispondente e mostrarlo alla bionda con un gran sorriso. Ma questa mi diventa rossa e si allontana imbarazzata. Riapro il dizionario e capisco di avere esibito la parola "dolce" come aggettivo, e dunque come avance, invece che "il dolce" come sostantivo e ordinazione.

Equivoco tosto da sbrogliare: la parola giusta, finalmente pescata dal dizionario, sembra solo un tentativo pietoso di farsi perdonare con una nuova ordinazione, e così nuove vampate di rossore contadino salgono alle guance della giovane che non sa che pesci pigliare. Mi toglie d'impaccio il cuoco, fauno di barbetta biforcuta, che sa l'inglese. Sghignazza, spiega il quibus alla cameriera che prima non capisce, poi si illumina, ride anche lei, col singhiozzo, e corre a raccontare la storia alla collega. E subito arriva il dolce, polaccamente gigantesco, in un clima di allegria da taverna.

E via di purea di castagne con panna montata, e fuoco verde di graspa di mele che se spantega nella panza, e Marina deliziata che mobilita il meglio della sua verve con nuove spigolature sulla guerra. La storia di Ferry, il cascamorto fedifrago, che tra un'avventura amorosa e l'altra in Galizia, tiene in caldo la morosa triestina con lettere tanto appassionate quanto false, lettere che lei – la bella Xenia – conserverà per mezzo secolo dopo essere stata piantata nel '18. O la vicenda, memorabile, dell'artigliere Anton Legiša, sloveno del Carso, che parte per il fronte nel '17 e incontra l'imperatore.

"Anton era un personaggio: mi ha detto la sua storia che aveva più di novant'anni, seduto su una sedia a dondolo. Non la mollava mai e avevano dovuto fissarlo con una cinghia perché non cadesse... Insomma, siamo al Diciassette. Da un po' è morto Franz Josef, e Karl, il suo erede, viene in rivista alle truppe sull'Isonzo. Siccome i soldati schierati lo salutano nella loro lingua, e tra le dieci lingue dell'Impero c'è anche lo sloveno, lui gli dice 'Živijo Carlo', come dire 'viva, salute vecchio mio'. Manca solo la pacca sulle spalle. Ma il bello viene dopo, alla fine della guerra.

"Succede che in pochi mesi il Nostro vede spegnersi i bollori militareschi e cerca di darsi malato. Qualcuno gli dice che la polvere di cannone è perfetta all'uopo e fa venire una febbre che pare malaria. Lui ne inghiotte anche troppa, si ammala seriamente e a guerra finita viene rimpatriato che è quasi un cadavere. Grigio, labbra violacee. La madre chiama il medico, poi il prete per l'estrema unzione, il paese lo dà per spacciato. Ma interviene una vecchia: 'Datelo a me,' dice, 'che so come guarirlo'. E Anton, sorpresa, migliora."

"Il segreto?"

"Teran e Pelinkovac. Con quelli è arrivato a quasi cent'anni."

Ma certo. Teran e Pelinkovac. Coppia terapeutica infallibile. Non c'è triestino che non li conosca. Se vuoi battezzare un forestiero, è la prima cosa che gli dai da bere. Vino negro e ferroso il primo, quintessenza carsolina più efficace di una trasfusione. Amaro bestiale il secondo, spremuto da piante di proibitissimo assenzio. Roba che non trovi in farmacia. L'hanno fatta sparire apposta, i signori della chimica, se no la gente sputerebbe le medicine.

Se ti viene il mal di testa
non far uso di aspirina
scendi scendi giù in cantina
ed il mal ti passerà.

Tanti anni fa, quand'ero in ospedale per una frattura alla tibia, avevo accanto un tipo che si era rovesciato col camion e lottava con la cancrena al braccio sinistro. Cercavano di evitargli l'amputazione e lo imbottivano di flebo, ma deperiva, così un giorno abbiamo provato col Teran all'insaputa dei medici. Mezzo litro la mattina, mezzo litro a pranzo, mezzo litro a cena. Lui era d'accordo, si inciuccava in allegria, e la cura è andata avanti per una settimana. Alla fine è guarito, senza svelare il segreto. Noi figurarsi: zitti come pesci e a ghignare.

Maledetta sia la sveglia
sia la sveglia sia la sveglia del mattino
si riposa un pochettino
per marciare un poco ben
per marciare un poco ben.

Ancora un goto di graspa alle mele, ancora fuoco slavo per incendiare l'anima. Dalla terrazza, vista sul fiume con anatre e un canto che parte all'indirizzo dei miei manigoldi rimasti lassù al fronte a guardare la Luna. Ho la bocca piena di endeca e dico a me stesso quasi con rabbia: ma che diavolo è la poesia, se non un tentativo di parlare con i morti? Ma perché ci giriamo tanto attorno?

Ora canto con Virgilio, la mia voce è la sua, i suoi gesti sono i miei. Mi alzo in piedi verso la montagna e sollecito il coro facendo con la mano destra, platealmente, il segno del levare.

"*Xe rivà.*"

Risponde il mormorio delle betulle.

"*Xe rivaaa.*"

Si gonfia il vento nella foresta.

"*Xe rivaaaaaaa.*"

E lassù a Krempna li sento che rispondono.

Xe rivada la baba del latte
con patate con fagioli
l'insalata la ricciolina.

Ora è il bosco intero che si sveglia.

E con patate, e con piselli
coi giovani belli, l'amore si fa.

Litania di ruscelli, nuvole di peltro che corrono sotto la Luna, battaglioni di alberi accampati, e qui a Gorlice, felicità di retrovia. La guerra pare cosa lontana; e qui, nei baraccamenti sul fiume, oggi sono il buon soldato Švejk che va a rubar galline in fureria con un kommando di allegri imboscati.

Marina è andata a dormire e io mi stravacco all'aperto, sotto stelle fisse ben martellate sugli architravi della notte.

11.

Tananài, tananài, com'eran brutti

Nowy Żmigród, 1 novembre

Il giorno degli ebrei comincia con un sogno, anzi il sogno. Gli ulani, di nuovo loro, in fila nel buio in mezzo a brughiere, pozzanghere e cuscini di nebbie azzurrine, in groppa a cavalli che ansano penosamente, emettendo quel soffio rauco che non esce dalla bocca ma da casse toraciche magre, spellate a sangue dalla guerra. I cavalieri deviano, prendono una direzione contraria a quella del fronte, incontrano una processione di contadini in fuga, e io mi sveglio senza capire se mi hanno indicato qualcosa.

Parte così una giornata più sfolgorante e inquieta delle altre, con turbini di foglie giallo senape, oro e giallo paglierino, e la sensazione netta di essere solo all'inizio del viaggio. Dobbiamo prendere la strada di Rzeszów verso il confine ucraino, in cerca di altri segni della guerra, ma già a Nowy Żmigród ci fermiamo perché pare ci sia un importante cimitero ebraico abbandonato un po' fuori paese. C'è davvero da perdersi in questa città dei morti, ma a noi non importa. Siamo affamati di aldilà.

Ci viene incontro dai campi un uomo solo, piegato controvento in un rotolar di foglie, con berretto a quadretti e giacca di cuoio nero. Gli chiedo se c'è un cimitero di ebrei da quelle parti.

"Laggiù," risponde senza esitare, e mostra un recinto a trecento metri, oltre un filare di betulle. Ha un solo dente in bocca e una gran voglia di parlare.

"Là in fondo," dice indicando un altro punto imprecisato verso est, "c'erano tre famiglie ebree. I Wajka, gli Szaja e i Malausz. Tre famiglie, e sono tutti morti." E si passa l'indice sotto il mento come fosse un coltello. Zac, lo stesso gesto che facevano i contadini polacchi agli ebrei, vedendo passare i vagoni per Auschwitz.

"Mamma raccontava di una bambina piccola, Majka, che era riuscita a fuggire. È tornata tanti anni dopo, e ha riconosciuto la piazza del paese."

Fa per andarsene, ma ci ripensa, torna indietro. Ha ancora qualcosa da dire. E altroché se lo dice: si sgola con la sua voce un po' chioccia, come per superare il fischio del vento: "Devi andare anche lassù, verso Krempna... prima di Albov c'è un cimitero nella foresta... sulla destra hai un cartello... Lì hanno ammazzato tantissimi ebrei... troverai una fossa comune...".

Di nuovo Krempna... Ma quanti segreti in quella foresta? Partiamo svelti, e chi se ne frega se è roba della Seconda guerra. In nessun altro luogo come in Polonia, il 1939 mostra con tanta evidenza di essere la conseguenza del '14. Ovunque, il segno lungo della pace tolta ai vivi in quel fatale agosto dopo Sarajevo. Nel retrovisore vedo l'uomo sbracciarsi ancora, in tutte le direzioni, come se volesse stringere a sé tutti gli Shtetl sui colli del Podkarpackje. Rimpicciolisce, in mezzo al campo sembra uno spaventapasseri. Sembra dire: là, là, e ancora là. Gira come l'ago della bussola di questa sterminata necropoli di ebrei, dispersa ai quattro venti dalla Storia.

Un po' di tornanti in salita, un cartello e, in fondo a una mulattiera, una lastra tombale di almeno dieci metri soffocata da un'abetaia umida e senza luce. Solo pietra e cemento con una ringhiera in ferro, senza la consolazione del legno, senza sole che scaldi. È un tuffo nel baratro, non un viaggio nell'elevazione; un pianeta lontano dall'universo Croce Nera, agli antipodi dai cimiterini ben tenuti, con i loro nomi e cognomi, l'erbetta inglese, le foglie d'oro di betulla e l'abbraccio ecumenico al nemico. Qui hai solo un numero: milleduecentocinquanta. Non uomini, ma donne e bambini. Non Caduti, ma sterminati a freddo. Parole non di consolazione, ma di nemesi e castigo. E un'unica data: 7 luglio 1942.

TAKE MY REVENGE FROM THOSE WHO TORMENTED ME.

Lapidi in inglese, ebraico e polacco; passa una famigliola, il padre legge, i bambini nominano il signore del Male, "Hitler", e quelle voci argentine nel bosco di Pollicino aprono i chiavistelli della visione. Gli inermi scaricati dai camion, i cani, le urla, la marcia breve nel bosco, l'ammassamento, il posizionamento della mitragliatrice sul treppiede, i comandi, il rat-tat-tat delle raffiche, le madri che stringono i loro piccoli, i corpi che si ammonticchiano, i soldati che coprono di terra l'ecatombe senza curarsi di quelli ancora vivi. Ecco a cosa ti sei ridotto, tedesco, un quarto di secolo dopo essere stato il miglior soldato della Grande guerra.

NEVER TO BE FORGOTTEN
ERECTED BY ZMYGRÓD SOCIETY OF NEW YORK, 1993

Lapidi sbrecciate, profanate da vandali. Crepe con l'insulto del piccone, cicatrici di stucco o cemento per ricompattare la pietra. Qui, forse più che altrove, il pregiudizio ebraico affonda in un passato secolare, in una strenua gara di pogrom tra cattolici e ortodossi; lo leggi già nel '14, in quella tremenda estate che è solo anteprima del massacro su scala industriale. Migliaia di contadini impiccati, in prevalenza ebrei, perché l'ebreo non prende partito ed è un diverso, dunque spia per eccellenza. Tormenti inflitti da soldati russi, austroungarici, poi da polacchi e ucraini. Ma gli austriaci documentano meglio, stampano cartoline con gli infami appesi, e i bravi ragazzi se le portano a casa per mostrarle alle famiglie.

Molti dei miei ragazzi, gli "infanteristi" del litorale adriatico, condividono il rancore per i caffettani e i riccioli a spirale. Antonio Danielis, friulano di Capriva: "La Galizia era piena di ebrei. Cercavano di farla franca in tutto. Cucinavano la polenta, la tagliavano a fette e ci buttavano sopra un po' di zucchero, poi domandavano una corona per un pezzettino. Allora i nostri si sono messi d'accordo: come questi arrivavano con i loro banchetti, uno all'improvviso tirava una pedata, buttando tutto per terra, e gli altri svelti si portavano via la polenta. Di sabato che era festa non lavoravano. Come sono andato dentro in uno di questi bugigattoli ho visto due ebrei dietro il banco. Avevano come due scatole di fiammiferi, una sul braccio e l'altra sulla testa. E cantavano per ore e ore: 'Tananài, Tananài'. Ma erano brutti... Facce da delinquenti".

Il buon soldato Švejk, quando la sua tradotta si ferma in una stazione ungherese sotto i Carpazi, racconta con micidiale candore la seguente scena: "Degli ussari-honvéd se la spassavano con due ebrei polacchi, ai quali avevano rubato una gerla contenente acquavite, e ora, invece di pagarli, allegri come pasque, li picchiavano sul muso, il che doveva essere evidentemente loro consentito, dato che a due passi di distanza c'era il loro capitano il quale sorrideva compiaciuto alla vista della scena, mentre, dietro un magazzino, alcuni altri ussari-honvéd mettevano le mani sotto le sottane delle figliolette dagli occhi neri degli ebrei picchiati".

Nel primo paese a valle c'è la messa dei Morti, sulla chiesa sventola una grande bandiera polacca e l'icona di un Wojtyła esibito più come vessillo nazionale che come testimone di fede. Poveraccio, penso: per demolire il comunismo ha finito per sdoganare il consumismo liberista, nemico ancora peggiore del sacro. In fondo a una navata strapiena di adulti in giacca e cravatta e donne in tacchi alti, un prete ovviamente aitante minaccia il popolo impugnando la croce come un brando medievale. Tuono di litanie, ma impressione di un rito sociale più che religioso. Magia finita, senza più l'impero del Male da combattere.

Vedo trionfare una campagna ricca che la domenica si mostra con i vestiti migliori. All'esterno della chiesa, un centinaio di auto di buona cilindrata e due ragazze in minigonna

113

sedute sul marciapiede, ciascuna col suo telefonino. Ascolto il sermone e penso: è inutile che ti sforzi tanto, prete. Il nuovo è contro di te. Ma anche il vecchio vanifica i tuoi sermoni. Il tuo popolo dà il meglio di sé fuori dalle chiese, non dentro. Nella magia delle foreste, tra le aiuole dei cimiteri, sotto il cielo immenso di Polonia. Perché è pagano nel profondo. E a me piace per questo.

A funzione conclusa chiedo al curato cosa ne sa della fossa degli ebrei, ma lui si stringe nelle spalle. Una mossa che ho già visto nei turchi quando gli parli dello sterminio degli armeni. Il perbenismo cattolico spazza la polvere sotto il tappeto con altrettanta efficacia dell'Islam. *Quaeta non movere*: meglio coprire tutto di un gesuitico silenzio. "In Polonia gli ebrei sono una memoria che brucia ancora," dice Marina, "il popolo rimuove per paura, ignoranza, superstizione... o per oscuri sensi di colpa, o perché a sua volta vittima di persecuzioni e sradicamenti. Bisogna comprendere... E poi qui capita spesso di avere un ebreo in famiglia e di non volerlo ammettere..."

12.

Il bosco canta in russo questa sera

Nella terra dei corsi d'acqua paciosi e lenti, è una meraviglia lasciare ai fiumi la polvere del viaggio. Scendendo lungo il Wisłok che scintilla come in estate, strada sponde e ferrovia si intrecciano senza bisogno di tunnel e ti mettono addosso la sete di un cavallo in cerca d'abbeverata. Una cosa simile a metà autunno è normalmente impensabile, ma oggi il sole scotta e questa non è una stagione normale.

All'inizio è tutto un fumar di meandri, tanto è ancora calda la corrente. Poi i vapori si dissolvono ed è possibile fare sosta sul greto. Verso Zaborów, dopo mezzogiorno, trovo delle pozze soleggiate e scendo al fiume come un bravo stallone polacco, con un asciugamano di fortuna, sotto lo sguardo divertito della Russa. "Pare una scena di *L'armata a cavallo* di Isaak Babel'," dice lei, "quando i rossi del generale Budënnyj dilagano verso la Vistola." Fischio di uccelli, ondeggiare di canneti a pennacchio, mormorio luccicante di zinco e di rame. E quell'entrare in acqua che è quasi un battesimo, una rinascita, un ritorno tra i vivi.

A Rzeszów, baricentro della Galizia occidentale asburgica, comincia la pianura e finiscono le betulle, il terreno diventa sabbioso come la Puszta dei magiari e i boschi della Sprea attorno a Berlino. Terra di abeti magri e cicogne, lune smisurate e storiche battaglie campali, dove i venti non trovano barriere, i campanili si vedono a distanze enormi e basta un decreto a far deragliare i confini di centinaia di chilometri. E proprio qui, dove il giorno muore in un incendio, proprio qui la parola tramonto si rivela priva di senso, perché non c'è nessun monte oltre il quale il sole possa andare a dormire.

È in questa città dai fonemi impronunciabili che si misura anche la taglia larga del corpaccione polacco, e soprattutto si comincia a fiutare la frontiera. Basta guardare gli orari alla stazione: i treni coprono lunghe distanze in tutte le direzioni tranne che a est, perché a est c'è l'Ucraina, l'avversario storico che ora però comincia a non essere più tale, grazie all'arroganza di Putin che spinge Kiev verso occidente. È il tragico infantilismo delle nazioni: sei nemico, ma se sei nemico del mio nemico diventi amico. Rzeszów, città contesa, che in russo fa Riascev, in ucraino Riasciv, in latino desueto Resovia, in yiddish Rayshe, in tedesco Rishof, poi convertito in Reichshof dai nazisti. Dietro ogni nome, un secolare desiderio di supremazia.

In questo guazzabuglio di egemonie incrociate finisce che rivaluti gli imperi e, dietro gli imperi, le loro antiche regioni costitutive che non separavano un bel niente e all'ingresso non ti chiedevano alcun passaporto. Lusazia, Volinia, Polesie, Rutenia: roba che non trovi nelle agenzie di viaggi, ma che esiste, altroché se esiste. Identità precise, fatte di cibo, di combinazione di lingue, di paesaggi e canzoni. Come questa sterminata Galizia, che più la nomino e più mi piace, dove la frontiera taglia in due il nulla e dove già a Cracovia cominci a sentire il profumo del pesce ripieno alla giudaica di Černivci anche se gli ebrei di Černivci non ci sono più.

Galizia non è posto da McDonalds', e a Rzeszów vale la pena andarci solo per un piatto caldo di barszcz in un baracchino per operai dietro la stazione, o per bere una schiumosa Żywiec alla spina ai tavoli all'aperto della locanda Czarny Kot, con la rugiada del bicchiere che diventa brina sulla barba. Oppure per bighellonare tra le bancarelle del mercato all'aperto di piazza Wolności, in fondo a viale Maresciallo Piłsudski, in mezzo a peperoni verde pallido e calze di nylon, cipolle enormi e stivali di gomma, crauti acidi e fischietti, castagne e girandole per bambini, rape rosse e tonnellate di lumini per i morti. E soprattutto favolose, infinite varianti di frutti di bosco. Mirtilli rossi secchi da perdere la testa.

Ne compro due chili da portare a casa, e d'impulso ne mangio una manciata. Masticando mi dico: ma come sono squisiti e profumati d'autunno questi figli dello sterminio, questi frutti nati dalle zolle dei campi di battaglia qui sotto i Carpazi. E che colore pazzesco hanno, lo stesso del sangue rappreso sulla giacca di Franz Ferdinand esposta al Museo di storia militare di Vienna. Ma perché non allestire un banchetto con i frutti dei morti? Idea blasfema? Per quale motivo? Non sono piene di prugne le colline della Serbia? Non ho forse visto melagrane turche anni fa intorno a Gallipoli della battaglia? E quante patate crescono fra i papaveri sui campi di Fiandra?

Già, i papaveri, simbolo sfolgorante dei Caduti sul fronte occidentale. Le tombe e le praterie nel vento sulla Somme, a Verdun o a Ypres sono inondati del loro colore vermiglio. Ma perché limitarsi al rito compassato della corona di fiori o del bouquet? Perché non mangiarli direttamente, i fiori rosso fuoco dei Morti? Se fossi sui campi di battaglia della Fiandra in primavera, raccoglierei purpuree corolle a mazzi, a fascine, e mi cuocerei una gran torta di semi di papavero, solo per sgranocchiarne i neri, croccanti baccelli. Un banchetto con amici, perché no, per celebrare la vita vendemmiando i Caduti. Decisamente, questo viaggio d'autunno mi sta facendo perdere la testa.

Finisco nell'albergo sbagliato, lontano dal centro, un posto per ricchi con troppe saune, troppi massaggi e troppi "Welcome" per non mettermi di malumore. Salgo in camera dopo la cena e la vodka con la Russa, ma non riesco a dormire. Troppe vetrate, troppi marmi, troppi specchi per le allodole. Niente penombre né anfratti per le anime vaganti. Un giorno mi hanno detto che gli spiriti si smarriscono nelle superfici lucide. Stasera quel lindore ospedaliero li respinge, e per la prima volta temo di perdere contatto con loro.

Fuori, però, un pianeta gigantesco sta uscendo dalle brume, la salvezza sta nella notte tiepida, nella grande Emme di Cassiopea; così decido di fare quattro passi nel bosco. Attraverso la Statale 19, i fari di un'auto illuminano il cartello con la scritta LUBLINO, la città del nonno soldato, e subito mi trovo alla frontiera di un sottobosco di mirtilli, dove il rombo dei camion rapidamente si attenua e si perde. Tra i pini, spade di luce azzurra. Non so se è per via di questo sereno pazzesco, ma mi sembra che qui al Nord la Luna piena duri più a lungo che dalle mie parti. Sono già tre giorni che è gravida.

Pochi passi, e sono già lupo. Foresta di granatieri fermi nei loro pastrani, dritti come canne d'organo pronte a un concerto, non so se *Requiem* o *Te Deum* di ringraziamento. Mi lascio penetrare con fiducia dalla notte. Sento il fischio di un allocco e di non so che altro animale. Il luogo delle paure ancestrali, il bosco nero che mette spavento ai bambini, qui non esprime né angoscia né malinconia, ma uno strepitoso clima di vigilia, di attesa febbrile, come un matrimonio di contadini, quando con largo anticipo cominciano ad arrivare invitati, suonatori e donne con vettovaglie; o come un teatro che si riempie mentre l'orchestra accorda gli strumenti. Sento il formicolio della linfa e degli insetti che risalgono i tronchi verso la sommità in cerca della Luna. Tutto dice l'alta marea della Terra.

Mi dispiace per voi polacchi, ma il bosco di Rzeszów canta in russo questa notte. Gli animali tacciono, e non per paura. Stanno zitti perché vogliono ascoltare il bordone profondo che parte dalla brughiera. Sotto i miei piedi dovrebbe agitarsi una Persefone scarmigliata e scalza, e invece è un coro da Armata Rossa, il tuono del profondo al maschile. Gli dèi si travestono, fanno di questi scherzi talvolta. Batto col piede in cerca del tempo, ma non basta, ho bisogno di un bastone, così raccolgo un bel legno dritto e lo picchio ritmicamente a terra. È un bordone anche questa improvvisata pertica: così lo chiamano i pellegrini, perché sostiene il passo, ma il passo è tempo, e il tempo è canto.

Ed ecco che dal fondo della foresta cresce un assolo basso e potente, da battellieri del Volga, cantato come dall'altra riva di un grande fiume. Appoggio l'orecchio a un tronco e sento la voce solitaria di un pope, un archimandrita. Se avessi uno stetoscopio potrei distinguere anche le parole. Temo, per un attimo, che si orchestri qualcosa di lugubre e dionisiaco, un sacrificio umano alla *Sacre du Printemps*. Invece no, dopo qualche battuta, ecco svegliarsi tra le radici degli alberi un coro maschile con un'accelerazione pazzesca, stile *Kalinka*, finché alle voci baritonali rispondono dall'alto acuti femminili di una nitidezza che ho sentito solo nei paesi baltici. Un coro di bionde, pallide ragazze con le trecce, affacciate al balcone per salutare i coscritti in partenza.

E su, sempre più su, in un crescendo da organetto di strada, un vortice da canzone a manovella, finché tutto si scioglie nel tempo finalmente solenne di uno scampanio di resurrezione, un rintocco universale che dilaga verso la pianura e le montagne, un finale da grandi orchestre sinfoniche come l'*Ouverture 1812* o *La grande porta di Kiev*, un tripudio che sveglia il vento dell'Est, spalanca la porta finestra della mia stanza e solleva i tendaggi, svegliandomi con la Luna già al tramonto e un cielo color giada sul lato dell'alba. Sul comodino, l'aria sfoglia i *Sonetti a Orfeo* di Rainer Maria Rilke, con le sue storie di foreste e trapassati.

C'è poco da fare: i Morti fanno festa, oltre i Carpazi. Sono certo di averli sentiti stanotte. Non è come da noi, che li abbiamo sepolti sotto un catafalco di tenebra per spaventare i vivi. Al Nord il diaframma è più esile. Qui non funziona l'Ade dei Greci con il suo coro di lamenti. Qui si balla e si canta. Fantasia? Autosuggestione? E se fosse? Senza i sogni, i viaggi si ridurrebbero a un Baedeker e il quotidiano a una noia. È molto tempo, ormai, che non cerco più la Storia nei libri e nei monumenti. La memoria è nei ciottoli di fiume, nel bosco di Pollicino, nel folto del regno vegetale, nel gusto dei mirtilli color del sangue. E nel suono, come stanotte.

Che altro è il Sacro se non il risuonare dei luoghi? Quando accompagnai Mario, maestro di violoncello, a provare il suo strumento nella stessa foresta di abeti dove quattro secoli prima era stato preso il suo legno di risonanza, sulle Dolomiti, gli alberi reagirono immediatamente. Lui appoggiò la schiena a due tronchi gemelli e dopo aver piantato il puntale nelle radici attaccò una gavotta di Bach; da quel momento il mio orecchio incredulo appoggiato alla corteccia udì distintamente una vibrazione baritonale salire dalla terra verso i rami. Era la voce antica della Terra.

Francesca, fisarmonicista di gran cuore e alta propensione al nottambulismo, cerca nel bosco i legni giusti per i suoi strumenti e giura di aver sentito, una notte in Carnia, un'abetaia trasformarsi in coro di cosacchi. Chissà, forse ho ascoltato qualcosa di simile oggi sotto le stelle di Polonia. I boschi si riempiono di anime dai giorni dei Morti fino alla festa di San Martino, l'11 novembre, quando l'annata dei campi ricomincia. Ci sarà pure un motivo per cui in quei giorni non si fanno tagli alle piante e non si gira la terra. In quel tempo si usa solo la luce del giorno, perché "le luci che vengono accese dopo servono solo a chi non è terreno". Ma certo: ecco per chi era la Luna di stanotte.

Così, in bilico fra il buio e la luce, sento come non mai il dilatarsi della pianura. In questo viaggio ai confini delle tenebre ho rinunciato a capire; la conoscenza passa per altri canali. Si comincia a percepire in modo diverso. In quest'attimo, riesco per esempio a vedere il macchinista del treno che passa sferragliando il ponte sul San in cerca del Nord verso Lublino. Posso toccare, in una cittadina di nome Leżajsk, la gabbia dorata che chiude la tomba di rabbi Elimelech Weisblum circondata da una ressa di pellegrini venuti da Israele. Posso sentire il chiacchiericcio delle contadine che aprono le bancarelle al mercato di Rzeszów e un giovane di nome Stanisław che suona Chopin su un pianoforte a coda in un appartamento in mattoni rossi di Katowice.

Mentre albeggia, distinguo ogni fiume che scende verso la Vistola, ogni dettaglio della topografia degli Shtetl perduti. Vedo i reticolati di Treblinka e uno scarafaggio nell'angolo di una stalla sui Carpazi; vedo i caffè con cioccolate fumanti a Leopoli, i fuochi accesi della regione della nafta verso il Dnestr, un boscaiolo che da Zakopane sale a far legna su un monte di nome Koszysta e un doganiere ucraino che timbra passaporti al confine di Przemyśl, bloccato da una coda interminabile di auto. Ritrovo anche me stesso, non so bene dove, curvo sul tavolo di una casa antica, a frugare con una lampada a petrolio fra le mappe ritrovate del conte Jan Potocki, esploratore d'Oriente e di terre d'altro mondo.

Me stesso, in cerca delle piste carovaniere tracciate su pergamena dal figlio di questa terra illimitata, madre di tutte le battaglie e di tutte le visioni, morto suicida con una palla d'argento alla tempia dopo una vita d'avventure.

13.

Ma dov'è la tomba degli aviatori?

Davanti alla nuovissima Università di Rzeszów, lustra di marmo e vetrate, riecco Andrzej Olejko, l'uomo che mi ha pilotato fino alle tombe dei triestini. Questo docente di Storia militare, che accorre con passo elastico a salutare Marina con un baciamano d'altri tempi, rappresenta tutto ciò che l'Europa occidentale ignora delle terre del Centro: e cioè che qui la guerra continuò ben oltre il '18 e che un condottiero di nome Józef Piłsudski tentò di allargare la rinata Polonia fino al Mar Nero; non riuscendoci, strappò almeno ai bolscevichi pezzi di Lituania, Ucraina e Bielorussia.

Cavalleresco e appassionato, questo professore alto e magro incarna a meraviglia un popolo guerriero che, dopo quattro anni di bombardamenti, invasioni, trincee e sevizie ai civili, anni di fughe interminabili di villaggio in villaggio, di fiumi precipitosamente guadati e pernottamenti nei fienili, ha ancora benzina in corpo per iniziare, dopo il '18, un nuovo interminabile conflitto. Un conflitto che diventa un'altra epopea di battaglie campali, trasferimenti notturni, cariche di cavalleria e marce forzate.

Su un pianerottolo della facoltà di Storia, dietro un fiume di studenti, una maxi-riproduzione della battaglia di Grunwald, in cui nel 1410 i polacchi e i lituani coalizzati sconfiggono i Cavalieri teutonici nelle terre di Masuria. Le stesse dove, cinquecento anni dopo, in un villaggio di nome

Tannenberg, i tedeschi del generale Ludendorff si prenderanno una rivincita contro le "orde orientali". Olejko sorride, spremendo un cappuccino dal distributore: "Quel quadro ha contribuito alla rinascita della nazione risvegliando l'immaginario popolare", e mostra il grumo di soldati a cavallo che preme attorno a Ulrich von Jungingen – capo dell'Ordine teutonico, che muore trafitto in una baraonda di zoccoli e lance –, simile al mosaico della battaglia finale tra Dario e Alessandro il Grande.

Se la Polonia contiene in sé il nome Polje, cioè campo, è fatale che essa legga la Storia come un susseguirsi di battaglie campali. In questa lettura, il forestiero non fatica a cogliere l'insicurezza di un popolo che non ha frontiere fisiche e da secoli deve fare i conti con un'entità statale a fisarmonica, simile a un mantice che si apre e si chiude, si annulla e rinasce, si sposta, si divide e si ricompatta. È il destino di questi slavi europei, condannati a combattere per esistere, e per i quali la parola chiave è Jazda, carica di cavalleria. Un destino che posso leggere come in un diorama nella Wunderkammer del professore, quasi più piena di feticci che di libri. Modellini d'aeroplano, sciabole, bandiere, stemmi, soldatini di piombo e disegni di cavalleggeri. E ancora cartucciere, cinturoni, aquile a due teste, diplomi, baionette, manifesti di raduni aeronautici, foto del generale Montgomery e di Franz Josef imperatore.

Storia dell'aviazione. E che altro poteva scegliere questo figlio di un paese assediato da cavalieri tartari e teutonici, e costruito a suon di cariche, sciabolate, stivali, finimenti e tintinnar di speroni? Durante la Prima guerra mondiale, molti cavalleggeri furono convertiti in avieri e portarono i cavallini rampanti sugli stemmi dei loro aerei. In Polonia, però, gli avieri sono qualcosa di ancor più speciale, legato all'esistenza stessa del paese, perché fu solo grazie ai biplani di cartone di un manipolo di disperati che si riuscì a bloccare gli spostamenti fulminei della cavalleria bolscevica e a fermare l'avanzata moscovita su Varsavia. Ma l'amore aeronautico dei polacchi è anche, banalmente, una questione di spazi che solo l'aereo può cogliere in un paese così vasto. Lo leggo negli

123

smisurati sospiri di Andrzej, che cercano di supplire alle parole, quando queste non ce la fanno a contenere l'enormità dei territori e degli eventi.

Aviatori. Non ho mai pensato a loro in questo mio viaggio terragno fatto di treni, fortezze, tombe e trincee. Tantomeno so di soldati delle mie parti finiti qui a ricoprire quel ruolo. E invece ecco, sotto il cielo dell'ultima Polonia, altri pezzi della mia storia rimossa venire a galla a sorpresa, con la forza di un fiume carsico.

"Qui ha avuto la sua base Camillo Perini!" mi dice a un tratto Olejko, felice come un prestigiatore che estrae un coniglio dal cilindro. È convinto che conosca il nome di questo signore. Ma io non l'ho mai sentito.

"Perini, nato a Pola, pilota austroungarico, fondatore dell'aviazione polacca... Il grande Perini... Uno delle tue parti, che ha volato con Goffredo de Banfield..." Mi guarda sorpreso. Gli sembra impossibile che io non sappia nulla, e che da qualche parte nel mio paese non vi sia una lapide a ricordare le gesta di un eroe. Non concepisce che un paese libero possa aver silenziato la propria storia, come i comunisti fino alla caduta del Muro.

Caro professore, non so nulla. Racconti...

E Andrzej parte, è un torrente in piena, non riesco a stargli dietro con la penna. Perini dunque, classe 1887, pilota nel 1912, combatte nei cieli del fronte russo, serbo e italiano. A guerra finita, con altri avieri degli imperi centrali, va a dare una mano alla nuova Polonia. Finalmente una guerra vera, romantica, voluta non da monarchi e industriali, ma da un popolo che chiede di esistere sulla mappa d'Europa. Raccoglie una magnifica pattuglia internazionale di audaci. Viaggia su un aereo tedesco con un meccanico ceco e un osservatore polacco. Rimette in sesto la base aerea di Cracovia, a Rakowicze, e si distingue subito per il coraggio. Mentre le forze di Stalin premono a nord, la sua squadra d'assalto di pochi velivoli rabberciati respinge le forze ucraine fino a sud di Leopoli con bombe da cinque chili sganciate a mano, poi riesce ad attrezzare una base avanzata nella stessa città, per voli di ricognizione e d'assalto.

Parla in tedesco, dà ordini in pessimo polacco, bestemmia in italiano. È tutto nervi e muscoli, audacia e superstizione. Evita i gatti come la peste, vieta l'ingresso alla base a monache e preti, la sua mascotte è un satiro col flauto, chiamato Diabol, che egli incorona dopo ogni missione con un braccialetto di coralli e crine di elefante. Ma un giorno il satiro scompare, lui impreca "Porca m... kde je moja diabol", dove è finito il mio diavolo, c'è un volo urgente da fare ed è impensabile ripartire senza portafortuna: il tecnico di volo rincorre i meccanici col martello offrendo denaro finché il talismano non cade dalla tasca di una tuta.

Su una grande mappa del Centro Europa, Andrzej mi mostra la guerra che nel 1920 si sposta a nord, contro i bolscevichi. È la mitica campagna di primavera, in cui gli aerei – caso unico al mondo – si muovono di concerto con la cavalleria per tappare alla disperata i varchi aperti di quel fronte smisurato. Che tempi: puzza di combustibile e olio di macchina, motori senza pezzi di ricambio, fusoliere di balsa e compensato, da rattoppare dopo ogni volo contro il nemico. Sotto le ali dei biplani, tra il Bug, il Dnestr e la Vistola, scorrono spazi smisurati come quelli descritti da Karen Blixen in *La mia Africa* o da Antoine de Saint-Exupéry in *Terra degli uomini*. Stormi di oche in volo, sole, ultima neve, vento, paludi col riflesso metallico del disgelo.

A guerra iniziata Perini si ritrova a fianco degli ex nemici inglesi e americani, accorsi ad aiutare la Polonia. Piloti leggendari, Cedric Fauntleroy, Glen Cook e George Crawford, che entrano con lui nel famoso settimo squadrone Kościuszko. A far meraviglie ci sono anche italiani sconosciuti come Veniero De Pisa e Virgilio Mastrelli. È forse l'ultima volta, prima della Guerra civile di Spagna, che l'Europa si lascia infiammare da una buona causa e dei giovani scelgono di combattere per la libertà altrui. L'ultima guerra che mobilita arditi col miraggio dell'avventura.

Guardo le loro foto. Sotto cuffie di pelle con occhialoni alzati, lampeggiano sguardi da tombeur de femmes, da gran ballo al Savoy. Un'élite senza cicatrici, senza nemmeno il segno della sciabolata degli studenti di Gottinga. Gente uscita immacolata da una guerra mondiale fatta di merda e di fango, forse senza averla conosciuta e neppure immaginata. Lontanissimi dalla sua oscena dimensione olfattiva. Anche Goffredo de Banfield era così, cavaliere senza macchia; un tipetto capace, dopo il duello aereo, di invitare a pranzo al grand hotel il nemico abbattuto. Gente che combatteva quasi per divertimento, come Hubert de Morpurgo, un altro italiano d'Austria, che dopo l'aviazione scelse il tennis e finì in Coppa Davis.

Facce non di mercenari, ma di sognatori. Uomini che cercano l'ultima guerra eroica dopo la macelleria delle trincee e sognano di riconquistare la libertà di movimento perché nauseati da un conflitto eternamente immobile. Sognatori, e talvolta illusi: perché questi cavalieri antichi aprono senza saperlo la strada a Guernica, alle stragi di civili, alla tecnica che schiaccia il coraggio e legittima lo sterminio. Che beffa. Perini, per esempio, adotta per la sua pattuglia il segno della svastica, senza immaginare che, di lì a vent'anni, aerei con quel simbolo lo tradiranno sterminando la cavalleria polacca. E che quel segno diventerà simbolo assoluto del Male.

Nell'estate del '20 le pattuglie volanti compiono l'ultimo dei miracoli fermando i russi. Rinunciano ad attaccare a ondate per evitare le interruzioni da rifornimento e si abbattono invece sul nemico con voli in ordine sparso. C'è chi compie tre, anche quattro incursioni al giorno. Perini, che è uno spavaldo al limite della pazzia, mitraglia talmente rasoterra, in voli così alla disperata, da danneggiare i suoi stessi aerei contro le baionette e le sciabole dell'Armata Rossa. Alla fine i russi sono respinti sulla Vistola con perdite immense in termini di uomini e cavalli e i loro generali Semën Budënnyi e Michail Tuchačevskij ammettono a denti stretti il valore dell'aviazione avversaria.

Un trionfo. Come l'Inghilterra nel 1940, è grazie a un manipolo di piloti che la Polonia riesce a reggere contro un nemico più forte e a esistere come nazione. Mai l'aviazione è stata così centrale in un conflitto. Perini ottiene la massima onorificenza al valore e diventa colonnello. Si ritira dal servi-

zio attivo e passa agli alianti, ma non smette di servire la sua
patria d'adozione: nel '39, alla vigilia della Seconda guerra
mondiale, ormai in pensione, si sposta in Italia per organiz-
zare l'evacuazione dei piloti polacchi verso la Francia. Ma la
polizia fascista lo arresta e lo sbatte in soggiorno obbligato a
Viterbo, dove muore nel '42 per un banale attacco di appen-
dicite. La sua tomba nessuno sa dove sia.

"Che vita, la sua," sospira Olejko, con un lampo di malinconia negli occhi.

Eh sì, caro Andrzej, non è più tempo di eroi. Ormai non
ci resta che il mito. Più cerco, più sento che della Storia non
mi importa più niente. Mi chiedo solo dove siano sepolti gli
aviatori, e se per loro abbia senso un sepolcro diverso dall'a-
ria. Chissà dov'è la tomba del mio indomito pilota di guerra.
Vorrei trovarla, un giorno. Di lui ho almeno il nome, dunque
una pista. Di tanti altri ragazzi delle mie terre, nemmeno
quello.

Fuori, il cielo di Polonia è terso e gonfio come una vela di
randa. Le foglie cadute nei giardini della facoltà quasi abba-
gliano per il loro giallo sfolgorante. "Mai visto un novembre
così," scuote il capo il professore, e a pranzo evoca un'altra
storia d'ardimento che mi tocca da vicino.

Succede nel '38, quando Varsavia ordina sei idrovolanti
ai Cantieri Riuniti dell'Adriatico, con sede a Monfalcone.
Modello Airone, fra i migliori del mondo, con pagamento
anticipato. Arriva il 27 agosto del '39, data di consegna,
quattro giorni prima dell'invasione tedesca in Polonia, inizio
della Seconda guerra mondiale. Il committente insiste per il
ritiro, e Roma nicchia, mena il can per l'aia, obietta che mancano collaudi. Ma gli operai antifascisti hanno mangiato la
foglia e fanno sapere di straforo ai polacchi che i velivoli sono pronti. Così un aviere scende immediatamente in Italia e,
con la scusa di un volo di addestramento, scappa con l'aereo
e raggiunge Cracovia.

Incredibile. Sono in un paese, la Polonia, dove la libertà
inizia e finisce nel segno dell'aviazione.

"Fu un volo epico," racconta Olejko, "e sarebbe da farci
su un film. Ho raccolto una montagna di documenti su que-

sta storia. Dovreste venire a Rakowicze, al Museo dell'aviazione: lì c'è molto su questa avventura."

Chiedo: "E gli altri cinque idrovolanti?".

"Non furono mai consegnati perché era scoppiata la guerra."

"Ma Varsavia," dico, "poteva chiederli almeno nel '45, alla fine del conflitto. In Italia non c'era più il fascismo."

"Sì, ma in compenso a Varsavia c'era il comunismo, il quale scelse di non chiedere nulla. Ormai c'era solo Mosca a costruire aerei per noi."

14.

Un infinito estuario di luce

Tradotta numero sei, Rzeszów-Przemyśl. Non c'è davvero che l'aereo per misurare gli spazi a oriente di Rzeszów. Il treno non ce la fa. Figurarsi la vecchia strada ferrata per Przemyśl, questo binario scalcagnato che mi addormenta portandomi alla fortezza Bastiani dei polacchi, la città che fu l'ultimo argine ai tartari, che però qui arrivarono sul serio, con tuono tremendo di cavallerie. La linea ferroviaria è vecchia di un secolo e mezzo, e porta ancora il nome originale di Karl-Ludwig Eisenbahn. Come a Trieste, in quest'angolo del paese il sistema ferroviario non è cambiato dai tempi dell'Austria-Ungheria: stesse traversine, stesso "sound", stesse soste di due minuti in aperta campagna, stesse fermate chiamate Grzęska, Gorlicyna, Tuczempy.

Faccio un po' di conti: sono quasi duemila chilometri che viaggio su linee imperiali, ed è come se prendessi le misure dell'Europa del Duemila con segmenti di rotaia ottocentesca. Povero treno, fa del suo meglio per farmi sentire a casa, ma non ci riesce. Forse è il piattume disperante che mi attornia a darmi la sensazione di essere lontano da tutto. Così lontano che per la prima volta mi chiedo se non vi sia qualcosa di sbagliato in un impero che ha osato spingersi così in là rispetto a Vienna, il suo cuore-bomboniera; e se portare la modernità in un mondo tanto arcaico e smisurato non abbia svegliato forze oscure, incontrollabili. Come accadde in quegli anni anche in Bosnia, dove l'Austria si inoltrò dopo secoli di dominio ottomano.

Pali del telefono, nidi di cicogne, martellare degli assi sui giunti della rotaia. Cerco dal finestrino un segno che mi dica dove sta il nemico. Fatica inutile, perché qui il fronte non è una linea ma è spazio. È paesaggio che cambia scala, immensità che si dilata, pensiero che si diluisce in ettari di campagna, si perde e si rassegna a un muto torpore. In Francia è tutt'altra cosa, il fronte è muraglia, ci sbatti contro anche se non vuoi, anche se le vigne e la segale lo mimetizzano alla perfezione. Troppo visibile la linea di sacrari, monumenti, lapidi e cimiteri che ricamano la vecchia cicatrice come punti di sutura. Anche i nomi dei ristoranti, la toponomastica dei vigneti, i carillon delle torri civiche ti dicono che calpesti terra di trincea.

E su per la Galizia e zò per i Carpazi
vestidi de paiazi, ne tocarà marciar.

Eppure, quanto più potente e attuale è il simbolo implicito in questa steppa abitata da un nemico invisibile. A paragone di questo, il fronte d'Occidente diventa misera cosa: percorso guidato per turisti, museo di un'era geologica finita, esposizione di reperti sull'uomo delle caverne. Qui, invece, presente e passato si toccano con un'evidenza che ti fulmina; hai la rappresentazione scenografica perfetta di una contemporaneità che osiamo chiamare pace e invece è lebbra che ci infetta con guerre locali, fondamentalismi e pestilenze finanziarie. Qui lo leggi bene l'autismo delle nazioni che hanno sostituito imperi detestabili con qualcosa di ancora più detestabile e destinato a disgregarsi all'infinito.

Partenza de Trieste, direti per Lubiana
Ghe scrivarò a mia mama, ghe scrivarò a mia mama.

Il fronte orientale è sperdimento che ti coglie già alla stazione centrale di Rzeszów sorvolata da nubi di cornacchie. È la faccia antica di un capotreno straordinariamente compre-

so nel suo ruolo, che scende a fumare mezza sigaretta durante le soste tra i campi. È contadini col vestito buono che salgono e scendono, è nenia che ti nasce dentro, pianura sterminata dove ogni minima altura è fortezza e dove le uniche
pietre sono i marmi dei camposanti. È un rarefarsi dei flussi
che non dipende solo dalla frontiera dell'Unione europea ma
da qualcosa di molto più antico: l'avvicinarsi di piste carovaniere, di caravanserragli dove il cavallo ha incontrato per secoli il cammello. Il passaggio dai pascoli all'erba alta dei cosacchi e delle scorrerie.

> *Partenza de Lubiana, direti nei Carpazi*
> *'sti poveri ragazi chisà se i torna più.*

Colori pazzeschi. Binari arrossati dal sole radente, canneti giallo anemico e paludi blu acciaio nel controluce del mattino. Tempo splendido, ma nebbia nell'anima. Le vecchie
canzoni burlesche delle fanterie adriatiche ormai sfumano in
una tempesta di fruscii da vinile a settantotto giri. Qui fa
male pensare al Mediterraneo, alla bora sugli arcipelaghi,
all'odore di salvia e alle chiese con piante di cappero sui fa-
raglioni. Heimat è lontana e la tradotta tace, assopita, rasse-
gnata al destino. Senso di non ritorno, più adatto alle melodie slovene che a quelle istro-venete della mia terra. Sento
Pomlad v Galicji, un canto straziante, dalle sonorità orientali,
di Emil Adamič, compositore triestino finito prigioniero in
Russia. Dice: O campi di Galizia, fiorite splendenti nell'am-
pia pianura, stormite forte canzoni slave, cullate il sonno dei
nostri ragazzi. Era uno dei motivi preferiti di Virgilio.

> *O Gališka polja, le vzcvetite*
> *v širno plan glasneje zašumite*
> *s pesmijo slovansko ublažite*
> *spanje našim fantom.*

Passaggi a livello, case con tetti di paglia, una sinagoga
storta e annerita dal tempo. Jarosław, città santuario, terra di
pellegrinaggi, nome che sanguina come Ortigara e San Mi-

chele. E appena il treno gira a sud, fra stoppie gialle e le sponde smeraldo del San, ecco qualcosa che cambia nell'aria. Il vento ora tira da nord-est, dilaga dagli acquitrini della Volinia, cancella il profumo di brughiera e mirtilli. La criniera dei Carpazi è quasi scomparsa. È un lampo, un mutamento decisivo, come quando passi il ponte sulla Tisza, cento chilometri oltre Budapest, e la Puszta ti cattura. O come a Trieste, quando la sera vai verso le colline e in un punto preciso il profumo del mare scompare, la temperatura si abbassa e la fragranza del bosco invade le narici.

A fine Ottocento Karl Emil Franzos, nato nel 1848, giornalista polacco con parecchia puzza sotto il naso e un antisemitismo tipico del suo tempo, viaggiando in wagon-lit sulla linea appena aperta, scrive che tra Cracovia e Leopoli hanno fatto bene le ferrovie austriache a servirsi in preferenza di treni notturni, "perché dallo scompartimento di qualsiasi linea continentale difficilmente si ha una vista più desolata: brughiera incolta, campi spelacchiati, ebrei cenciosi, contadini sporchi, oppure qua e là un nido abbandonato e, alla stazione, un paio di notabili locali che sbadigliano, qualche ebreo e altre creature alle quali si può solo a fatica rivolgere il titolo di uomo".

Mentre il finestrino lascia scorrere lande coperte di peluria bruna, erica, erbe matte e canneti, Marina declama alla sua maniera il diario del triestino Emilio Stanta in viaggio per Leopoli nell'estate del '14: "Ovunque si volgesse lo sguardo, c'era lo stesso paesaggio ai due lati del treno. Pianura, pianura, pianura, dove il sole tramontava dietro i campi di segale e dove dall'altra parte la Luna sorgeva dietro canneti e acquitrini... Per me, che non avevo mai visto cose così, tutto era nuovo... restavo ore intere sulla porta del vagone, appoggiato alla spranga di ferro, a contemplare la grandiosità della Terra". La Russa dilaga, e sottolinea i punti chiave con un gioco così sapiente delle pause, che l'intero scompartimento ascolta senza comprendere la lingua.

Sosta tra erbacce, fischio, ripartenza, e ancora boschi, e dacie isolate, e fumar di comignoli nell'azzurro. Dovrei navigare alla grande verso il largo, e invece comincio a non poterne più di questo infinito estuario di luce. Vorrei una pioggia, sentire l'odore dell'erba bagnata. Di più: l'ululato delle grondaie, il tamburaggiare sui vetri, lo scroscio del sottobosco. Come farò a trovare i morti in un Nord così splendente, dove i binari delle stazioni si incendiano ogni mattina e dove favolose sciarpe arancioni avvolgono ogni tramonto? Nutro dubbi su questo cielo: che sia un tranello degli dèi? E difatti, per sentire le voci, qui in Polonia non resta che la notte, quando i pennoni del bosco trafiggono le stelle, e sopra le montagne nere scintilla il quadrato di Pegaso, con Andromeda e Deneb.

E poi: perché continuo? In fondo ho già trovato la mia gente, ho già acceso per loro i lumini. Il viaggio potrebbe dirsi concluso. Cosa mi porta allora a questo sconosciuto capolinea? La ricerca del nonno, di cui non so nulla, Ferruccio Pitacco che non ho mai conosciuto? I morti li trovi facilmente, qui in Galizia. Ce n'è a milioni. I loro nomi stanno annotati in lettere gotiche nei libroni della Croce Nera a Vienna o inchiodati alle croci dei camposanti militari. Ma i vivi? Il mio vecchio tornò vivo, e quando arrivò a casa non volle raccontare mai nulla. E io come faccio a trovare le sue tracce in questi spazi sterminati? Forse, a spingermi verso le terre estreme è solo la mia anima di frontiera, un bisogno atavico di affacciarmi sulla linea d'ombra.

Basta un dépliant per capire perché Przemyśl, questa città dal nome impronunciabile esposta a qualunque invasione, è diventata la più grande fortezza d'Europa, e soprattutto perché qui diventa più visibile nei polacchi il patriottismo costruito sulla sindrome d'assedio. In copertina c'è la foto di un barbuto figurante in costume medievale con spada sguainata. Dentro il pieghevole, fiamme, battaglie, martiri, e civiche rievocazioni storiche con un nemico che invariabilmente arriva da est sotto forma di orda. Przemyśl ti avverte subito: caro signore, lei cammina su un *Limes*, un antemurale della civiltà, una micidiale linea sismica. E ti spiega che lì non c'è colle che non sia baluardo, e nulla di moderno che non abbia piantato le fondamenta sui resti di una caserma o fortificazione che sia. Muraglie asburgiche malconce, mangiate dai roveti, ma ancora capaci di guardare in cagnesco il mondo intero. Russi, ucraini, slovacchi, tedeschi.

Niente pace su quell'orizzonte. Prima i sarmati, poi i vichinghi di Rus, poi le truppe di Vladimir di Kiev. E mentre intorno turbinano i ruteni e i magiari, tocca a Casimiro il Grande prendere la città. Ma è pace breve, perché dalla Moldavia risalgono i turchi, e da est aumenta la pressione delle orde tartare, le più temibili. E non basta ancora, perché si inquietano le cavallerie cosacche, seguite dalle falangi degli svedesi riformisti, fino a quando nel cielo passa la meteora del polacco Ian Sobieski, che ferma gli ottomani sul Dnestr e rompe l'assedio di Vienna. Ma appena questa infinita turbolenza ha fine, è subito tempo d'anarchia e decadenza, come se la pace dovesse nuocere al temperamento della Polonia. Così fino al 1772, quando gli Asburgo si prendono le terre a nord dei Carpazi, da Cracovia ai fiumi del Mar Nero, danno loro il nome di Galizia e almeno garantiscono ai suoi abitanti centoquarant'anni di pace.

È allora che per proteggere il *limes* cresce attorno alla città la costellazione di pietra, il sistema di fortezze garanti della lunga tregua delle armi. Ma il pentolone bolle sotto il coperchio, finché nel '14 ricomincia l'orrore. Quando i russi prendono Leopoli e dilagano fin quasi alle porte di Cracovia, la città resiste per mesi e l'immensa guarnigione si arrende per fame il 22 marzo del '15, dopo essersi mangiata i suoi ventimila cavalli. Dopo pochi mesi ecco la riconquista austriaca, con controffensiva generale fino oltre il Dnestr. Eventi epocali, ma totalmente sconosciuti. Przemyśl non è Verdun, santificata dai francesi e simbolo della "gloire". Przemyśl sta a est e si merita due righe al massimo nei manuali di Storia. Ed è solo l'inizio di una sequela di disgrazie. Nel '18, la guerra non fa in tempo a finire che la città è nuovamente sotto assedio, stavolta da parte della contadinaglia ucraina, carica di rancore per gli ex padroni che sotto l'Austria l'hanno dominata con la frusta. Storie orrende di vendette, con creature vive segate in due e stupri di massa.

Ecco un'altra epopea dimenticata dai manuali scolastici

d'Occidente. La città è senza uomini, la Grande guerra li ha falciati quasi tutti, così si mobilitano donne e bambini. E questi vincono, incredibilmente vincono, sfruttando ciò che resta delle fortificazioni austriache e con l'aiuto determinante dell'aviazione. È uno dei momenti fondanti della rinascita dello stato polacco. Ma il sogno dura poco: già nel '39, meno di vent'anni dopo, Przemyśl diventa frontiera tra Russia e Germania, che si sono spartite il paese. Ed è sempre da quella città sul fiume San che nel giugno del '41 i tedeschi attaccano a sorpresa le linee difensive dell'Armata Rossa, per iniziare la folle avanzata sul Caucaso e Mosca. Poi è storia nota: lo sterminio degli ebrei, la controffensiva sovietica, la caduta della Polonia sotto il controllo moscovita, la repressione stalinista e il Grande Freddo dell'Europa divisa.

Ma ecco Przemyśl, la città-sentinella. Dopo il ponte in ferro sul San, a quattro chilometri dalla frontiera, il treno s'inclina e rallenta per entrare in curva dentro la stazione. Si sbarca davanti a un palazzone di solido impianto asburgico sopravvissuto non si sa come ai successivi disastri del secolo. Da lì, in un turbine di foglie gialle fruscianti come carta, la città sale dolcemente verso le ultime, estenuate propaggini dei Carpazi in un dedalo di viuzze di stampo ebraico, campanili a cipolla e vecchie case profumate di cavolo acidulo. In cima, un bel Colle dei Tartari, visibile per miglia intorno, dove la leggenda dice che l'Orda abbia sepolto il suo capo. Ma l'anima della *civitas* non è affatto orientale: Przemyśl è un'isola asburgica, un po' vecchia Lubiana, un po' Praga di Hradčany, uno spazio chiuso che sarebbe tale anche in assenza di fortificazioni. Qualcosa che snobba, ignora e rifiuta l'immensità rurale che la circonda.

Sulla pensilina ci aspetta, vagamente inquieto, Tomasz Idzikowski, che ci farà da guida. È stato Andrzej Olejko a metterci nelle sue mani dicendo: "Fidatevi". Ha quarant'anni, un berretto da baseball su una zazzera sessantottina, mani appoggiate alle reni sopra un camicione di flanella a quadri. Ha scritto libri sulle fortezze di casa e non gli sembra vero che qualcuno venga da ovest a esplorare il suo mondo, perché i suoi concittadini sembrano ignorare lui e la loro cittadella unica in Europa. È cosa nota che il polacco medio sa poco o niente della Guerra mondiale numero uno. E se ne sa qualcosa, non la piange come una tragedia, ma la guarda come un evento fausto, perché ha portato al crollo dei tre imperi che si spartivano il paese e ha dato il via alla successiva guerra patriottica per la rinascita della Polonia. Che concerto stonato, le commemorazioni del centenario. Niente come il ricordo del 1914 indica le fratture dell'Europa di oggi.

"Ci sono cinque milioni dell'Unione europea per il restauro delle fortificazioni, ma qui non vedo grande entusiasmo. I soldi basteranno appena a rimuovere la boscaglia che ha ricoperto tutto." Così si sfoga il bravo Tomasz, e ci guida verso la luce del Grande Oriente, quasi al confine ucraino, spiegandoci che Przemyśl non è una fortezza ma il baricentro di un sistema di fortezze in pietra, cemento e mattoni – quasi cinquanta – collegate da trincee. Ce le indica, sui trecentosessanta gradi d'orizzonte e su un diametro di una trentina di chilometri, come l'Alfa e l'Omega di una costellazione perduta. "Poco prima di arrendersi," racconta, "alle sei del mattino del 22 marzo 1915, il generale Hermann Kusmanek le fece saltare in aria, insieme ai ponti e alla polveriera, per renderle inutilizzabili al nemico." Da un secolo sono lì, immobili come rospi tra la boscaglia e i canneti.

La numero quindici, denominata Borek, è una grossa salamandra in mattoni rossi in mezzo a campi d'orzo e granturco. È tra quelle in condizioni migliori, eppure sembra più vicina al tempo delle piramidi che al nostro. È già la figlia di un altro mondo, una nave spaziale dimenticata dagli alieni. Tranne una cupola d'acciaio col timbro Škoda, non le è rimasto nemmeno un pezzo di metallo. Tutto portato via dai recuperanti. Sui muri interni, fessurati dalle esplosioni, tracce di camerate, di cessi, di cucine. È come entrare nello scheletro di un tirannosauro. L'animale ha una vita sua, non svela la presenza dei microbi rimasti qui per mesi, in mezzo a boati e a un incessante uragano di fuoco, asserragliati come topi di fogna, perennemente in balìa di una terra scossa dalle esplosioni, spesso senza cibo e senz'acqua, fino a impazzire di fame, sete e rumore.

Ma il più impressionante è il ciclope chiamato Salis Soglio dal nome di un barone che a fine Ottocento fu capo del genio militare della cittadella. Emerge da una scarpata di foglie secche, coperto da faggi e aceri, i quali a loro volta crescono come candelabri dai muraglioni del cortile centrale, e annaspano in cerca del sole come per liberarsi da una funebre apnea. E lì, nel fitto della foresta, oltre la barriera impenetrabile di un roveto, al centro di un labirinto di cunicoli, bunker, camerate, gallerie e casematte sfondati dal tempo più che dai cannoni, lì, sotto una fantastica fibrillazione di foglie giallo oro trafitta dal sole radente, ti succede di entrare nei millenni come nella tomba di Agamennone o nelle mura ciclopiche di Micene, accompagnato dal solo rumore dei tuoi passi.

Dalla sommità del muro perimetrale ormai ridiventato foresta, Idzikowski indica, a pochi metri, i paletti bianco-azzurri del confine ucraino. Sembra una linea tracciata a casaccio, una divisione condominiale. E invece è un confine vero. Il fronte e la frontiera si sovrappongono, il paradossale e l'inconcepibile si danno appuntamento nello stesso luogo. Come in un lampo, un pensiero mi attraversa: niente meglio di questo bastione abbattuto riassume la crisi della Fortezza Europa e l'inutilità dei suoi reticolati. Una montagna di rovine: ecco cosa rimane di imperi che si reputavano eterni. E allora ti dici: quanto farebbe bene all'Unione un sano sentimento di precarietà. Come è possibile capire la crisi del 2014 senza vedere i luoghi del 1914? Agli eurocrati manca la memoria della guerra, quella che ebbero i padri fondatori come Schumann o Adenauer. Basterebbe portarli qui, su queste formidabili rovine a pochi metri da un'Ucraina sull'orlo del baratro, e rammentare loro che anche il bastione di Przemyśl si sarà creduto eterno, un secolo fa, come oggi il loro bunker di Bruxelles.

"Avete avuto fortuna, con questo tempo, compagni. Non sapete cosa sia entrare qui con il fango. La melma ti inghiotte le scarpe."

La voce nasale di Tomasz mi strappa ai pensieri solitari.

137

E poi, dopo un breve silenzio teso a riassumere tutto il vento, la pioggia e la neve patiti dai soldati di allora, lo sento aggiungere come leggendomi nel pensiero: "È pazzesco ricordare che un secolo fa, improvvisamente, così per un nonnulla, dopo decenni di benessere e tregua d'armi, in un mondo che non sa più cosa sia la distruzione, la pace finisce e si comincia a uccidersi. E poi vivere così per cinque anni, nell'abbrutimento, sapendo che puoi solo ammazzare e che in ogni istante puoi morire... È chiaro che cose simili le decidono solo quelli che se ne fottono della gente. Ma quello che mi inquieta di più è che oggi nessuno se ne ricorda".

15.

"Alé," gridava, "kommen sie hinein"

Ora vedo me stesso come in un film.

C'è un uomo con un bastone e un piccolo zaino nero che esce dalla boscaglia ombrosa. Annaspa, gli manca l'aria. Ha sete di sole, si dà dello stolto, recita quasi un atto di dolore per avere poche ore prima ripudiato la luce e sognato romanticherie pluviali. Non aspetta i compagni, che indugiano ancora tra gli sfasciumi della fortezza. Patisce l'assedio di quegli alberi selvaggi, sente che il loro non è un cerchio sacro e quieto come quello dei cimiteri, ma un sabba di giganti nati dalla distruzione. Comincia ad averne timore.

Esce all'aperto, si stende sull'erba. Dice a se stesso: "Ma che viaggio sto facendo?".

Si è accorto che più parla con i morti, più si addentra nella comprensione del presente. Come gli appare chiaro, da quel bastione in disfacimento, il destino infelice dell'Ucraina. Come legge bene il risveglio disgregante delle nazioni e la balcanizzazione dell'Europa. È tutto già scritto. Mormora: "Che imbecilli siamo, noi senza anticorpi della memoria, appiattiti sul transeunte, rimpinzati di nulla, percossi da un'attualità ansiogena. Quanto ci manca la Storia". E più penetra i motivi della dissoluzione del suo vecchio impero, più gli appare lampante, nell'oggi, la decadenza

139

della federazione di popoli cui appartiene. Forse non si è mai spinto così addentro nel presente, come da quando va per cimiteri. Sente che non è solo la lettura dei libri. È anche la voce potente dei luoghi. Perché i luoghi hanno sempre un segreto da dire.

È quasi mezzogiorno. Luce intensa, caldo da maniche corte. Ai piedi della fortezza celata dall'impenetrabile boscaglia, l'uomo cammina solo con se stesso verso il sentiero, ma una gamba gli si impiglia in un roveto accanto a un ruscello. Tira forte, e gli si apre il pantalone. Uno squarcio sopra il ginocchio. Prova a staccare la stoffa con le mani, ma si punge e sanguina. Ora non sente più le voci dei compagni e viene preso da un nervosismo irragionevole, vicino al panico. È incredulo: più cerca di sganciarsi, più il cespuglio lo tira a sé. Lo artiglia, gli impedisce di andare via. Non gli resta che arrendersi e aspettare gli altri, perché lo liberino dall'abbraccio. E intanto il roveto arde, crepita quasi nella luce forte, scosso dal vento leggero dell'est.

Sente che tutto fruscia intorno a lui. Pensa: magari è la voce del luogo, è il forte che vuol dirgli qualcosa. O forse è quello spazio illimitato, è l'incommensurabile pianura. Cerca, così, tra cielo e campanili, magari c'è un fantasma meridiano creato come turbine dal vento. Un uomo che attraversa la brughiera. Oppure l'onda gialla dei canneti. E invece nulla. Nulla all'orizzonte. Si sente solo un'aria conosciuta venire da una casa dei dintorni o dalla radio accesa di una macchina; sì, è di Richard Strauss, ora ricorda, è il *Rosenkavalier*, l'aria italiana, l'ha già ascoltata a Vienna alla Staatsoper. Nel 1911 fu scritta, forse è il richiamo del mondo di ieri, o solo coincidenza, non lo sa. Diventa più tranquillo, ora si lascia andare a ciò che mormora il roveto.

Si sporge sul ruscello e vede un uomo, ma non la propria immagine riflessa. Si meraviglia: è un'altra persona quella che fluttua lì sotto i suoi piedi tra gli aceri frondosi capovolti. È un viso sconosciuto che riemerge dagli abissi del cielo rispecchiato con voce di cent'anni e che gli dice:

La guerra di nonno Ferruccio
e di Giacomo Beltrami da Nomesimo

"Non sono morto qui, ma qui ritorno
perché ho lasciato pezzi di me stesso in questo fortilizio
di sventura. Son figlio del Trentino e son sepolto sui monti
da cui vedi Adige e Sarca: per questo il nome mio non troverai sopra nessuna croce di Galizia. Tu cerchi il tuo antenato
tra i milioni: impresa quasi eroica, figlio mio, per questo ti ho
voluto trattenere sul limitare di questa boscaglia. Non potevo lasciare che tu errassi ramingo e senza aiuto in questa piana. E adesso ascolta bene ciò che dico: son Giacomo Beltrami da Nomesimo, fervente patriota Ka und Ka, soldato vete-
rano dell'Impero.

"Io l'ho incontrato il tuo vecchio, ed è stato
mentre si andava d'agosto col treno lungo la piana magiara infinita. Estate del '14, tremenda: metà dei nostri perduti
in due mesi. Non so a che reggimento appartenesse, 97 oppure 27, so solo che lo vidi alla stazione di Szolnók sulla
strada dei Carpazi. La mensa era strapiena di soldati bloccati da un ingorgo di tradotte, e lì passammo insieme una giornata che fu davvero l'ultima di gioia. Aveva tre stellette, era
sergente, Zugsführer con fischietto e baionetta, molto elegante, nastrino e medaglia, e con la bottoniera inappuntabi-
le. Mangiai con lui un Gulasch di patate che ci incendiò la
bocca con la paprika: era tremendo e ridemmo alle lacrime.
Ricordo il lampo azzurro dei suoi occhi e i witz che scodella-
va senza sosta. Che bello fu sentire la mia lingua lì tra croati,
boemi e ungheresi, in mezzo agli ufficiali che abbaiavano comandi in un tedesco incomprensibile.

"Tuo nonno mi ricordo, improvvisò
tutto da solo un po' d'avanspettacolo: c'era una folla pazzesca a sentirlo, parlò in dialetto, tedesco e sloveno, 'Alè,'
gridava, 'kommen Sie hinein! Vegnì, briganti, tuti qua a sentir!' e poi come un perfetto imbonitore rappresentò un serraglio di animali, scimmie, serpenti, oranghi e coccodrilli
riuscendo a diventare, te lo giuro, scimmia, serpente, orango
e coccodrillo. Ricordo tutto come fosse ieri: 'El crocodil,'

ringhiava, 'che xe come la sariandola ma non xe sariandola...', poi annunciava 'el serpente boia de forza stremendissima', diceva, 'le pantegane vecie de do ani e po' el simioto, e ancora l'orso bianco che magna solo scorze de patate'... Ma quello che faceva più da ridere era 'el magnaformìgoli' e cioè il formichiere 'col rochel per lingua'.

"Era un portento, un attore mancato,

teneva su il morale a tutti quanti: io mi pisciai addosso dal gran ridere, c'era un polacco paonazzo che aveva un contagioso singhiozzo, e i ruteni mezzi ubriachi che si sbellicavano. Ghignavano finanche gli ufficiali picchiando gli stivali sul selciato; si sganasciavano pure i magiari, di solito un po' ostili con i nostri, anche i croati corsero a vedere, insieme ai camerati della Bosnia. Insomma, forestiero, devi credermi: si scompisciava l'intera stazione. Sazi eravamo, allegri e ben 'bevuti': fu quella una giornata memorabile, e allora non sapevo che l'avrei ricordata per mesi nella tenebra orrenda di questa catacomba, di cui rammento solo freddo e fame. Come eravate diversi da noi trentini, contadini generati da un duro patriarcato di montagna, voi di Trieste bravi a far baldoria!

"Ci separammo dopo poche ore,

io proseguii sul fronte di Leopoli e lui fu dirottato su Tarnovo con altri treni giunti da Trieste. Oltre i Carpazi già bianchi di neve, il nostro battaglione giunse al fronte in mezzo a una palude sterminata – il suo nome dannato è Rawa-Ruska – dove sentimmo per la prima volta tuonare i grossi calibri a distanza, colpi tremendi, rimbombi e boati... Non sai che cosa siano le granate: locomotive infuocate fischiavano sopra le nostre teste, treni interi ci sorvolavano in un lungo sibilo e andavano a schiantarsi nei burroni. Tutto volava, anche i nostri corpi, vedemmo carne umana e di cavallo, talvolta corpi interi, appesa agli alberi come sui ganci di uno scannatore.

"E quando il cielo tacque finalmente

si videro i cavalli del nemico percuotere il terreno, e fu il terrore, venivan come pazzi allo scoperto, colbacco di traverso e con le sciabole che roteavano, verso di noi, poi venne un mare di uomini a piedi, non ne ho mai visti tanti in vita mia, formicolava tutto l'orizzonte di teste, baionette e di fucili. Vidi infilzare un compagno da un russo, io ne ferii un altro col fucile, quello chiese pietà e alzò le mani, occhi sbarrati e bocca spalancata, ma io ero cane idrofobo e ficcai la baionetta in fondo alla sua gola. Fummo rapidamente circondati: non c'eran più comandi, gli ufficiali non si trovavano. Soli eravamo, allo sbaraglio, in un mare di fuoco.

"E venne il grido 'Si salvi chi può'
lanciato da qualcuno e poi, ti giuro, non ci rimase altro che la fuga, tre giorni di passione e amaro in bocca, dormendo nelle buche e raccogliendo il pane duro dei morti ammazzati. Giunsi qui a Przemyśl in cerca dei miei. Metà del reggimento era perduto, ma ebbi la sorpresa di trovare molti ufficiali sazi e riposati, senza un graffio, in taverna a far baldoria. Per loro noi si era solamente ciò che si dice 'carne da cannone'. Fu lì che vidi in faccia con paura la fine dell'impero con due teste. L'attacco era imminente, si sapeva: per questo tutto intorno alla città, nei boschi di betulla e nei faggeti, cantavan le mannaie per spianare il terreno alle nostre artiglierie.

"Ma adesso, tu che stai su quel roveto,
sporgendoti sull'acqua, ascolta un po' cosa successe il 15 settembre: in mezzo a un pandemonio di soldati, sperduta tra carriaggi e salmerie, si vide per le strade una straniera. Portava un sacco e due grosse valigie. Veniva da Trieste, ci fu detto, ed era lì per cercare suo figlio, acquartierato con l'Ottantasette. Indomita era, bruna e molto bella, parlava con la lingua di tuo nonno. Bussò senza paura alla caserma, si conquistò l'intera guarnigione, portò maglioni e calze in lana grezza, grappa, salsicce e formaggio sott'olio. Rimase dieci giorni a far la calza e a rammendar la nostra biancheria, perché sentiva tutti figli suoi.

"'Mamma,' le chiesi un giorno, ripensando
al vecchio incontro, 'dimmi, tu conosci un triestino di nome Ferruccio, piccolo, dall'occhio azzurro-acciaio, capace di portare il buonumore come nessuno?', e allora lei rispose che era il fidanzato di sua figlia... che dunque era... tua nonna, se non sbaglio. E adesso tu mi guardi stupefatto! Non ne

hai motivo. Impara, il mondo è piccolo: persino in mezzo a schiere e a reggimenti due anime si posson ritrovare. Ah già, dimenticavo, la tua vecchia: Virgilia si chiamava, e se ne andò due giorni soli prima che l'assedio chiudesse la città in una tenaglia. Saltò sull'ultimo treno per l'Ovest ma prima fece in tempo – mi commuovo ancora a ripensarci – a sferruzzarmi due čarape di lana per l'inverno, che mi salvarono i piedi dal gelo.

"La guerra era feroce, ma lasciava

pause inattese di cavalleria, momenti di rispetto tra avversari: un giorno per esempio giunse un vecchio, nel mezzo dell'assedio alla città, con un carro di cibo per suo figlio rimasto prigioniero del nemico. Quando si spinse in terra di nessuno, pensammo fosse pazzo, e invece i russi lo fecero passare stupefatti, si videro le schiere spalancarsi e molti farsi il segno della croce, ci fu persino un drappello cosacco che lo portò al sicuro in retrovia.

"Il 28 settembre, tu lo sai,

la morsa s'era chiusa sui bastioni; Leopoli, si seppe, era caduta, noi si doveva tenere a ogni costo. Ricordo soprattutto i massacranti turni di guardia col gelo dell'Est tagliente sulla faccia, e poi la fame; un pasto al giorno, brodo di cavallo con un po' di farina gialla e pane di segala mischiato a segatura. E sempre ricordavo il tuo Ferruccio, ah, quanto ripensavo al nonno tuo e al Gulasch incendiario che mangiammo annaffiato di birra alla stazione. Da allora, ti confesso, non potei mai più veder qualcuno rifiutare del cibo, e quand'ebbi dei nipoti, un giorno che li vidi schizzinosi davanti a una scodella che fumava, gli rovesciai la minestra sul capo, perché il rifiuto pareva bestemmia.

"Quando fu marzo eravamo fantasmi,

le facce gialle e le spalle infossate. Pioggia di bombe, e nelle infermerie puzza di merda, canfora e fenolo, e intanto l'orizzonte nereggiava di russi. Noi tentammo una sortita, ma per disperazione, e in mille caddero mietuti come grano dalla falce. Il 18 di marzo, mi ricordo, svenni durante il mio turno di guardia, mi risvegliai brancolando nel buio, errai tra le macerie in mezzo a turbini di neve sibilante, e lì raccolsi un

144

frammento di specchio e mi guardai. Orrore quando vidi la mia faccia! Occhi-caverne, bocca semi-aperta, la barba di sei mesi, un ghigno amaro... avevo già il colore del sudario. Ridussi il vetro in briciole con rabbia e vidi il ghigno mio moltiplicarsi, al punto che fuggii senza voltarmi.

"Dopo tre giorni, nel cielo di neve

si udì un grande rintocco di campane, e trombe, e un gran rullare di tamburi, e il tuono ripetuto delle mine che demolivano la piazzaforte. Uno per uno i ciclopi cadevano come manzi abbattuti dalla scure, poi fu la polveriera a detonare: il generale Kuzmanek ci disse che l'ultima speranza di soccorso dai nostri reggimenti era svanita e si doveva lasciare al nemico nient'altro che un ammasso di rovine. E fu l'umiliazione della resa. In 117 mila a piedi, fantasmi di soldati senza nome, partimmo verso l'Est sotto la pioggia, con gli ufficiali che aprivan la fila a bordo di carrette che lo zar con perfida premura aveva offerto per prepararsi la strada al trionfo.

"Finimmo dagli uzbeki e tra i calmucchi,

sul Caucaso e le terre dei kazaki ma, ovunque noi si andasse, quelle genti ci accolsero tra loro a lavorare. I bimbi ci tiravano la barba, i vecchi ci insegnavano canzoni... Bevemmo tè bollenti e distillati di grano accanto a grandi stufe accese, ballammo Pryalitsa e roba armena... Le donne, grandi occhi e voce dolce... zigomi forti, come tua bisnonna... Che grande popolo i russi! Li amai... mai ci guardarono come nemici. E io pensavo sempre a quel ragazzo che con la baionetta avevo ucciso nella mischia tremenda a Rawa-Ruska. Furono i russi la mia nuova patria, perché la mia non esisteva più. Morto Franz Josef, crollato l'Impero, non mi restava ormai che la famiglia.

"Tornai nel '19 a casa mia,

dopo sei mesi di viaggio per mare, che più nessuno ormai mi conosceva, con una cosa cara nello zaino: le calze di Virgilia in lana grezza, che ancora porto qui nell'altro mondo. Ti prego, porta fiori alla sua tomba, e a quella di tuo nonno che di certo ti avrà inventato storie e cantilene. Ti invidio, io ti invidio per davvero, che l'hai goduto anni e non un giorno."

"Mi spiace di deluderti trentino,

il vecchio mio non l'ho mai conosciuto," dice colui che ascolta sopra il rio. "È morto un anno prima che nascessi... Sei tu semmai che hai restituito una radice persa al tronco mio."

E l'altro, verso oriente, in un sussurro,

come se non ascoltasse ormai più, "Lontano, lì, lontano," dice ancora, forse pensando a una cosa perduta, e si rituffa nell'acqua fonda.

Mi scuote il verso rauco di una gazza e il ticchettio dei minuti secondi sotto il sole allo zenit. A poca distanza, la Russa e Tomasz parlottano a bassa voce, timorosi di svegliarmi. Il giorno della luce più forte mi appare una notte al contrario, stampata su negativo.

Lei chiede: "Che ti è successo? Hai la faccia come se avessi dormito delle ore".

Ma no, rispondo, ho solo poltrito, pensato a occhi chiusi. Come faccio a dirle che riemergo da un abisso e che lì, in mezzo a quelle alture taciturne, ho sentito un ruscello parlare? Come faccio a rappresentare l'immensa calma che mi ritrovo dentro, dopo aver sentito le voci? E come giustifico lo strappo che si è aperto sulla gamba sinistra dei miei pantaloni, all'altezza del polpaccio? Non posso dire ai miei compagni che non voglio compartecipi del viaggio e che oltre la linea d'ombra si deve andare da soli, nudi e senza bagaglio.

Ed è la salita verso Prałkowce, un altro colosso di pietra, ferro e cemento. Per arrivarci, una foresta incantata. Radici possenti che affondano in mezzo metro di foglie secche nel vento. Trionfo finale del giallo, il mio colore, con rutilare di fronde d'autunno. È cammino felpato, silenzioso, senza nessun altro che noi, viaggiatori del tempo; e in quella processione dei portatori di lumini torna l'impressione avuta sulla Rotunda: tronchi centenari che trasmigrano e bisbigliano. E, nella radura in basso, cavalli immobili che ruminano.

Riecco la Polonia: natura che ammorbidisce tutto, persino tombe e trincee. Tana di uomini entrambe, a malapena distinguibili. Impercettibili avvallamenti le prime, dolci concavità le seconde. L'orrore trasfigurato in sinusoide. E quel

146

popolo di faggi che mormora: fermati, mangia, dormi tra noi, diventa albero. E la grande quiete che avvolge tutto, il martellare del picchio e i colpi d'accetta di una contadina che spacca legna. E l'incredulità, più forte che altrove, che quello sia uno dei fronti più bestiali della Guerra mondiale numero uno.

In cima, morbidezza boschiva che diventa asprezza di ruderi, luce che muore e si fa penombra, foresta che muta in boscaglia, spineto ostile, muraglia vegetale avvinghiata a blocchi ciclopici, dislocati da esplosioni immani. Oltre quella barriera, umidità carceraria, nudità da Latomie. Negli antri, nomi a lettere cubitali: ANDJELKA-STANISŁAW e poco più in là MKS JUDE, graffiti di innamorati e di tifosi imbecilli costretti a convivere nella penombra. Tomasz si muove con cautela, gira al largo delle rovine più instabili, il roveto non riesce a unghiarlo.

Prałkowce è luogo di fantasmi. Anche la folgore, qui, è di casa. "Non inganni il cielo azzurro," sussurra Idzikowski: a far saltare tutto in aria non furono solo le cannonate dei russi e la dinamite del marzo 1915, ma i fulmini che da cent'anni svegliano i metalli annidati in quelle montagne di rovine. Temporali di guerra su tutta l'Europa, dalle Fiandre al Caucaso, dal Carso all'Ucraina. Lo so bene come frigge il Monte Nero, e come crepitano di botti il Pasubio e la Tofana. Li ho visti e sentiti da vicino. Di ferrazza bellica ce n'è per un millennio, e per un millennio la maledizione resterà radiografata nei bollettini meteo.

E la sera è il Colle dei Tartari, grandioso, sopra la città. La luce radente esalta il giallo delle betulle e il rosso sangue del sottobosco. Gli innamorati si baciano sulla spianata e, da lassù, autunno dopo autunno, vedono la Terra esplodere di colori: vampate come bombe, eterna ripetizione di una battaglia campale eppure perfetta rappresentazione della pace. Nel cuore dei pogrom, delle guerre e delle deportazioni, proprio lì, dalle pianure del Dnestr fino ad Auschwitz, ogni sera a quell'ora, l'Europa ti illude con una scenografia apparentemente immutabile di campanili, camini che fumano, brume e cantare di galli lontani.

147

Chissà dove sarà inumato il Grande Tartaro. Che storia, che mistero. Con quella vista, esistono pochi posti così adatti a una sepoltura. Forse soltanto Sarajevo. Poco sotto la cima trovo, puntuale, un cimitero austroungarico con le solite targhette in lucida maiolica e l'erba ben rasata. Poi un mausoleo di tedeschi, una roba per ricchi, col cancello ben chiuso. Ma a soli venti metri, per novemila russi, non c'è che una lapide e una fossa comune. La morte non è eguale per tutti. Hai anche i camposanti dei poveri, e quelli dei dimenticati. E hai coloro che non lasciano traccia, diventano bosco, terra da aratro.

Tomasz racconta che, nella primavera del '15, sul fronte carpatico c'era un piccolo spaccio tra i campi sul quale non sparava mai nessun cannone perché russi e austriaci vi andavano a fare la spesa a ore fisse. In fondo, ad affrontarsi tra Baltico e Mar Nero, non erano nazioni, ma imperi abitati da popoli diversi. Capitava per esempio che ci fossero polacchi o ucraini dall'una e dall'altra parte del fronte; un po' come sul fronte alpino, dove a scoprirsi nemici erano talvolta uomini della stessa valle.

Scendiamo nella città dal nome impossibile, lungo viuzze fruscianti di giovani e foglie cadute, fino alla piazza principale già imbandierata per la festa nazionale dell'11 novembre. Il viaggio alla ricerca delle ombre finisce così, su consiglio di Tomasz, in un caffè-libreria di nome Libera, davanti a una bottiglia di vino italiano, con la Russa che evoca tramonti di fiamma e a una fotografa dal sorriso largo, Gravyna Niezgoda, che ci commuove recitando una vecchia poesia ungherese sui Caduti. O almeno io credo finisca lì, con quel vino che – mi appare improvvisamente chiaro – non serve a consolarci della caducità delle cose umane, ma al contrario a cantare la magnificenza dell'effimero dopo il viaggio tra le ombre.

In sere così, il dio dell'ebbrezza e quello della morte diventano assolutamente la stessa cosa. E mai come stasera, con lo scalpiccio di donna che sveglia i selciati di Przemyśl, il mio bere è preghiera, celebrazione. Nel buio sento la mia Europa, la Terra del tramonto, con litania di ruscelli, coro di

148

alberi, sferragliare di treni, respiro di cavalli nelle radure. Vita, maledizione, vita. E vedo il Signore dell'universo accarezzarsi la barba, compiacersi, anzi persino invidiarmi, per questo mio sconfinato godimento, non concesso agli abitatori del cielo.

Usciamo. Sopra la piazza, ancora alfabeti di fuoco, sapientemente incisi nella notte. Ci manca soltanto la neve.

16.

Furto a duecento orari

Una sera dei primi di dicembre, un mese dopo il ritorno dai Carpazi, i miei appunti galiziani scomparvero su un Frecciarossa sparato a duecento orari tra Napoli e Roma. Rubati. Tutti. Collezione completa, impacchettata con un elastico giallo. Da imbecille, mi ero sentito protetto da quel viaggio senza fermate intermedie e da quelle poltrone aeronautiche abitate da gente ben vestita, mi ero assopito lasciando lo zainetto sulla mensola portabagagli, dritto sopra la testa. Solo arrivando a Termini constatai che era sparito. Dentro c'erano il computer, le chiavi di casa e due mappe di viaggio fatte a mano, costate mesi di lavoro. Ma soprattutto le note, preziosissime, del viaggio in Polonia. Quando scesi sul marciapiede e dissi del furto al capotreno, questi finse di indignarsi per dovere aziendale, e la finzione era così palese che stavo per metter mano al revolver. Di lì a mezz'ora, la Polfer mi spiegò che è proprio sui treni per ricchi che si ruba.

"Nessun ladro perde tempo con i Regionali," ghignò l'agente di servizio, compilando la denuncia in una ressa di americani e francesi derubati su altre Frecce. Ricordai con un tuffo al cuore che una ventina d'anni prima, in Romania, avevo attraversato i Carpazi di notte, su un vecchio treno malfamato di emigranti e zingari – un treno così povero che aveva il nomignolo di "Foame", cioè fame – senza essere rapinato, e anzi, con una compagnia di donne, adulti e bambini che protessero il mio sonno e condivisero il cibo con me. Capivo improvvisamente perché, nella valanga di prescrizioni e avvertimenti inutili che ti sono inflitti da Trenitalia, non c'è un "fate attenzione ai vostri bagagli". Un'omissione che sa di marketing, mirata a contrabbandare una presentabilità inesistente, non certo a proteggere il pollo da spennare.

E sì che ne avevo avuti di presentimenti. Tornando dal sole della Polonia, in Italia avevo trovato freddo, miseria, marciume di nubi. Il mondo sembrava capovolto: per imperscrutabili motivi, il Mediterraneo era emigrato a nord e il Baltico era sceso a sud. Quel meteo era bastato a darmi la sensazione netta che i chiavistelli del cielo si fossero richiusi e che le Ombre fossero sparite per sempre. La mia avventura polacca era diventata lontana, irripetibile, incomunicabile. Nuovamente tra i vivi, vedevo tutto sfocato e lontano, come dal finestrino di un treno nella nebbia. E già allora mi ero chiesto come avrei fatto a scrivere di ruscelli e foreste mormoranti, o a far sentire la voce dei Caduti, a un popolo di cinici aggrappati al cellulare. E fu peggio ancora quando, a Trieste, la bora sigillò il viaggio con ululare di lupi e processione di creste bianche sul mare. I miei appunti mi parvero vecchi di un secolo, esattamente come i diari dal fronte del 1914.

L'agente mi chiese se avevo idea di quando fosse avvenuto il furto. Dissi che sì, c'era stato un momento di "ammuina" all'arrivo, molto teatrale, degli addetti al ristoro in prima classe. Un andirivieni che puzzava. È come quando in un ristorante il commensale del tavolo alle tue spalle ti frega il portafogli dalla giacca che hai appeso allo schienale della sedia. Al momento di pagare, resti come un fesso e ti pare impossibile che la ladreria si sia potuta compiere senza la complicità dell'oste. Ma erano penose congetture: a quelle latitudini tutto è teatro e ti frastorna. E poi non me ne fregava più niente. Lì contava solo il vuoto della perdita, e io ne misuravo l'ampiezza man mano che l'agente procedeva col rapporto. Settimane di lavoro inghiottite dallo sciacquone del cesso. Era quasi peggio della percezione del macello e della morte anonima di massa che mi aveva folgorato in Polonia. Era la perdita della memoria, il crollo dell'ultima linea di difesa, la base dell'identità dell'individuo e dei popoli. Nomi, date, vite, sentimenti, la riscoperta del nonno. Soprattutto i pensieri, quelli che ti fulminano all'improvviso. Quelli non sarebbero tornati mai più.

"Come valuta il costo di ciò che le è stato rubato?" chiese il poliziotto, strapieno di lavoro.

La domanda era dovuta, serviva a compilare il modulo. Ma io come facevo a dirgli che quei pezzi di carta valevano dieci volte il mio computer? Ci provai, penosamente, ma ebbi in risposta un'occhiata di vago compatimento e rinunciai. Ero prostrato ma lucido, e riuscivo non so come a riflettere sull'accaduto. Dicevo a me stesso: "Guarda, il treno veloce ti ha rubato ciò che i treni lenti ti avevano elargito a piene mani". C'era una logica nell'accaduto. Non avevo viaggiato in una macchina dei pensieri ma in una tomba delle percezioni, imbottita di anestetico. Non era una delle mie fedeli tradotte, e non poteva essere conteggiata come tale. E difatti non avevo mai amato quei siluri avvolti in un clima ovattato di comunicazioni aeronautiche. Quel viaggio, maledetto me, mi era stato prenotato da altri, per una trasferta di lavoro. E quella prima classe poi... L'avevo accettata solo per non complicarmi la vita.

Nella rabbia la mente andava a mille. In quell'ufficio della Polfer, collocato nel posto più sperduto della stazione Termini apposta per scoraggiare i gabbati, persino l'ubicazione del furto tra Roma e Napoli sembrava suggerirmi qualcosa. Era o non era nel Mezzogiorno che si era consumato il patto scellerato fra stato sabaudo e onorata società per gabbare gli onesti e spegnere le illusioni di un'unità nel segno della giustizia? E se lo "scurdammoce 'o passato", così come la supremazia dei furbi, era nato da quell'intesa indicibile, perché non concludere che proprio quella rimozione di stato a copertura dell'imbroglio mi aveva risucchiato gli appunti? Nella Grande guerra, non era stato forse quel peccato originale ad aver lussuosamente imboscato i figli dei raccomandati, dei genuflessi e degli uomini d'onore? E infine, era o non era l'incommensurabile distanza tra i gallonati di retrovia e i fanti di prima linea ad aver generato Caporetto?

Mi chiesi che futuro potesse avere un paese fondato sull'amnesia e, pensando alla mia Italia nata col piede sbagliato, vidi nei cenotafi di regime un'opera di imboscati, imboscati che avevano celebrato nient'altro che se stessi, la loro egemonia, glorificando *post mortem* i subalterni andati a sbattersi al posto loro su un fronte di freddo e di fame. Mi tornò in mente un'iscrizione per i Caduti, letta sul colle Sant'Elia di fronte a Redipuglia: PASSASTI FRA LE GENTI COME IL PICCOLO FANTE / ED ORA DALLA FOSSA RIMBALZI A NOI GIGANTE. Quel concentrato intollerabile di pietismo paternalistico e cattivo gusto era il riassunto dell'imbroglio, di una fregatura firmata da poetastri e certificata da imbrattacarte di retrovia. No, l'enormità dell'evento bellico non era misurabile dagli ossari del Nordest, ma dai piccoli, umili monumenti di paese dislocati lontano dal fronte. Al Sud, per l'appunto.

Come in un lampo, vidi un fotogramma: in un posto da nulla chiamato Cisternino, in Puglia, a mille chilometri dal Piave e dal Carso, avevo visto in piazza, su un basamento di pietra, un soldato in bronzo correre, urlando, verso il nemico col fucile in mano. Un monumento modesto: il ragazzo in divisa sarà stato un metro e sessanta al massimo. Ma le sue proporzioni rappresentavano l'altezza media degli italiani denutriti di allora. Piccoli eravamo a quel tempo, ma resistenti, molto più di oggi, e con un senso del dovere incomparabilmente più elevato. Un popolo bastonato dagli eventi che, a fine guerra, aveva avuto ancora la forza di ricominciare, e piegare la schiena sulla terra delle nostre campagne. Sotto il monumento c'erano i nomi, e il numero dei Caduti della Prima guerra mondiale era il doppio di quelli della Seconda. Non ci voleva molto a capire quale fosse stata la vera ecatombe.

Firmai la denuncia pensando ad altro. Capivo perché scendendo a sud, lontano dai teschi accatastati e dai marmi di regime, i monumenti ai Caduti mi commuovevano maggiormente. Con la distanza, si spogliavano di retorica, svelavano un'Italia minore che partiva per la guerra dopo appena mezzo secolo di unità, senza sapere perché, senza avere un'idea di Patria né di dove fossero Trento e Trieste. Gente per cui la naja era un paio di scarpe, un vestito e un fucile per andare a morire, ma che nonostante questo fece egregiamente la sua parte. Capii ancor meglio quello che mi avevano detto i Centomila di Redipuglia prima della partenza per la Polonia: vattene via, lontano dai percorsi guidati, via dalle celebrazioni insincere, via dalle spese inutili, dagli appalti Disneyland e dall'industria del centenario. Vai lontano perché l'Italia è altrove, tra i vinti e i dimenticati. E vai a cercare i tuoi vecchi, nella lontana Galizia. Così mi avevano detto. Ecco perché i miei dispersi sul fronte russo li avevo sentiti della stessa pasta dei morti sul Carso. La rimozione che aveva tolto i primi dalla memoria nazionale era sorella di sangue delle lacrime di coccodrillo che avevano glorificato i secondi negli ossari. Tutto tornava.

Ma proprio per questo il furto degli appunti mi bruciava di più. Vanificava un atto di resistenza all'andazzo generale della rimozione. E pazienza per ciò che avevo visto. Chi mi avrebbe restituito ciò che avevo pensato? Chi mi avrebbe ridato le voci, le note sull'invisibile, ciò che avevo percepito nelle notti di vento, bevendo una birra sulle sponde dei fiumi o viaggiando sui treni dei Carpazi? Non era la prima volta che mi capitava di smarrire un manoscritto, ma fino ad allora ero riuscito sempre a trarre vantaggio dalla perdita inventando discorsi nuovi e magari prendendo una più giusta distanza dalla minuzia notarile delle annotazioni. Stavolta però era dura, durissima. Avrei dovuto risentire il mormorio di altre foreste, lo sferragliare di altri treni, il fruscio di altre betulle, la corsa di altre nubi sotto la Luna. Ma in che modo? Anche se fossi tornato, come avrei potuto ritrovare quella luce irripetibile dei giorni dei Morti?

Un portone si era chiuso, con stridore di ferro e di quercia e un gran fracasso di lucchetti. Il nitido film a colori di quell'estate indiana del Nord era diventato film muto, cortometraggio in bianco e nero, e un'intercapedine di eventi traumatici – il Secondo conflitto mondiale, la Guerra fredda e infinite altre sciagure – si era messa di mezzo tra me e la storia che tenevo a mente. Un mese era diventato distante come un secolo. Era finita la tregua, finita la Luna piena, finite le stelle, finito il sole sfolgorante sui Monti Beschidi. E lì a Roma, sotto una pioggia monsonica, in mezzo a una bolgia di taxi e turisti, mi chiesi con nostalgia che tempo facesse in Galizia, mi domandai se ci fosse ancora quel cielo gonfio come una vela, se turbinassero le foglie d'oro dei faggi, oppure se fioccasse finalmente sulla Rotunda o sulle croci del cimitero di Krempna. Sì, la neve. Avevo voglia che coprisse tutto, che un turbinio lento seppellisse il viaggio collocandolo in una distanza mitica. Era l'unica consolazione.

Tornai a Trieste e vissi settimane penose nel tentativo di ricordare. Il clima non aiutava. Marcio, senza speranza, senza sole. Sul Nord Italia si scaricavano bombe d'acqua, frane, fango, alluvioni, e la pace in cui vivevo sembrava peggio della guerra. Notti con urla di ubriachi, di giovani perduti allo sbando. Sentivo il nulla espandersi, il diserbante della memoria fare terra bruciata, e per un attimo i morti divennero vivi e si ersero sui morti viventi che sembravano assediarmi.

Mi chiesi se gli avi ci avessero predetto questo futuro. Una cosa del tipo: "Verrà un giorno in cui gli uomini non sapranno più cantare e ridere, e perderanno il gusto dei frutti della terra. Un giorno in cui i vecchi saranno separati dai bambini, e i bambini non ascolteranno più favole e ninnenanne. Verrà un tempo in cui le api non faranno più miele e gli uccelli migratori perderanno la strada, i mari si svuoteranno e i gabbiani invaderanno la terraferma". Una mutazione biblica consumata in cinquant'anni.

Brancolavo nel buio. Non sapendo da che parte cominciare, accumulai montagne di libri. Rivissi i treni del Nord e il mondo askenazita in *Viaggio in Polonia* di Döblin. Ritrovai i paesaggi sub-carpatici in un rarissimo *Nach Galizien* di Martin Pollack. Mi buttai ne *Il buon soldato Svejk* di Hašek, mi inebriai delle *Scarpe al sole* di Paolo Monelli, divorai *Il mondo di ieri* di Stefan Zweig e mi sfinii nel monumentale *Gli ultimi giorni dell'umanità* di Karl Kraus. Rilessi, comprendendoli assai meglio, i romanzi di Isaac Singer e i *Sonetti orfici* di Rilke. Scoprii in ritardo *Il sale della terra* di Józef Wittein, dalle grandiose scene di massa ambientate in Galizia. Riesumai persino *Omeros*, amatissimo testo in versi di Derek Walcott, con il nero Achille che nella notte dei Caraibi cerca l'origine della sua stirpe di schiavi. Ma servì a poco. Forse solo ad alimentare insonnie. Mi tuffavo nei libri e ci rimanevano fino alle ore piccole, mettevo sul fuoco il bollitore per il tè e leggendo dimenticavo di spegnere, consumando tutta l'acqua. Due, tre volte di fila.

Settimane a dormire in stato d'allerta, come un animale nel bosco. Era dura, durissima. Anche Virgilio, la mia ombra cocchiera, era scomparso. Ecco cosa succede quando si perde la memoria. Si è nudi come i sans papiers, soli sull'orlo di una voragine, esausti, inermi, in balìa dei venti. E io mi maledivo anche per essermi imbarcato in un'impresa impossibile. Non avevo scelto una guerra cantata, celebrata, studiata, inondata di letteratura, scolpita nel marmo, mitizzata o maledetta come il fronte italiano o quello occidentale. Avevo a che fare con una cosa rimossa da tutti e non glorificata da nessuno, con un fronte scomparso nelle brume, segnato da voci flebili e alture impercettibili, qualcosa che potevo al massimo ricostruire dalla letteratura minore, diari introvabili di ungheresi, russi, cechi, ucraini, croati, bosniaci, polacchi. E meno male che c'erano i miei ragazzi di Trieste e del Trentino a rompere il silenzio.

Qualche dettaglio tornava in mente, e quel poco nasceva da improvvisi lampi nella notte, o dal ruminare del dormiveglia al mattino; storie riemerse grazie a litanie mormorate camminando o evocate dal ritmo del respiro, dettagli sull'orlo del dissolvimento svegliati da brandelli di discorso o dal cortocircuito fra libri aperti a casaccio sul tavolo. Avevo, grazie a Dio, delle immagini, foto scattate durante il viaggio, quindi potevo risalire ai luoghi e ai nomi incisi sulle croci. Ma l'orrore dei pensieri perduti restava, e questo vuoto mi rendeva assetato di una narrazione nuova: metafore evocatrici e soprattutto oralità. Per riavere dovevo darmi, parlare, raccontare, svuotare la cassapanca. E così narravo, instancabilmente, anche al primo venuto, purché qualcosa tornasse a galla dagli abissi in cui era naufragato.

E lì, più gli amici mi compativano dicendo "Ma come, non sei ancora stufo di guerre?", più lo sgomento per la memoria perduta sembrava trasformarsi in sferzata di energia, aiutandomi a fissare meglio i punti chiave del racconto. Complici la stregoneria della declamazione e gli occhi attoniti di chi ascoltava, la storia diventava evocazione, si spogliava dell'ufficialità commemorativa, perdeva per strada il superfluo e amplificava l'essenziale, gli snodi diventavano magari meno precisi ma più efficaci. Ripensandoci ora, mi rendo conto che, in quello sforzo mnemonico, il viaggio slittava naturalmente di una decina di giorni in avanti senza che me ne accorgessi, e questo perché, in quel paesaggio di cimiteri affollati sotto il sole, la mia mente aveva fatto coincidere la Luna piena del 19 ottobre – data reale della mia partenza da Vienna – con i giorni dei Morti dei primi di novembre. Lo sforzo di evocare le cose perdute comportava un'inevitabile trasfigurazione, ma il racconto ne usciva più essenziale. Smerigliato come un ciottolo di fiume. O come una fiaba.

Compii piccoli atti rituali e propiziatori. Strofinai una mela cotogna sulla biancheria, come da qualche secolo insegna a fare Aristofane per superare l'inverno e fissare i pensieri. Riaccesi sul davanzale lumini dei morti con gli stessi fiammiferi che mi ero portato dalla Polonia. Andai sulla tomba del nonno, che trovai in condizioni deplorevoli e mi riproposi finalmente di pulire. Mi sedetti sul marciapiede della stazione di Miramare, per ascoltare il passaggio dei treni. Misi stetoscopi su me stesso per sentire il tuono del cuore e l'uragano del respiro. Uscii a camminare da solo nella pioggia o col temporale. Aspettai spasmodicamente la neve. Ma ancora non bastava a ritrovare l'indicibile.

Tradotta numero sette, da Trieste a Rovereto. Poi capitò che mi invitassero in Trentino, sul Lago di Ledro, che nel maggio del '15 era diventato fronte italo-austriaco. Gli amici della Val d'Adige e del Sarca avevano storie di guerra da raccontarmi, e accettai, nella tenue speranza che la narrazione rimettesse in moto la locomotiva dei pensieri. Ero sicuro che avremmo parlato di Pasubio, Adamello e Ortigara. E invece no, saltò fuori anche lì la Galizia. Alla grande. Mi venne spiegato che la memoria dei trentini era inchiodata a quelle steppe e a quelle montagne se non altro per una questione statistica. In cinquantacinquemila erano partiti per il fronte russo, contro le poche centinaia che avevano disertato per combattere con l'Italia. Tra i nipoti dei soldati di allora, Leopoli e Tarnów battevano Gorizia e il Piave cento a uno. Non dovevo fare altro che arrendermi.

Il viaggio era stato un tormento. I colpi delle traversine mi avevano martellato la nuca come per conficcarci un chiodo, e quel chiodo mi diceva che ogni mio tentativo di recupero era ridicolo. Attraversando il ponte sull'Adige a Verona, la distanza dalle tradotte polacche mi era apparsa incolmabile. Come potevo pensare di rivivere luoghi ostici già dalla pronuncia del nome – Rzeszów, Przemyśl – stando immerso in una fonetica latina, toccando stazioni dai nomi che cantavano come Bardolino o Rovereto? Ma all'arrivo c'era ad aspettarmi l'amico Donato Riccadonna, un altro italiano di matrice austroungarica, e subito trovai nelle sue storie e nel suo aspetto schivo un'aria familiare. Forse avevo preso la strada giusta.

Ledro, che posto era quello. I temporali e le nebbie sul lago svegliavano fuochi fatui e fantasmi. La conca palafitticola crepitava di tuoni come di artiglieria e sfrigolava di metalli di ogni tipo. I dintorni erano disseminati di anfratti e alture dove i bracconieri trovavano con la stessa facilità ferro di baionette e reperti dell'Età del bronzo. E in quelle sere a cena nella veranda dell'albergo, ad ascoltare le storie di Mauro Zattera, Luca Girotto e Quinto Antonelli – tre grandi raccoglitori di memorie del '14-18 – sotto le raffiche di pioggia battente, altri pezzi dell'avventura polacca tornarono fuori. Tutto, inclusa la difficoltà dell'impegno che mi ero preso, favoriva tra di noi una sintonia da seduta spiritica e per un attimo ebbi la sensazione che non fossi io a cercare i morti, ma loro a cercare me.

"I temporali del Pasubio, quella sì che è roba seria. Il metal detector non lo apri nemmeno, per non farlo impazzire." Zattera ci dava dentro, mentre la pioggia frustava i vetri della veranda. Parlava a frasi brevi e pesanti, sempre con un leggero sorriso sulle labbra. "Lassù anche i sensitivi hanno paura. Succedono cose strane... La pellicola della macchina fotografica che non si impressiona, e poi, al rifugio Papa, le finestre che si aprono di colpo e la radio che si accende da sola..."

Mauro si mangiava ancora le mani per non aver ascoltato da bambino le storie galiziane del nonno.

"Tu almeno hai la scusa che ti è morto prima," brontolò, e mi disse di aver passato una vita nel tentativo di emendare quell'errore, andando a caccia degli ultimi centenari della Guerra mondiale. Un'avventura grandiosa, disse, perché i vecchiacci ricordavano tutto, anzi più la storia era antica e meglio la ricordavano. Canti di trincea, avventure di prigionia, persino il sapore delle cose mangiate. Il problema era che i patriarchi morivano uno dopo l'altro. E lo Zattera doveva fare in fretta.

"Ero in preda a una frenesia bestiale. Qualcuno mi scappava letteralmente da sotto il naso, come è capitato a un trentino che aveva partecipato alla cattura di Battisti. È una perdita che mi brucia ancora. Per non parlare dei gendarmi che avevano portato lo stesso Battisti all'impiccagione. Gente nostra anche loro, mica austriaci. Tutta roba poco raccontata, anzi rimossa, e io avevo fretta di registrarla. Dovevo acchiappare i testimoni prima che morissero. Per questo i sopravvissuti si toccavano le balle quando mi vedevano..."

Iniziò a grandinare e la combriccola partì con le storie galiziane. A cominciare da quella dei chiodi per gli scarponi, ferrazza a tre punte da battere a caldo, che a causa della guerra videro decuplicare la produzione. "Brocche" li chiamavano, e chi sapeva farli era precettato, risparmiandosi per l'appunto la Galizia. Mezza Ledro salvò la pelle così. Ma era lavoro tosto, ogni brocca chiedeva trenta colpi di martello sapientemente assestati, e poiché la produzione era sui 1500 pezzi al dì, ai fabbri di guerra toccavano 45.000 martellate a testa. Roba da accoppare un bue. Ma gli italiani dell'Adige – proprio loro, derisi dai graduati austriaci come inaffidabili

"Katzelmacher", gente in grado solo di far figli – erano capaci di questo e altro.

Ma c'era un altro motivo di interesse, ed era che le lapidi dei Caduti, pur evasive, e nonostante la censura prefettizia tesa a sminuirne il senso, dicevano assai più verità dei trionfali monumenti alla vittoria di un'Italia che era giunta in quelle valli solo a guerra finita. Le stesse valli che, mezzo secolo dopo, finalmente libere da censure fasciste, avrebbero dato aria alla loro complicata memoria, così ostica agli altri italiani.

E quella sera, di storie, ne uscirono a fiumi. Cose come i diari del fronte russo dei tre fratelli Sartori, uno dei quali scritto in versi. Il racconto di Giacomo Beltrami da Nomesimo, che vive l'atroce assedio di Przemyśl. O la leggenda di Oreste Caldini, capitano che quando vede il suo reparto minacciato di decimazione, si fa avanti e dice "Fucilate me per primo", salvando così i suoi uomini. Per non parlare della medaglia d'oro, tutta austroungarica, ottenuta da Augusto De Gasperi, fratello di Alcide, sul fronte di Leopoli. Il quale Augusto, subito dopo, finisce prigioniero dei russi e di conseguenza non si vedrà mai consegnare l'onorificenza.

Tutto si metteva in ordine. Le voci che avevo sentito in Polonia trovavano nomi cui abbinarsi, e a loro volta quei nomi trovavano nelle mie immagini della Polonia il loro giusto fondale, fatto di boschi, cavalli e campi di rape. In quel paesaggio, le voci e i nomi messi insieme si coagulavano formando uomini in carne e ossa, e io quegli uomini li vedevo marciare col loro quadernino nel giustacuore per annotare a matita, e con calligrafia perfetta, le storie di trincea. Essi lavoravano per me. E io benedicevo il Trentino, perché mi stava spalancando i portali di quell'evento grandioso senza remore e rimozioni. Qui ero assediato da una folla di testimoni vivi. Impacchettato in una memoria corale già digerita, ben riconosciuta dalle istituzioni.

Quinto Antonelli spiegò quell'incredibile abbondanza di diari. La distanza da casa, la morte sempre accanto, le umiliazioni inflitte dagli ufficiali, la solitudine in mezzo a lingue sconosciute: tutto questo aveva portato i ragazzi ad affidare a un piccolo notes qualcosa di simile a un "canzoniere personale". E poi il soldato austriaco era decisamente più alfabetizzato di quello italiano. I diari del Tricolore appartenevano spesso a un'élite di ufficiali: la truppa era più incolta e spesso non sapeva scrivere.

Quando sentii l'odissea di Giorgio Corona da Mezzano, che fece il giro del mondo, mi parve quasi di vederlo. Era lì con noi nella veranda. Una storia romanzesca: fatto prigioniero dai russi, il Nostro si trova a lavorare in una miniera d'oro e nasconde pepite che non riuscirà mai a portare con sé perché viene reclutato dall'esercito italiano che gli fa attraversare il Pacifico e tutta l'America, coast-to-coast, in un viaggio trionfale a scopo propagandistico, verso la nuova madrepatria. Quando arriva a Genova, la guerra è quasi finita e lui ci ride sopra: "Ho fat el giro del mondo ma non son mai stat a Feltre".

Fuori non smetteva di diluviare. Lampi di tutti i colori squarciavano le nubi attorno alle vette sul versante bresciano, dov'era corso il fronte italo-austriaco. Nubi grasse, torreggianti come lampadari, e un crepitare di botti moltiplicato dall'eco delle crode. "Qui è capace che continui per mesi," disse Zattera scuotendo il testone brizzolato come un alpino che assiste a un bombardamento. Non sapeva di aver indovinato. Tutto il 2014 sarebbe stato una sequela di monsoni. E intanto il bel tempo restava inchiodato al Nord, proprio sulla Polonia.

Quando arrivarono le salsicce, Luca Girotto tirò fuori il diario di Antonio Rattin, Landesschütze di Canal San Bovo. È la storia di uno che resta vivo per miracolo al primo impatto con i russi dieci volte più numerosi, e poi descrive come segue l'arringa dei suoi ufficiali prima dell'assalto: "Sul schiarire del giorno il nostro Capitano chiama intorno a sé tutte le cariche e dice loro: 'Partecipate ai miei prodi e valorosi soldati che anche questa matina fra due ore dobbiamo fare nuovamente un grande assalto per scacciar i russi dalla città di Notwurna, riaquistarla e riaquistar assieme le sue posizioni. Quindi facciamoci coragio che Dio sarà con noi: Siamo Tirolesi e voliamo portar perpetuo il nome. Dunque nessuno di noi faccia il vile col ritrocedere'. Ciò deto si ritirò nelle sue trincee".

Ma la storia che mi commosse di più fu il periplo del sergente dei Kaiserjäger Serafino Ferrari da Telve Valsugana. Il quale, dopo aver valorosamente combattuto per quattro anni su tutti i fronti dell'Est, si ritrova in Crimea nei giorni dell'armistizio e con un surreale spirito di disciplina prende in prestito una chiatta e una barchetta a vapore, carica i suoi uomini e, raggiunta Varna in Bulgaria, risale il Danubio per tornare a Vienna, la sua capitale. Un viaggio avventuroso, nel quale i fedelissimi della bandiera giallo-nera subiscono le angherie più impensabili dagli ex sudditi croati, ungheresi e slovacchi, e tutto questo per approdare a una città che non è più capitale di niente.

Il finale è tragicomico. Quando il patriota si presenta in divisa all'Arsenale per le consegne, lo deridono. E quando, frastornato, raggiunge Telve a piedi dopo una traversata di un mese, viene maltrattato anche a casa, perché ora ha i nemici come padroni. Se l'Austria lo beffa, nemmeno l'Italia lo vede di buon occhio. Finisce che non ottiene la pensione di guerra né dall'una né dall'altra. La Legione trentina degli irredentisti si è data ben da fare per denigrare quelli come lui, gli ex combattenti imperiali, e perché nulla fosse loro riconosciuto. E così il fedele Serafino si trova solo come gli altri reduci, ai quali è impedito non soltanto di parlare tedesco, ma anche di evocare la guerra. Ne parlerà solo negli anni sessanta, quando avrà nipotini pronti ad ascoltarlo. Da quel momento non smetterà di raccontare, fino alla morte.

Storie così tra di noi, a torrenti, a fiumi, annaffiate di buon vino rosso, con la temperatura mitteleuropea della serata che aumentava pericolosamente. Ma lì stava in agguato l'Antonelli, il raccoglitore dei diari, che ci squadrava con occhio e sopracciglio arcuato da barbagianni e ci ammoniva di non cadere nella mitologia asburgica, di non ridurre il confronto fra il prima e il dopo a uno scontro fra Austria e Italia, Impero e nazione. Nella veranda assediata dal diluvio, spiegò che, dietro ai tanti pregi, come l'istruzione obbligatoria e l'ordine garantito, la dominazione asburgica era cosa autoritaria, e ci rammentò amorevolmente che in Trentino imperversava la pellagra e l'aspettativa media di vita era di anni trentatré. Per non parlare delle regioni orientali dell'Impero, come la Galizia, dove l'analfabetismo regnava sovrano e la miseria era cosa normale.

Ma allora, gli chiesi, perché tanta nostalgia?

"È semplice. Alla luce di una catastrofe, il 'prima' appare sempre meraviglioso. È accaduto con la Guerra mondiale, e accade anche oggi, con quei trentini che tornano a definirsi tirolesi e mettono la divisa degli Schützen... Capisco che può essere simpatico, ma non ha nulla a che fare con la Storia. È psicologia sociale legata all'oggi, alla delusione del presente."

Obiettai che i proclami imperiali erano tradotti in dieci lingue.

"L'Impero era plurale, ma solo in superficie. Nei fatti si viveva sotto una cappa di censura, costrizioni clericali e sorveglianza poliziesca. L'Austria non era un paese democratico... si era sudditi, non cittadini... Non si poteva scrivere nulla di pubblico, partecipare a raduni, sfilare... Per questo c'era chi amava l'Italia, un'Italia vista più come modello di libertà laica e 'garibaldina' che come punto di riferimento nazionale."

Avevo letto il magnifico libro di Quinto, *I dimenticati della Grande guerra*, che aveva fatto definitivamente piazza pulita del tabù sulla memoria austroungarica nella sua terra. Ma conoscevo anche la sua posizione di equilibrio tra le parti e sapevo in anticipo le sue risposte, così continuai a fare l'avvocato del diavolo e ribattei che sotto l'Impero il Trentino aveva pur sempre la sua autonomia.

"Oh sì, l'italiano era riconosciuto," rispose Antonelli, "ma era pur sempre subalterno rispetto al tedesco. E il tedesco, insieme all'ungherese, restava la lingua del comando, del diritto, della politica, e anche del potere economico. Studiavi l'italiano, e restavi nel tuo ghetto. Lo capisci anche dai diari dei nostri ragazzi al fronte in Galizia. Erano lasciati soli, trattati male, denigrati; e la stessa cosa accadeva ai boemi e agli sloveni."

Ma certo, pensai. Ci umiliavano i crucchi, cari voi triestini che sognate ancora Franz Josef, e voi trentini che vi vestite da Schützen con la piuma e fate finta di esser tirolesi, quando i vostri colleghi di Bolzano vi guardano ancora con compatimento; e anche voi, friulani indipendentisti, che vi mescolate ai "Freiheitlichen" di Eva Klotz nei loro riti al Passo Resia. Bramando un'Austria che nemmeno in Austria esiste più, non fate che rivelare un complesso di inferiorità, siete penosi, ridicoli. Come avete fatto a dimenticare che in guerra i reparti di lingua italiana erano insultati, vilipesi, costretti a partire per il fronte senza la banda, quasi vergognandosi, alla chetichella; oppure smembrati e distribuiti in reggimenti dei quali ignoravano la lingua?

E così, gira e rigira, si tornava sempre lì, alla Galizia. E fino a tarda ora, quella sera, fu il frenetico Luca Girotto, medico di Borgo Valsugana dalla parlantina a mitraglia e una sana follia collezionistica in corpo, a inondarci di storie. Racconti spesso agganciati a uno di quei piccoli oggetti che gli uomini di allora si costruivano con le loro mani per resistere all'abbrutimento. E io, ascoltando, sentivo lo scheletro della mia storia polacca riempirsi felicemente di polpa, di volti, di nomi.

"Un giorno, all'ospedale, vidi che un anziano degente aveva una strana dentiera di metallo. Gli chiesi dove se l'era fatta fare, e lui rispose che se l'era costruita da sé, in Galizia. Erano tempi di piorrea, tanti ventenni arrivavano alla naja senza denti e lui era uno di quelli. Raccontò che la sua dentiera era di bachelite e si era rotta durante un assalto, per via di una caduta nel fango. Aveva subito raccolto i pezzi e li aveva abbinati per fare un'impronta in argilla e colarci dentro il metallo fuso di una spoletta. Lega tenera di alluminio. Un lavoro perfetto, da odontotecnico. Disse anche che a guerra finita gliene avevano proposte molte di nuove, ma a lui non stavano bene, così aveva finito per tenersi quella di trincea."

Gli chiedemmo che fine avesse fatto la reliquia. Era ovvio che Luca avesse provato a farsela dare per il suo museo in Valsugana.

"Il reduce si chiamava Aurelio Marchetto e io andavo

spesso al suo capezzale a farmi raccontare storie. Era felice di narrare. Un giorno presi coraggio e gli chiesi se, dopo, me la potesse lasciare quella sua cosa. 'Dopo', ovviamente, significava: 'quando muori'. Ma forse non serviva troppa delicatezza: un montanaro che ha visto la guerra non ha bisogno di troppi giri di parole. Lui disse sì, e anche il parentado pareva d'accordo. Ma quando se ne andò all'altro mondo, non facemmo in tempo. Arrivai che la cassa era già chiusa. E naturalmente la suora gli aveva già rimesso la protesi al suo posto."

Ma la dentiera fu solo il primo pezzo di una sterminata oggettistica di guerra rievocata con sapienza di dettagli dall'incontenibile Marchetto. Riuscii ad annotarne solo una parte. La mia capacità di reggere a quell'incredibile inventario era limitata.

Stelle alpine in osso incise dai Kaiserjäger.

Cassette da scritturale con tutti i loro comparti, costruite a regola d'arte in betulla dei Carpazi.

Coltelli, forchettoni, cucchiai.

Pipe tirolesi in maiolica, col numero del reggimento e i baffi dell'imperatore, di quelle che ti venivano regalate alla fine del servizio militare.

Una scrivania da tasca, grande come un mazzo di carte da gioco, con portapenne fermagli a molla e tutto il necessario per mandare lettere.

Fez di bosniaci di religione musulmana, copricapi alla turca appositamente privi di frontino per toccare terra con la testa durante la preghiera.

Giberne in cartone pressato dell'ultimo anno di guerra, quando l'Austria era ormai alla fame.

Tagliacarte con scritte in cirillico, portati dalla prigionia in Russia.

Pipa con la croce rossa e la scritta: INFURIA LA GUERRA E IL TEROR / PIANGON LE MADRI SOSPIRAN LE SPOSE ANCOR / OH VENGA LA PACE PREGHIAM TUTTI OGNOR / CHE LA GIOIA NEL PETTO SUBENTRI AL DOLOR.

Soprascarpe in vimini intrecciato per resistere meglio alla neve.

E poi valanghe di immagini in bianco e nero, incredibilmente nitide. Un soldato austriaco su tre aveva la macchina fotografica ed era capace di sviluppare i suoi film.

Tirammo tardi, con un filo di malinconia e qualche bicchierino di amari pestilenziali. "Il reduce Serafino Ferrari," disse Luca, "rimase con un debole per i russi. Quando ne arrivarono prigionieri in Valsugana durante la Seconda guerra, loro mendicavano pane e lui si arrabbiava se qualcuno glielo negava. 'Mi hanno sempre nutrito quando avevo fame,' così redarguiva i compaesani. Un giorno venne fuori che aveva avuto una fidanzata, lì dalle parti di Odessa, e che si chiamava Maruška. Poi si sposò con Gilda, l'italiana. Ma quando Gilda fece novant'anni, pensate, venne da Leopoli una badante che si chiamava, mi commuovo ancora a pensarci, Maruška."

17.

Ritorno sul luogo del delitto

Tradotta numero otto, da Rovereto a Trieste. Quando Mauro mi accompagnò a Rovereto per imbarcarmi sul primo Regionale, mi accasciai sulla poltrona accanto al finestrino. Ero esausto. Avevo riempito due quaderni di appunti in una giornata sola. Storie toste, che grondavano fatti, nomi, e soprattutto oralità. Era esattamente quello che mi serviva. L'attenzione era stata spasmodica, al punto che quella notte non avevo chiuso occhio, nel diluvio universale di Ledro. Sentivo che il film della Polonia si stava rimettendo a girare.

E nel momento in cui il dondolio sulla linea Verona-Brennero cominciò a tirarmi in una voragine di sonno, in quel preciso istante, ascoltando la metrica della rotaia col suo doppio colpo dattilo, lì, in bilico sulla soglia del subconscio, con tutte quelle storie nella testa, capii una cosa semplicissima: ciò che il treno mi aveva rubato, solo il treno me l'avrebbe potuto restituire. Il treno era la mia immersione nel mondo, l'estrema occasione d'incontro con gli altri, la garanzia di anonimato, la tregua da una tempesta di segnali che mi frastornava, il silenzio sabbatico dagli sms, pin, mail, bic, cin, e da tutti i maledetti monosillabi che mi complicavano la vita.

Dovevo salire su un'altra tradotta. Ma non per rivedere gli stessi posti. Ora dovevo proseguire, guardare oltre la fortezza Bastiani, affacciarmi sul deserto dei tartari, gli spazi della Galizia ucraina a est di Przemyśl. Ora, l'obiettivo era raggiungere Leopoli e camminare nel fango dove i ragazzi del Trentino e delle terre adriatiche si erano scontrati con i russi. Fiutare fusi orari di steppe, calpestare terra di scorrerie e carovane, marciare a tè bollenti verso il Dnestr e il Prut in una landa selvaggia di battaglie campali e armate a cavallo, perdermi nel turbinio candido che aveva inghiottito milioni di uomini. Così fantasticavo, e la fantasia, si sa, è il motore di tutte le partenze.

Mi tirai sugli occhi il berretto di feltro col frontino all'austriaca che l'amico Gianni Rigoni Stern mi aveva regalato ad Asiago qualche mese prima. Era identico a quello di mio nonno soldato. Ma, in quella grande epopea collettiva, la storia del nonno sfumava, passava in secondo piano. Mi importava sempre meno la caccia all'antenato, perdermi in dettagli genealogici, sapere in quale settore del fronte avesse combattuto, oppure se fosse riuscito a imboscarsi, o se avesse sedotto una russa con i suoi occhi azzurri, il suo humour e la sua uniforme perfetta. Mi bastava immaginarlo. Ciò che cercavo era la coralità delle voci, e soprattutto percepire la distanza reale dagli eventi, perché i testi di Storia non me la davano. I libri mi allontanavano dalla guerra. La memorialistica invece me l'avvicinava.

Quell'incontro con i trentini, la freschezza delle loro testimonianze, quelle letture ad alta voce accanto al fuoco, avevano compiuto il miracolo. Sentivo la guerra bruciare di attualità. Riflettevo sul fatto che l'età della mia pelle, del mio fegato, dei miei polmoni ancora vitali corrispondeva già a due terzi di secolo. Delle due l'una, dunque. O io avevo vissuto un'eternità, o il tempo che mi separava dalla Guerra mondiale era un soffio. Ma io non avevo vissuto un'eternità. La mia esistenza si era consumata in un lampo. Eppure era stata sufficiente a racchiudere un'epoca. Se fossi nato cent'anni prima, nel 1847, avrei fatto in tempo a vivere le tre guerre del Risorgimento, un quarantennio di pace e lo scoppio del Primo conflitto globale. Nei libri, la Storia di mezzo anno scolastico.

Stavo vivendo uno choc anagrafico, o generazionale. Anni prima, come giornalista, avevo registrato la voce degli ultimi reduci ultracentenari. Ma ora succedeva qualcosa di più: mi accorgevo di poter essere coetaneo dei loro figli. Figli tardivi, d'accordo, ma con la memoria piena di storie vive dei loro padri. Era quella la percezione più sconvolgente. Con che vigore evocativo l'amico Albin Sosič, per esempio, mi aveva raccontato la partenza in treno di suo padre verso il fronte russo! E con quale cura la bionda Valentina Čermak, italianizzata Cerne, aveva raccolto le storie di papà Mario nelle azioni di sabotaggio contro le linee russe sul Dnestr! Il filo diretto con i morti non si era spezzato, friggeva ancora di segnali. Bastava saperli ascoltare.

Ma se le ferite erano così fresche e il conflitto così recente, allora diventava vitale agganciare il 1914 al 2014, arrivare al nesso tra la guerra e le fibrillazioni contemporanee, in posti come Ucraina, Russia, Balcani o Turchia. Anche in quella prospettiva avevo scelto il fronte giusto, quello dove la continuità delle perturbazioni era più visibile. Cosa avrebbero potuto svelarmi il Belgio o la Francia della Storia di lungo periodo? Poco o niente. In Polonia, invece, mi capitava spesso di chiedermi verso quale prima linea stessi andando: quella di ieri o quella di oggi? Troppe cose mi dicevano che il fronte della Galizia seguiva da vicino la linea di faglia di cent'anni dopo.

E poi, si sa, si torna sempre sul luogo del delitto. E io in Galizia c'ero già stato sei anni prima, nel lungo zigzag verticale lungo il confine dell'Unione europea. Una grande reporter, Monika Bulaj, mi aveva pilotato in un itinerario denso di incontri, di umanità e di visioni, e questo anche perché avevamo scelto di spostarci con treni e mezzi pubblici: monumentali convogli bielorussi, ansimanti elettromotrici carpatiche, autobus ruteni con tendine psichedeliche. Tradotte, anche allora. Dai colloqui con la gente avevamo avuto la percezione netta che una nuova cortina di ferro si stesse formando qualche centinaio di chilometri a est di quella crollata nel 1989. Quello che non sapevamo ancora era che il muro si stesse assestando proprio sul fronte del '14.

Fin dall'inizio il mio viaggio alla ricerca dei Caduti era stato, senza che io me ne rendessi conto, un percorso alla ricerca della memoria che di essi l'Europa aveva conservato. Erano stati i morti a mettermi sulla strada dei vivi, a farmi fare con occhi nuovi un viaggio nell'oggi, nell'anima dei contemporanei. O magari, perché no, un viaggio nella loro assenza di memoria. Era quello il punto. Il centenario stava già profilandosi come una cacofonia di voci discordanti, e io avevo paura di dover ammettere che i miei appunti rubati sul treno erano stati risucchiati da un buco nero ben più largo della bisaccia di un tagliaborse: l'afasia di un intero continente.

Quando tra il Monte Baldo e i Lessini, correndo lungo l'Adige, il treno per Verona superò il fronte italo-austriaco del '15-18, in quel sovrapporsi di guerre e di secoli, il piano del viaggio si era già chiarito. Se volevo completare il mio racconto sulla Galizia, dovevo partire su un doppio binario e con un doppio taccuino, per costruire due racconti paralleli. Dovevo riuscire a leggere l'Ucraina e contemporaneamente a rivivere i giorni irripetibili della Polonia. Mi sarei portato in treno un po' di diari dei nostri ragazzi sul fronte orientale e ne avrei miscelato la lettura col film del paesaggio al finestrino. Il lavoro di montaggio era complicato, ma ero sicuro di farcela, alla faccia dei ladri e dei passeggeri dei Frecciarossa.

Trieste, Natale 2013

> *Noialtri austriaci / portiamo la berretta*
> *fucile e baionetta / del nostro imperator.*
> *E se un bel dì scoppiasse / la guerra coll'Italia*
> *a quella gran canaglia / noi le daremo ben.*
> *Conquisteremo Roma / la tana dei massoni*
> *col tiro dei cannoni / le porte sfonderem.*

Torno a casa sotto una pioggia bestiale e, nella redazione de "Il Piccolo", trovo piena la casella della posta. Nella prima busta col mio nome scritto in elegante corsivo da stilografica, trovo le ingenue quartine patriottiche di un italiano filoaustriaco, ricopiate a mano da un anonimo. Roba scritta all'inizio del '15, quando cominciano a girare voci sull'Italia che forse entra in guerra "contro di noi". Ha un senso trasparente: caro signore, spieghi ai nostri connazionali che qui a Trieste noi non si era tutti lì ad aspettare di essere liberati.

Penso che la lettera sia lo sfogo di un isolato grafomane, e invece no. È solo la prima di cento missive di concittadini sul tema dei soldati al fronte per l'Austria. Famiglie, figli, nipoti e parenti vari che vuotano il sacco. Cose come l'avventurosa prigionia in Uzbekistan di Viktor Sosič e di Josip Skerk, che tornano solo a guerra finita e trovano che l'Austria non esiste più; o il "nonno Willy fotografato con pipa all'ospedale militare di Graz". La storia di uno "zio dal grilletto facile nello See-Bataillon", la lettera di un giovane che promette scherzando alla madre di portarle in regalo "l'orecchio di un serbo", il diario di un istriano che finisce prigioniero dei russi e poi se la spassa suonando il clarinetto nella steppa.

Come si è materializzata quella valanga di memorialistica? Ci metto poco a capire che è anche colpa mia. Al ritorno dalla Polonia, qualche settimana prima, ho scritto dei cimiteri dei nostri soldati sui Carpazi, e ho detto che era una vergogna che non si sapessero i loro nomi e nemmeno il loro numero. Ho argomentato che, come si era dedicata una strada alla figura quantomeno discutibile di un Cadorna, così sarebbe stato il caso di erigere un monumento, o un cippo, o una lapide, ai Caduti in divisa austriaca. Un tanto per la giustizia.

È bastato a rompere la diga e ad alluvionare il quotidiano locale. Col risultato che ora, dopo lo choc per la perdita delle mie note galiziane, dopo il terrore del vuoto, eccomi frastornato dal troppo, annaspare nella carta, affogare in un mare di voci. Cartoline, messaggi di parenti, fotografie, diari, registrazioni, lettere dattiloscritte o calligrafate, cimeli, onorificenze, medaglie portate da figli o nipoti. Mi dicono che nemmeno gli uscieri del giornale sanno più come fare per smaltire la mole dei recapiti. A un collega, Livio Missio, è già stata affidata una rubrica apposita, anzi una sequenza di pagine intere, per dare voce a chi ha taciuto per decenni. È Trieste che si sveglia, svuota gli armadi e le cassapanche vent'anni dopo il Trentino.

171

La cosa buona è che non sono più solo nel mio viaggio. Ora è l'intera armata-ombra che ritorna e rompe il tabù sulla storia dei vinti. E siccome qui la rimozione è durata più a lungo che altrove, ecco che il tappo, saltando, fa più rumore. Dei reduci tornano anche le voci, registrate dai parenti, come l'istriano Silvio Ruzzier che tra miagolii di interferenze narra la sua storia del fronte russo come dal tavolo di una seduta spiritica. Un noto medico mi consegna un pacco con i diplomi in cornice delle medaglie d'oro e d'argento consegnate per meriti militari a suo padre Mario Slavich dall'imperatore. Alla portineria del giornale trovo una busta di ignoti con lo spartito della *Karl von Ghega Marsch*, dedicata al costruttore della prima ferrovia Vienna-Trieste e in uno studio radiologico mi capita di essere arpionato dal titolare che mi schiude le segrete carte di famiglia; una dinastia ungherese di nome Felszegi, il cui capostipite arrivò a Trieste e fece meraviglie con un cantiere, poi chiuso per ordine romano.

In un'enoteca del centro mi mostrano una cartolina della propaganda italiana dove si vede Trieste come una bella discinta, infastidita da un bavoso Cecco Beppe, la quale non vede ovviamente l'ora di darsi ai fanti piumati del Tricolore. Era davvero così? L'Impero ammuffiva, certo, ma nella Trieste austriaca non si pativa la fame, non c'erano impiccati ai lampioni e il lavoro non mancava. Alla vigilia della guerra, il porto era al massimo fulgore e in rapporto alla popolazione c'erano più caffè, ristoranti, teatri (e bordelli!) che in qualsiasi altra città d'Europa. "Non avevamo granché da cui essere redenti," ghigna uno degli avventori.

Ovunque vada, registro un "outing" impressionante. Persino nella sede dell'Associazione Nazionale Alpini, si parla senza più remore dei nonni "austriaci". La città si svela, chiede che il 2014 faccia la differenza, vuole mostrare al resto del paese la verità delle sue radici multiple, dire che, dopo le foibe e i forni crematori, ci sarebbero altre tombe da scoperchiare per fare i conti con la Storia. L'Italia ha fatto una guerra per Trieste? Dunque ne rispetti l'interezza della memoria; affronti la verità dell'Austria, la grande madre di tutte le rimozioni;

172

ricordi che Italo Svevo è stato Ettore Schmitz, impari che un Ressel inventò l'elica e che un Weyprecht avviò la ricerca polare a livello mondiale, prima dei norvegesi. Si rivaluti la "gente nostra". E noi si pronunci senza complessi di inferiorità il nostro dialetto marinaro.

"Grazie per avermi permesso per la prima volta di ricordare mio padre," mi fa al telefono un commosso ottantenne che, grazie ai miei buoni uffici, ha visto comparire sul giornale la sua lettera "galiziana". "Molti," conferma il collega Missio, "sono venuti a ringraziare di persona e hanno pianto di commozione." Il regista Franco Però mi rende partecipe del "sollievo di una città che respira, si libera e recupera il tempo perduto", e vede nella freschezza di quegli inediti addirittura un testo teatrale in potenza. E Roberto Todero, che da anni fruga nelle trincee del Carso, dell'Isonzo e della lontana Ucraina, ora organizza mostre a tutto campo, sulla marina austriaca, sulle poste austriache, sui treni austriaci. Annuncia la posa in opera di una lapide a memoria dei Caduti austroungarici, e fa pure il pieno di adesioni a un pellegrinaggio ai cimiteri dimenticati dei Carpazi.

Ma poi accade che ti scoppino tra le mani movimenti separatisti, o che l'Austria, da mito, diventi tema elettorale. Succede che a una protesta di piazza del movimento Trieste libera, nel frastuono dei tamburi, qualcuno ti gridi all'orecchio che "la più grande pulizia etnica consumata dall'Italia a Trieste non fu quella ai danni degli sloveni o degli ebrei, ma quella contro gli onesti funzionari austriaci, che persero il lavoro e furono costretti ad andarsene" per essere sostituiti "da napoletani e calabresi disonesti". E intanto la gente sfila, marcia contro il municipio, contro il giornale locale, la Provincia, la Regione e il mondo intero, sventolando bandiere con l'aquila a due teste e striscioni in tedesco con la scritta: "Il nostro porto è il vostro porto". Succede persino che qualcuno usi i morti in Galizia contro quelli italiani sull'Isonzo. E allora ti ritrai perplesso, perché vedi un film già visto, e sai che da queste parti in troppi hanno già campato sulle memorie divise.

C'è poco da pensarci su. Tutto mi chiama in quelle terre. L'Ucraina è in fibrillazione. Da Kiev mi scrivono che il potere del putiniano Janukovyč sta vacillando e si preparano grandi manifestazioni di piazza. Erwin Schreiber e la sua Nataša, ucraina della Volinia, si preparano a un lungo viaggio a Leopoli e mi invitano a raggiungerli a gennaio, decisi a farmi da guida nell'arcipelago dei cimiteri di guerra. E c'è Andrzej Olejko che mi spedisce da Cracovia un messaggio irresistibile: "Finalmente nevica" sulla Rotunda e le altre cime dei Beschidi popolate di cavalli. C'è pure Alessandro Scillitani, regista e film-maker d'assalto, che insiste per partire per il fronte sconosciuto, per catturare un po' di immagini di quello sperduto Finis Terrae. Dopo aver sentito le mie storie polacche, è corso a comprarsi i lumini dei morti, e ora preme per saltare sulla prima tradotta.

Il fante Scillitani da Reggio Emilia è un armadio d'uomo capace come pochi di penetrare terreni ostili restando invisibile. Non so come ci riesca, tenendo a tracolla una macchina per sparare fotogrammi grossa come una mitragliatrice. Vecchio Alex, dal faccione largo, la barba ispida e l'appetito formidabile. Con lui andrei in capo al mondo. Nell'estate del 2013, abbiamo battuto insieme il fronte italiano con un tempaccio da cani. È un geniale animale da soma, capace di lavorare per giorni, quasi senza dormire. Uno che pensa continuamente, e quando non pensa compone musica senza bisogno di pentagrammi. Per questo, ogni tanto, sembra che non ti stia ad ascoltare. Poi si risveglia quando meno te lo aspetti e, se è di buonumore, riesce anche a farti la caricatura in meno di un minuto.

Diluvia senza sosta, più i giorni passano e peggio è, piove anche ad alta quota e su Trieste imperversa un tempaccio da "fatidiche sorelle", lampi e cannonate come a Ledro, con gli antifurto che impazziscono, e in più ci si mette di mezzo la bora a far fischiare le scotte dei velieri e le fessure delle finestre. Temporali in cielo e temporali in terra, con la demenza del clima che fa il paio con l'uscita di senno della geopolitica. Non si è mai visto un Capodanno più marcio, ma nel mondo fuori controllo i miei vecchi serramenti asburgici tengono duro, sembrano l'unica cosa sicura. Casa del 1912, con doppie finestre della stessa data. Un giorno, a Lubiana, intuii il crollo imminente della Jugoslavia dallo stato deprecabile delle tapparelle di un albergo di stato. I topi stavano già abbandonando la nave.

E intanto, ecco rifarsi vivo nonno Ferruccio. Succede che incontro mia zia, la favolosa zia Maria, mito dell'infanzia, cugina di mia madre, ancora bella e vitale a quasi novant'anni. È lei l'ultima roccaforte della memoria familiare, e approfitto per torchiarla a dovere. Le dico cosa sto cercando, lei mi invita nella sua casa di campagna e comincia a raccontare sferruzzando. Ed ecco saltar fuori particolari inediti sul vecchio: la fama di "tombeur", la tradotta che viaggia verso i Carpazi, le canzoni del 97° reggimento, il grigio-verde della divisa austriaca sostituito dal nero della camicia fascista. E poi le barzellette, la vena inesauribile, e la sua storia preferita, in dialetto, chiamata *Il serraglio*, che fa scompisciare tutti, a partire dai bambini. Tutto conferma e completa ciò che ho visto e sentito sotto il sole di Przemyśl, dormicchiando accanto a un ruscello.

"Tuo nono i lo ciamava 'fio dele noze de argento', perché el iera nato più de venti ani dopo i sui fradei," racconta mentre fuori l'ennesimo temporale si abbatte sul golfo, e io immagino quei fratelli vecchi infinitamente più grigi e noiosi, anche se uno ha visto la Cina e l'America con le navi del Lloyd Austriaco e l'altro ha vibrato di italianissima passione adriatica fino a diventare sindaco di Trieste. Ne sono certo, nessuno eguagliava mio nonno, modesto impiegato dell'azienda comunale dell'acqua e del gas, nel seminare allegria e animare compagnie. La zia dipana il racconto con naturalezza, le mani un po' graffiate dai lavori di giardinaggio ma la pettinatura perfetta, sorriso a denti pieni – tutti suoi – e collana di perle dello stesso colore.

E viene fuori anche Virgilia, l'indomita suocera del nonno, che va in cerca dei figli al fronte – Bruno e Nero si chiamavano – e li raggiunge in Galizia, uno probabilmente a Przemyśl prima dell'assedio fatale, e porta loro sacchi di cibo e indumenti caldi. Ma non le basta, perché cuce e rammenda magliette e calzini di lana per tutta la guarnigione, riscuotendo ammirazione e gratitudine da fanti, sergenti e generali. E quando nel '18 arrivano i bersaglieri a Trieste, eccola ad accogliere pure quelli con pentoloni fumanti di pasta al sugo – "xe poveri fioi anca quei," diceva – all'insaputa del marito che in casa si levava ancora il cappello davanti al ritratto di Franz Josef.

Ormai è chiaro: si parte. Andrò con Alex in treno, e l'Ucraina sarà nostra. Non posso farmi scappare una trasferta simile: c'è all'orizzonte la steppa delle grandi offensive, l'inverno sui Carpazi, la rivoluzione, il granaio d'Europa, e tutto l'Est che ribolle, da Pietroburgo alla Siria, inclusi altri pezzi dell'Impero ottomano. Il passato e il presente che si toccano, la vecchia linea di faglia che trema ancora. E poi, vivaddio: andare a Leopoli, il capolinea, l'altra Trieste con le sue cupole infarinate di neve, l'ultima frontiera dell'Impero. Tutto è pronto. Il mio tavolo è già saturo di diari e di storie. E la mia penna vagabonda esulta.

Passo Natale e Capodanno a studiare orari ferroviari e sognare samovar fumanti. Ma nuovamente Trieste mi si mette contro, mi respinge, mi ricaccia in un binario morto. Che ingenuo sono stato. Se non esiste un treno per Vienna, come potevo pensare di trovarne uno per Budapest? Quindici anni prima si poteva, c'era un bel diretto da Venezia via Lubiana, del quale conservo un ricordo stupendo. Ora è tutto più difficile. La Slovenia, che sta a dieci chilometri, è entrata da poco nell'Unione europea, ma è tagliata fuori da Trenitalia. Binari rottamati o in sonno. Per collegarmi al resto del mondo, non ho altro modo che passare la frontiera in taxi e raggiungere un paesino di nome Divača. Lì e soltanto lì mi è concesso di saltare sul treno per Lubiana, prima di affrontare tre cambi e un viaggio di cinquantadue ore incluse le soste. La sconosciuta Divača è diventata il mio "gate", il sostituto della capitale mediterranea di un impero.

Altra umiliazione: gli orari. Non trovo nessuna agenzia di viaggi che li conosca. Trenitalia non vende nemmeno i biglietti. Unica via d'uscita, il sito delle ferrovie tedesche. Per Budapest mi ci vogliono dodici ore e tre cambi. Partenza da

176

Divača ore 06.13, arrivo a Budapest Deli alle 18.24. Ma lì avrei solo un quarto d'ora per traversare la città e ripartire dalla stazione di Keleti alle 18.40, dunque mi toccherà bivaccare un giorno per saltare sul wagon-lit della sera seguente per Kiev-Mosca, il più simile al vecchio *Orient Express* che abbia mai visto. Il suo forte è una sosta di quattro ore alla frontiera con l'Ucraina, nel cuore della notte, per adattare i carrelli allo scartamento delle ferrovie ex sovietiche. Una pazzia. Ma so che ce la metterà tutta per trasportarmi nel 1914.

18.

Treni, luppolo e cicogne

Gennaio 2014, tradotta numero nove, per Budapest. Sveglia alle quattro, nubi basse e gabbiani sinistri nel buio. Alex è stracarico, non passa quasi dalla porta. Io ho scarpe grosse e poche altre cose nello zaino. Qualche mappa, orari dei treni, una lampada frontale, taccuini, fotocopie di diari di guerra e un libro consumato dall'uso, *La prima guerra mondiale* di A.J.P. Taylor. Tolgo dall'attaccapanni il berretto di foggia militare austriaca, buono per la pioggia: il regalo di Gianni, il mio uomo di pascoli e foreste. So che non è facile da portare. In patria già mi guardano come un "austriacante" anti-italiano. In Francia mi prenderebbero per filotedesco e in Germania per un italiano originale. In Ucraina rischierò di essere preso per un nazionalista antirusso, una testa calda pronta a menar le mani, e in Serbia, se ci andrò, potrei anche diventare un nazista e sollecitare reazioni "partigiane". Pazienza. Non intendo dissimulare la mia diversità. E a tutti spiegherò che quello che indosso è solo il berretto di mio nonno.

Ed è già il taxi che sale verso l'altopiano, passa il confine e si perde in un dedalo di strade buie. Il conducente non capisce la nostra scelta. "Con poca spesa in più vi portavo fino a Lubiana e potevate svegliarvi un'ora dopo," sorride, un po' per simpatia e un po' per compatimento. Difficile spiegargli che noi si fa così per esigenze di copione, non per risparmiare. Ma ecco Divača, la porta d'Europa. L'ho raggiunta cento volte in bicicletta da Trieste per pascolare in un paesaggio unico di boschi, grotte e praterie, ma oggi vedo solo un parallelepipedo buio nella pioggia. Stazione solitaria e deserta, con la scritta ŽELENIŠKA POSTAJA, i soliti graffiti e la biglietteria chiusa, ma con le venerabili, intatte tettoie dell'Impero. Sul marciapiede, solo una donna che fuma in penombra, e due studenti in partenza per Lubiana. Nubi basse e odor di carbone.

In un intrico di binari bagnati, il locale Koper-Ljubljana sbuca cigolante e semivuoto dalla notte. In testa, due locomotori per salire dal mare al vicino spartiacque danubiano. Perforiamo nubi dense come cuscini, appoggiate alle montagne. La Südbahn dimenticata dall'Italia si avvita su se stessa, compie lunghe curve, plana su grandi, vecchie stazioni perse nelle abetaie, celebra la fama del suo costruttore Karl von Ghega, poi discende in una nebbia palafitticola verso la piana lubianese intrisa d'acqua. Ma fa caldo, di neve neanche l'ombra. La Ljubljanica e la Sava sono in piena, spingono già verso Zagabria e i Balcani, e intanto spunta un'alba grigia come la polvere, come la guerra. Il fante Scillitani russa con la testa sul finestrino e trascina anche me nell'abisso, i diari dei miei vecchi aperti sulle ginocchia.

Oltre Lubiana è definitivamente Impero asburgico: i faggi coperti di vischio, i salici e i noccioli, il controllore pignolo, la réclame della birra con le corna di camoscio, il saliscendi dei campi tra le fattorie, il silenzio felpato della littorina, il capostazione allegro di Zidani Most che mi dice "Srečno" quando sbuco dal portellone. Austria gli orticelli curati, la birra con patate fritte consumate già alle undici alla trattoria Alla Locomotiva nella stazione di Maribor. Austria la Drava che fuma e gli abbaini dei palazzi, Austria il ponte dove Peter Handke si innamora di una donna che per un solo istante si volta verso di lui. Austria quel senso di marca di frontiera, quel preludio del fronte che mi aggredì già vent'anni fa, durante la guerra dei Balcani, quando vidi al mercato di Maribor cataste di kalashnikov smerciati apertamente a cinquanta marchi al pezzo.

Lungo i binari per Ljutomer e Murska Sobota – valli di

luppolo e cicogne – un inquietante sole primaverile intiepidisce radure e casette di campagna simili a scatole di fiammiferi. Colori stinti, da latifondo magiaro, spazi che si dilatano e si allungano. Dal finestrino vedo passare canneti amaranto pallido, torbiere, abeti smilzi, prati brunastri a pelame lanoso. Natura sonnolenta, impregnata di retrovia. Al confine di Hodos il treno si ferma mezz'ora per cambio motrice e il cielo si riempie di corvi, a migliaia, come nere cartacce strapazzate dal vento. Da quel punto inizia una danza lenta, uno zigzag esasperante in cerca del buio, sulle colline a nord del Balaton. All'orizzonte, verso ovest, cavalli neri in una striscia rosso fuoco. A est villaggi vuoti, pensiline vuote, soste continue, cambi di direzione, annunci in una lingua agglutinata e impronunciabile, pioggia che arriva, e Impero che diventa sperduto scalo merci percorso da treni fantasma.

Terra senza limiti, senza ripari, senza roccia che affiori. Già come in Galizia. Dicono che dalle parti di Przemyśl le pietre siano una tale rarità che cent'anni fa i soldati ungheresi se le portavano a casa come souvenir. Gli ungheresi di Debrecen pare non ne volessero più vedere dopo aver combattuto nell'inferno del Carso, dove le bombe non sollevavano fango ma tempeste di schegge.

Emilio Stanta di Pola, nei suoi *Ricordi infausti*, racconta l'incontro con gli honvéd ungheresi spostati sul fronte italiano: "Al contrario dei bosniaci, erano piccoli e svelti, fulminei nei movimenti e nel parlare... e mentre le ruote rotolavano sotto il vagone che s'allontanava e le mani s'alzavano in segno di saluto, si scorgeva sui visi barbuti dei soldati la loro rassegnazione al destino che li rendeva nemici sia di questa che dell'altra parte, e andavano senza volontà di offendere incontro al nuovo martirio".

Il convoglio accelera, ora ha preso una direzione rettilinea come attirato da un magnete. Cammino per scompartimenti vuoti, con finestrini aperti e giri d'aria che risucchiano folle di spiriti dalla campagna mentre il crepuscolo – che bella parola, pensai, per definire la luce che muore senza fulgore – arriva veloce, con pioviggine e pochi lampioni sparsi nella monotonia della pianura. Balaton, che poi si pronuncia più o meno

"Boloton": ripeto questa parola cupa che mi impressionava già da bambino. In Ungheria anche l'andare ha un suono diverso. Non canta come nelle terre slave intorno. Oltre i Carpazi, in Ucraina e Russia, viaggi su convogli affollati dove cinguettano le *a* e le *i*; qui è altra musica, le vocali aperte ti muoiono in bocca, vengono pronunciate con avarizia. Le labbra faticano a spalancarsi, si chiudono in un bordone monotono fatto di *o* e di *u*, buone per chiamare i cavalli. Al massimo, si avventurano in raffiche di *e*, come Szekesfehervár, la nostra prossima stazione.

Il treno vibra forte, devo aggrapparmi alle maniglie dei finestrini per camminare verso il vagone di coda in un vortice di correnti d'aria, finché vedo in fondo al convoglio, con la schiena sull'ultima porta sprangata, un uomo alto in piedi. Un uomo con l'occhio severo, il naso forte, baffi, zigomi robusti, una specie di coppola inclinata sugli occhi e un nastrino annodato all'occhiello della giacca. Una di quelle facce antiche, da film d'epoca, che incontri così spesso nei paesi del Centro Europa. Il bestione volta le spalle ai binari in fuga, non si muove e non fa nessun cenno di saluto. Riconosco in lui un "panduro", una di quelle teste di pietra che nei palazzi della Trieste asburgica presidiano l'architrave del portone d'ingresso. Nell'esercito imperiale, questi omoni, reclutati fra i sudditi serbi e rumeni, rappresentavano l'élite dei combattenti, il corpo più fidato e crudele; e oggi nella mia città sono ancora schierati a guardia delle case signorili del centro.

Chiedo in tedesco: "Lei è di Budapest?".

"Sì," risponde, improvvisamente allegro, "sono di Csepel. E scommetto che lei è italiano, e cerca un buon posto dove mangiare."

Gli ungari sono svelti nelle conclusioni. Dice la leggenda che siano capaci di entrare in una porta girevole dopo di te e di uscirne prima.

"Magari," gli dico, "ma vorrei anche sapere se le strade sono sicure di notte."

"Sicurissime. Non ci sono più zingari né ladri. La città è ripulita." L'uomo svelto di testa parla piano, in compenso. Così piano che sembra stupido. Vagamente inquietante.

181

Ripulita da chi, domando.

"Dal governo. Noi gli irregolari li mandiamo via sul serio. Se ne sono andati anche i violinisti di strada che chiedono l'elemosina."

Ahi, penso, la mia vecchia Budapest che se ne va. Una volta sui marciapiedi del centro potevi reclutare orchestre intere, oggi le strade non cantano più. Gli chiedo se si stava meglio prima.

"Prima quando? Di sicuro non con i russi in casa. Se parla dell'Impero, si stava meglio eccome, un secolo fa. Me lo diceva mio padre che gliel'aveva detto suo padre. Se poi vuole dirmi se si sta meglio di dieci anni fa, le dico certamente di sì. Anche se la stampa straniera dice che siamo diventati nazionalisti e antisemiti. C'è più lavoro, e più investimento. Il capitale sente il paese sicuro."

"Ma gli ungheresi si lamentano lo stesso. Ce l'hanno col mondo."

"Noi ci lamentiamo da sempre, con qualsiasi padrone. È fisiologico. Ma sappiamo che non c'è alternativa all'Europa."

"A Vienna c'è stato?"

"Ci vado, aber nicht gerne, ma non volentieri. Troppi turchi. Lì fai fatica a trovare un austriaco. Qui invece abbiamo solo ungheresi. Caro signore, Budapest non è un pentolone, è una capitale. Ma lei come mai ha un berretto tedesco? Somiglia a quelli della Wehrmacht. Non suscita bei ricordi. Gli ebrei si incazzeranno. Non ha un'idea di come sono suscettibili."

Torno, un po' scosso, al mio scompartimento. Vi trovo il buon soldato Scillitani che ha pescato nel mio zaino fogli di un'antologia della poesia magiara. C'è Endre Ady, che ama l'amore che muore, descrive cadaveri gonfi e piange *la notte tremenda che ha fatto naufragare il mondo*. O Géza Gyóni, che prima urla contro la guerra, dice a Cesare "Non ci vado", poi diventa bellicista e infine, vista l'oscena verità del fronte galiziano, ritorna pacifista. Un pendolo fra l'apocalisse e la sete di sangue, il martirio e la macelleria. "Senti qua," mi dice, e legge:

Hurrà fratello, adesso è ora di darci dentro!
Attacchiamoli cantando!
Dio è con noi, e tutti i santi
e con noi combatte lo spirito di Petöfi.
E se così vuole il signor Destino
la palla dei briganti ci coglierà
Hurrà fratello, ma in paradiso
ci accoglierà lo spirito di Petöfi.

"Questi sono matti," brontola.

"Che cavolo vuoi trovare in tempo di guerra, storie d'amore?" gli dico. "E poi questo è niente. I famosi italiani-brava-gente non sono affatto meglio."

Finisce che gli leggo una mezza pagina di Giovanni Papini, dal manifesto *Amiamo la guerra*. Cose come: "Ci voleva, alla fine, un caldo bagno di sangue nero dopo tanti umidicci tiepidumi di latte materno e di lacrime fraterne...". Oppure: "A cosa possono servire le madri, dopo una certa età, se non a piangere? Quando furono ingravidate non piansero: bisogna pagare anche il piacere...".

Ma il bello viene dopo, quando il Nostro sostiene che la guerra giova... all'agricoltura: "Che bei cavoli mangeranno i francesi dove s'ammucchiarono i fanti tedeschi, e che grosse patate si caveranno in Galizia quest'altr'anno... La guerra è spaventosa e, appunto perché spaventosa e tremenda e terribile e distruggitrice, dobbiamo amarla con tutto il nostro cuore di maschi".

"Ma scusa, non sei anche tu che dici che si può banchettare coi frutti dei morti?" provoca il granatiere affondato nella poltrona.

Che c'entra, gli dico. Il poetastro vuole la guerra, riduce gli uomini a concime, è un complessato che odia il ventre femminile della terra. La sua è la sbruffonata di uno che non hai mai visto una battaglia da vicino. Papini era un imboscato. Non era Ungaretti. Non ha mai messo le mani nelle zolle di un campo, figurarsi nel concime. Io dico un'altra cosa: che sui campi degli eroi crescono frutti, e che attraverso quei frutti noi riusciamo forse a comunicare con loro. Insomma, mi arrabbio per davvero.

Budapest. A Szekesfehervár ci si affianca un treno illuminato, l'attendente Scillitani scatta foto di coppiette ai finestrini, poi si addormenta ed è di nuovo tenebra. L'Ungheria resta un mare buio con in mezzo una sola nebulosa, un'unica scintillante isola di Belle Époque di nome Budapest. Ricchezza urbana e squallore di campagne. Capitale simbolo della claustrofobia di una nazione senza mare, testa troppo grande di un paese minimo, con le sue periferie di pioggia e le case sporche di una classe operaia che non esiste più. Alla stazione sud ci assale la parlata magiara, monotona e sulfurea, piccante come la paprika. In un manifesto, il muso euroscettico del primo ministro Orbán, pure lui un bel panduro, con quel testone apotropaico perfetto per un popolo che ride poco e cova risentimenti per mezzo mondo.

Un giorno, all'ambasciata di Budapest a Roma mi chiesero che cosa avesse perso l'Italia nella Prima guerra mondiale; e quando risposi perplesso "l'innocenza", mi guardarono come fossi un demente. Già, che cretino ero stato, quali altre perdite potevano esistere se non quelle territoriali... In posti come l'Ungheria la patria si misura in ettari, campi da arare, pascoli per cavalli. E ancora oggi il trattato di pace del Trianon, con cui il 4 giugno 1920 le potenze vincitrici smembrarono la patria magiara togliendole Transilvania, Croazia, Slovacchia e un bel pezzo di Ucraina, resta per gli ungari la sciagura madre, la premessa della Seconda guerra mondiale e della stessa invasione sovietica, la radice amara della frustrazione di un popolo e del suo rimpianto per una grandezza perduta. Su quella mutilazione gioca ancora una forte nomenklatura populista, insuperabile nel campare di complotti e nemici stranieri.

Ed ecco la parola "magiarità" ripetuta in tutte le salse, ecco una polizia che spesso si rifiuta di parlare inglese con i forestieri, ecco sottotraccia il vecchio sogno di egemonia che riemerge. E poi gli opuscoli xenofobi, i poveri che ruminano antisemitismo; gli zingari, i rumeni, gli slovacchi e i serbi guardati come sotto-uomini. Conosco bene i guasti dei nazionalismi post-comunisti, non so perché ci ostiniamo a tirarceli dentro nell'Unione. Il fatto è che, già ai tempi dell'Impero a due teste, le minoranze sottomesse a Budapest stavano peggio di quelle governate da Vienna. In Ungheria le riforme austriache erano inapplicabili. Dominava un'aristocrazia terriera reazionaria e bellicista, che esultò alla notizia dell'assassinio di Sarajevo e sperò che una grande guerra garantisse nuovi campi da arare e nuovi pascoli a sud-est, nei domini del morente Impero turco.

Scrive il trentino Pio Branz, disperato, dalla Volinia. È l'unico italiano di un battaglione plurilingue dominato dagli ungheresi: "Ebbi tanto a sofrire tanto pel corporale come morale, là in quella selva in mezzo ai lupi voraci ed egoisti i quali non avevano altro linguaggio che il proprio... e noi poveri trentini che abbiamo imparato il comando tedesco naturalmente non comprendendo... eravamo sempre pigri a fare il movimento ed in compenso ci davano uno schiafo in facia ed un calcio nell'ano e noi dovevamo sempre soffrire e tacere... Il vino e l'acquavite... se lo bevevano loro e poi ubbriachi cantavano... e il pane mi era stato derubato. Mai una parola di conforto, lontano dai miei più cari, pieno di pedochi tormento continuo e insoportabile... Poveri trentini, dopo che avete sparso il vostro sangue su questi campi di batalia, come siete stati premiati!".

Eppure li ho amati e li amo ancora, nonostante tutto, i miei ostici magiari, per quel loro senso tenace, oscuro e pagano della memoria. Li ho amati cercando sul Carso le loro tombe inondate di coccarde. Li ho sentiti affini per quei pali intarsiati di legno che piantano nei campi della morte, e per quella loro idea che negli alberi abitano le Ombre. Sul Mrzli Vrh, sotto il Monte Nero, in Slovenia, ho trovato a novembre un carpino in mezzo a una foresta e lì, proprio lì, qualcuno aveva tagliato di fresco un ramo per appendere all'albero una corona non d'alloro ma di muschio, col tricolore ungherese. Sul moncherino, una scritta: ITT HARCOLT NAGYAPÁNK ["qui ha combattuto nostro nonno"] JÁSZ SZABÓ DÁNIEL

1895-1976. Non era un Caduto, eppure i nipoti lo ricordavano ancora!

E mi fu facile immaginare come quel vecchio avesse narrato la sua epopea. La sua voce abitava ancora quella foresta straniera. In Carso, sul San Michele un solo albero rimase in piedi, e a quell'albero gli honvéd si affezionarono talmente che ne fecero un totem e se lo portarono in patria per custodirlo in un museo. Oggetto della memoria nazionale inviso ai comunisti, fu nascosto e venerato clandestinamente fino all'inizio degli anni novanta, quando riemerse alla luce. C'è una canzone che a mio modo di vedere rappresenta magnificamente questo mondo totemico, una nenia magiara di nome *Karpátiá Doberdó*, un lamento dalle strofe barbariche e dalle tonalità abissali, quale può concepire solo un popolo intristito dall'assenza di mare e privo di montagne che lo proteggano dai venti.

> *Se vado al campo di battaglia di Doberdó*
> *guardo lassù nel gran cielo pieno di stelle.*
> *Cielo stellato, dov'è la terra mia ungherese?*
> *Dove piange la madre mia per me?*
> *Dove scorrerà il mio sangue rosso?*
> *La mia tomba sarà lontano, in terra straniera.*

Doberdó, l'acquitrino della morte, teatro di una delle peggiori ecatombi della guerra mondiale, è diventato sinonimo di Carso e di morte per i popoli slavi e della Pannonia. Ora quel canto mi porta lontano, lega il '15 al '14, unisce Redipuglia ai Monti Beschidi, l'altopiano di Asiago ai boschi dei Carpazi. E Budapest, tu, quanto più bella sei della zuccherosa Vienna. Non è solo che la Sacher viennese è una pallida imitazione della Somlói galuska o della Dobos torta sfornate a Budapest, è che la solidità del mondo di ieri vi si esprime al massimo. Sono venute giù bombe, ed è ancora tutto lì, nonostante l'incuria degli anni sovietici, esattamente come i serramenti di casa mia. Anche lì, quello che s'è costruito dopo il '18 sembra vecchio al confronto, diventa scorza miserabile. Come costruire qualcosa di più grandioso della casa dei veterani, voluta da Maria Teresa? Come superare i bagni turchi dell'hotel Gellert, o la cupola ottagonale delle terme ottomane chiamate Rudas, o il salone dell'hotel Astoria, con i tavolini di ferro e marmo e le applique, magnificenza délabré in un trionfo di sontuose pasticcerie?

Ed è all'Astoria che incontriamo l'amico italiano Roberto Sarcià, mago dei trasporti, il quale, appena caduto il Muro, fu il primo ad aprirmi la strada dell'ex Urss via ferrovia e a soddisfare la mia insana passione per frontiere, scali merci e treni di seconda classe.

All'Astoria pranzai con un mito del giornalismo, Egisto Corradi. Era il 1987, due anni prima della caduta del Muro. Io ero lì per "Il Piccolo" di Trieste, lui per "Il Giornale" di Montanelli, ed entrambi avevamo fiutato qualcosa in Ungheria: erano gli anni di Gorbačëv e si vociferava di crepe nel partito. Ma siccome al comitato centrale non cavavamo un ragno dal buco e le interviste vertevano sul sesso degli angeli, decidemmo di fare una passeggiata. "Se non sai cosa scrivere, cammina," mi disse allegro il Corradi, che era stato tra i pochi italiani ad aver visto la rivoluzione del '56. Ebbe ragione, perché nel viale dei Martiri trovammo i chioschi dei giornali con montagne di copie invendute del "Népszabadság", il quotidiano del partito, e quando ne chiedemmo la ragione agli edicolanti, questi alzarono le spalle: "Ormai...". Bastò quell'avverbio a farci scrivere un gran pezzo in anticipo sulla concorrenza. Poi ci godemmo una cena memorabile.

È memorabile anche la serata con Roberto, con un menu a base di anatra caramellata e racconti di camion e treni nelle terre smisurate dell'Est, consumato in una locanda di anima ebraica sulla riva destra del Danubio, all'altezza dell'Isola Margherita. Ma fuori è un altro mondo: le strade sono piene di giovanissimi che non sanno nemmeno cosa sia il comunismo, figurarsi la Shoah e la Guerra mondiale numero uno. Dal monumento ai Caduti della guerra di liberazione sono stati scalpellati via i nomi dei ragazzi russi, cosa che Vienna si è guardata bene dal fare. È qui che Budapest inquieta. L'amico Corradi detestava le memorie negate, e non avrebbe amato nemmeno quel gesto, lui che non era di certo comunista.

Ma la città seduce, con il rombo del fiume, i leoni lucidi di pioggia sul ponte delle Catene, le sinagoghe di Pest e gli ultimi tram color maionese che sferragliano sull'altra grandiosa passerella di ferro chiamata Libertà, forse la più bella dalla Foresta Nera al Delta. E poi le specchiere, i labirinti, le scalee e i corridoi dorati dei ristoranti fin-de-siècle, e i demoniaci sileni che reggono i lampioni all'ingresso del caffè New York, dove cenai vent'anni fa, con mezzo metro di neve, in uno dei momenti più felici della mia vita. E uno diventa pazzo a pensare quanto denaro, quanta passione e quanto lavoro ci misero gli uomini di allora, per rendere più bello un mondo che sarebbe finito di lì a pochi anni.

19.

Quando fui sui Monti Scarpazi

Tradotta numero dieci, Budapest-Leopoli. Per andare oltre Budapest senza sfiancarsi in coincidenze impossibili non c'è che il wagon-lit per Mosca delle 18.40, che corre verso Leopoli sulla stessa strada del '14-18, via Čop e Stryj. E noi lì puntuali, un'ora prima, alla stazione Keleti, dove scopriamo che il treno è composto da una decina di vagoni russi color verde marcio e, in coda, da un'unica carrozza ucraina ridipinta di giallo-azzurro, i colori nazionali. I rapporti di forza tra le due parti del convoglio si chiariscono all'istante. Inservienti russe arroganti con gli stranieri e specialmente con il collega di Kiev che invece, poveraccio, tenta di darsi da fare. Le prime parlano solo russo, anzi si infastidiscono a sentir l'inglese. Il secondo almeno si arrangia con un mix di gesti e lingue varie per metterti a tuo agio.

Dove va il mondo lo capisci dai treni, e noi ci mettiamo niente a scoprire che la gente parla dei primi tafferugli a Kiev, che di lì a poco diventeranno rivolta. Alla tv di un bar vedo immagini di lacrimogeni e manganelli, con sotto didascalie in cirillico. È da tempo che una cortina di ferro si riforma, a est di quella vecchia; nel mio viaggio del 2008 lungo la frontiera Ue era già tutto ben visibile, lo capivi se non altro dalle guardie confinarie. Ma ora la faccenda si fa seria, rischia di spaccare in due l'Ucraina, e noi di essere lì a vivere l'evento in diretta proprio mentre si scava nella Storia di un

189

secolo prima. Ma se i morti ci fanno strada, i vivi fanno di tutto per sbarrarcela. Alex viene piazzato in un vagone russo, io in quello ucraino, e non c'è modo di farci stare assieme. Le megere rifiutano accomodamenti, anche se i vagoni sono mezzi vuoti. Arroganza putiniana innestata su rigidezza post-sovietica.

E il treno si perde in un buio impenetrabile, pianura negra e monotona come il mare di notte senza Luna, con luci di villaggi come navi lontane. Si naviga in una pioggia malsana, sull'onda lunga di un tappeto di conchiglie e vertebrati, fondale estinto di un mare che non c'è più. Di neve, nemmeno l'ombra. Scomparsi anche gli spiriti. Né zingari, né ulani, né rabbini. La Polonia è dietro le montagne ma pare lontanissima, come farò a ricordare il suo sole stando qui a mollo nell'acquitrino ungherese? In fondo al corridoio, il caposcompartimento traffica col samovar e la stufa a carbone. Energiche palate nella caldaia, da fuochista di locomotiva. Quando si rallenta o si frena in vista di una fermata, il portello dell'armadietto a specchio sopra il lavabo si spalanca sparandomi una luce negli occhi, e devo ingegnarmi a bloccarlo con uno spessore di carta di giornale. Nel nécessaire, oltre allo spazzolino, la saponetta e il caffè liofilizzato, anche del lucido da scarpe. Segno che entriamo nell'impero del fango.

Nyíregyháza, vecchia stazione asburgica, ultimo grande scalo prima del confine ucraino, e il buio si riempie di voci. Mi affaccio sulla porta, accanto alla caldaia a carbone, e vedo una fila di gente in attesa di un altro treno: direzione Tokáj o Debrecen, non riesco a leggere bene l'insegna luminosa. Sento anche un pianoforte e un piccolo coro lontano, forse una festicciola di amici. Coincidenze dei viaggi: nell'ottobre del 1915 il cadetto Mario Čermak di Pola, in sosta a Nyíregyháza con una tradotta di soldati del 97° reggimento, finisce nel ristorante di un piccolo albergo dove un'orchestrina semina allegria e il gestore accoglie i coscritti con tutti gli onori, offre loro delle camere, una sontuosa cena e persino un barbiere. Ma sono soprattutto i soldati a divertirsi.

Tiro fuori dallo zaino le memorie del buon soldato Čermak e le passo all'artigliere Scillitani, che legge divertito ad alta voce: "Avevamo appena passato i primi gruppi di case e vidi tutte le finestre aprirsi e delle signore affacciarsi alle medesime, salutare amichevolmente e gettare ai soldati un gran numero di mele Canadà. Tutti corsero velocemente a raccoglierle per metterle nei loro tascapane". E poi si vide che "mentre raccoglievano le mele, i miei soldati erano stati chiamati dalle signore" che offrirono loro da dormire, e questa "era un'ottima sistemazione, che ci avrebbe risparmiato molto lavoro per l'acquartieramento", e l'indomani per l'adunata "giunsero di corsa i miei soldati, provvisti di pacchi di generi alimentari, dopo di che marciammo cantando verso la stazione mentre le signore alle finestre salutavano sventolando fazzoletti".

Ma mentre la tradotta del 97° arriva a Máramarossziget – oggi Sighetu Marmaţiei in Romania – in sole quattro ore, noi a mezzanotte siamo appena alla frontiera di Čop, per una sosta che durerà fino alle quattro del mattino. Alex torna alla sua carrozza-letto, sento sprangare le doppie porte di collegamento tra i vagoni, poi comincia un tormentone di timbri, ispezioni e controlli, inframmezzato da esasperanti silenzi. Nulla di simile esisteva prima del 1914. Nemmeno Čop esisteva, perché non c'era nessun confine sull'ansa del Tibisco. L'Ungheria si spingeva duecento chilometri più a est, fino allo spartiacque carpatico. Oggi qua è come se l'Urss esistesse ancora. Un andirivieni di agenti fantasma, e quel surreale cambio delle ruote, previo sollevamento dei vagoni, per il passaggio allo scartamento ex sovietico.

Ma ecco, ci stanno già tirando su. Ora sono definitivamente separato dal granatiere, le nostre due carrozze basculano appese a cavi, ciascuna per conto suo. Sembrano rappresentare la ridicola demenza del secolo breve. Colpi, lamenti metallici, sferragliare di catene, soffi, cigolio di martinetti, e una folla di ferrovieri sbucati dal nulla con torce elettriche, curvi nella pioggia. Li saluto, vedo facce nere rispondere con larghi sorrisi, dentature che splendono nel buio, dando inizio a una nuova danza di lumini. Siamo persi in uno sbalorditivo intrico di binari. Immensità stalinista, luci simili a quelle di una portaerei in mare aperto. Torri di guardia. Čop come Vorkuta e Treblinka.

Attacco discorso con un libico in bermuda e infradito, sposato a un'ucraina, sistemato nello scompartimento accanto al mio. Appena può si affaccia al finestrino per fumare. Vive con ironia e fatalismo mediterraneo le nostre quattro ore di sosta, il nostro lentissimo movimento da un binario all'altro, il caldo innaturale della notte d'inverno, l'impazzire delle nazioni d'Europa, il terrorismo islamico, tutto.

Il corridoio si anima. Sbuca una poliziotta ucraina con un colbacco gigantesco. Gentilissima, tutto un profluvio di spasiba, carasciò, nicevò, seguita da un codazzo di altri agenti di buonumore. Un distinto signore di Kiev in pigiama azzurro e ciabatte esce da una porticina, esibisce le sue valigie aperte e mi fa "Buongiorno" in perfetto italiano. Ma poi, appena la masnada in stivali e pelliccia passa al vagone successivo, lo sento sussurrare: "Dovrebbe vederli quei figli di puttana, quando derubano le badanti che tornano dall'Italia".

Temo sia un provocatore, e taccio. Ma quello continua, sempre più ad alta voce. "Sa quanto chiedono? Cinquecento euro a ogni rimpatrio. Cinquemila per un pullman intero. Adesso se ne stanno un po' buoni, ma solo perché c'è il popolo in piazza. Ma vedrà che tra un poco ricominciano, se non li mandiamo a casa. La gente non ne può più. Questo è un paese basato sull'estorsione."

Gli dico: credevo che ce l'aveste con i russi.

"Russi o ucraini non cambia. Anzi, forse la mafia ucraina è peggio perché non c'è un Putin a tenerla a freno. I due si sono divisi il territorio fra cosche, e ogni tanto si fanno la guerra solo per farci credere di essere patrioti anziché ladri. In realtà, quelli sono d'accordo tra loro anche quando si sparano. Qui governano i ladri. Non mi crede? Pensi: il nostro Janukovyč ha uno zoo personale, campi da tennis e da golf, una villa principesca con ettari di giardini, lingotti d'oro in cassaforte e conti in banche svizzere. E intanto il popolo muore di fame. Questa è l'unica cosa che conta."

Il treno riparte, lentissimo, pare l'avvio di un carro funebre, passa il ponte in ferro sul Tibisco che fuma nella pioggia. È il collo d'oca fra due mondi. Forse si ricomincia a viaggiare. Mi chiedo dove sia finito Alex, visto che i vagoni sono nuovamente collegati. Ma Alex non compare, e l'ucraino non molla. Lo osservo con attenzione: ha una testa grigia da upupa, con un gran ciuffo, e gli occhiali appoggiati a metà del naso.

"Vuoi portare tuo figlio all'asilo? Ti dicono che non c'è posto, ma se gli metti ottocento euro sul tavolo, il posto salta fuori. È la tariffa. Ottocento euro, che sono quattro mesi del mio stipendio di professore. In ospedale è la stessa cosa: niente soldi, niente cure. Ladri, criminalità organizzata. Gente che se ne fotte del futuro dei giovani. È solo da qualche settimana che non osano rubare. Hanno paura, in piazza Majdan la gente è pronta a tutto, anche ad ammazzare."

Ora anche il libico ascolta, con la cicca accesa accanto al finestrino semiaperto. Anche lui viene da un paese in rivolta e sorride, perché non crede nelle rivoluzioni, sa già come vanno a finire, con "i furbi che le svuotano da dentro". Ci vorrebbe un analista del "Wall Street Journal" tra di noi, o un alto funzionario dei Foreign Office, a farsi un bel bagno di buon senso. Nel vagone numero dieci del treno per Mosca c'è tutta la crisi euro-mediterranea. E il professore parla ad alta voce, non ha paura di niente e nessuno.

Gli chiedo cosa accade se interviene Mosca, e la domanda è un invito a nozze. "Putin interviene di sicuro. Ma non per salvare Janukovyč o i russofoni minacciati. Interverrà per salvare il suo culo, perché ha paura che la protesta contro la mafia si estenda a Mosca. Anche in Russia la gente è stanca dei ladri. Per questo una bella crisi internazionale gli va a fagiolo. Nessuno scende in piazza quando la patria è in pericolo."

Che devo dirgli? Ha ragione. È la stessa cosa che ho visto in Serbia e Croazia: i bancarottieri di due repubbliche che la fanno franca organizzando una bella guerra etnica. Come dire: sparatevi tra di voi, popolo di merda, invece di chiedere il conto a noialtri, che vi abbiamo rapinato fino a oggi. Sempre lo stesso imbroglio. Con l'Occidente che non capisce, e si ostina a leggere in chiave geopolitica una guerra di cosche.

"I russi vi daranno dei nazisti," dico al professore.

"Lo so," risponde quello, "lo dicono da sempre, e l'accusa ha un suo fondamento. Nel '41 gli ucraini di Leopoli festeggiarono la Wehrmacht che attaccava l'Unione Sovietica. Ma gli ucraini non sapevano niente di Hitler, credevano che si trattasse di una riedizione dell'Impero asburgico, si illudevano che sarebbe stato restaurato l'ordine precedente la Prima guerra mondiale. E non dimentichiamo che Stalin aveva stremato la nostra gente affamando i contadini liberi, che morirono a milioni, e usando il pugno di ferro con qualsiasi dissidente. Se un russo beccava cinque anni in gulag, un ucraino ne scontava dieci per lo stesso reato. Per il solo fatto di essere ucraino."

Si torna sempre lì, alla miscela incendiaria che ha distrutto la Jugoslavia, evento che fa scuola. Perché anche un bel po' di croati salutarono con degli "evviva" il passaggio della Wehrmacht, quando la Germania di Hitler scese su Belgrado, e ancora oggi i loro nipoti sono etichettati dai serbi come nazisti. Tutto già scritto nel '41. Anzi, a pensarci bene, nel '14, quando bosniaci e croati in divisa austriaca passano la Drina per invadere la Serbia. Dall'Ucraina ai Balcani è impossibile ignorare quel grande inizio, perché tutto nasce allora. "Le semenze i le ga messe quela volta," mi torna in mente la frase dell'amico pilota a Trieste.

Cinque del mattino, ancora buio pesto, pioggia. Comincia a far freddo, ma ancora niente neve. E intanto Alex ricompare bello giulivo, col sorriso innocente che conosco e che ogni tanto mi manda in bestia. Ha russato come un orso, l'infame, non si è accorto nemmeno che gli hanno sollevato il vagone. Non ha sentito, non ha visto e non ha filmato niente. Lo ammazzerei, in quel cambio di carrelli c'era il riassunto dell'imbarbarimento di un continente. E poi, quelle facce antiche di ferrovieri, non le troveremo più nemmeno a pagarle. Ma poi penso che, va be', chi se ne frega, un granatiere che sgobba venti ore al giorno ha anche diritto di crollare. E io non conosco nessuno tosto come lui.

Dalla lettera di un trentino, 2 novembre 1914: "Il treno continuava la sua marcia, c'internammo nella catena carpatica attraversando il passo di Uzsock. I paesi prendevano un aspetto sempre più settentrionale, la vegetazione si riduceva a piantagioni di patate, avena, barbabietole. Non più evviva nelle stazioni, ma barbe lunghe, incolte di ebrei in sdrucite, lucide talari, gente avida di denaro, incapace di un sentimento di pietà per tanti poveri malcapitati".

Stanotte non c'è neanche un povero Cristo a vederci passare. Scomparsi gli ebrei, i polacchi, i ruteni, i russi. Finito un mondo. Lungo la linea, nient'altro che villaggi ucraini abbandonati da Dio.

La motrice ansima, non supera i cinquanta orari, e in certi punti va così piano che potrei scendere e camminarle a fianco. Lentezza da tradotta. Momenti in cui ci si sdoppia e ti chiedi cosa ci stai a fare. Ma chi è quel tipo lì che prende appunti? Non è né storico né giornalista, viaggia in una terra di nessuno fra passato e presente. Forse è un veggente da strapazzo, un acchiappanuvole, un mendicante di appunti, perduti in un bidone d'immondizia. Volendo nobilitare il suo ruolo, potrebbe definirsi un geologo che compie un "carotaggio" nella pancia dell'Europa.

Sei anni fa sono passato di qui. Riconosco alcune case quadrate col tetto a piramide. A nord-ovest, la bella linea a scartamento ridotto che scollina da Turka a Užhorod sfiorando le sorgenti del Dnestr. A nord-est, perse nelle nubi, le Termopili dei Carpazi, l'ultima difesa del granaio magiaro. E di nuovo mi rivedo, lì che dormicchio su un altro treno in corsa verso est, con un berretto giallo-rosso-viola di lana norvegese calato fin sul naso, sulla vecchia linea austriaca per Kolomea, oggi tagliata a metà dal confine rumeno. Ritrovo anche l'ultima trasferta polacca, con la birra sul fiume a Tarnów, il bosco centenario della Rotunda, la drogheria con i lumini comprati a Gorlice. Risento le *s* fruscianti, le morbide *z* e le affilate *c* della lingua polacca.

Il capovagone porta tè bollente e biscotti, timido e gentile. Il vagone ucraino vibra, entra in un groviglio di scambi. Hanno agganciato una seconda motrice. Nelle curve, sporgendomi dal finestrino, la vedo stridere, sudare, tossire, gonfiare le vene del collo. A un istante preciso – sono le 5.35 –

intercetto orizzontalmente la linea nord-sud del mio viaggio del 2008 sulla frontiera dell'Unione europea: i due treni – quello di oggi e quello di allora – si incrociano e si perdono in direzioni diverse. Ma tutta la notte è piena di convogli. Vengono da ovunque treni e treni, con tutta la Babele dell'Impero. Leopoli sta per cadere nelle mani dei russi, e verso la città in pericolo transitano uomini, cavalli, asini, muli, cannoni e maiali. Passano montagne di rape e granate, cucine da campo e mitragliatrici, badili, infermerie. Ma passano anche i soldati polacchi in viaggio contro l'Ucraina del 1920; passano carri-merci in partenza per i gulag siberiani e truppe russe dirette al fronte del '41; passano turisti inglesi impellicciati verso Mosca ed ebrei destinati ai campi; aparatnik gonfi di vodka e carri armati sovietici caricati su rotaia nei giorni della rivolta di Budapest, 1956.

Ora che l'aquila a due teste ci sorvola nel buio come un immenso aeroplano, la spada in un artiglio e il proclama "agli amati popoli" nell'altro, sento di andare alla guerra. La mia guerra. Eppure questo treno riassume tutti gli altri che vanno nella notte. Anzi, da un secolo è sempre lo stesso treno che va, la stessa fottuta storia che si ripete. Oggi pare che tutte le turbolenze del Novecento si siano concentrate in questo luogo sinistro ai margini di tutte le mappe. C'è un obelisco a qualche chilometro da qui, alle sorgenti del Tibisco, un monumento sopravvissuto alla distruzione bolscevica, che segna quello che per i geografi imperial-regi era ed è il centro d'Europa. L'ho sempre guardato come un'inoffensiva anticaglia. Stavolta invece, sotto l'immensa austriaca gallina che veleggia ad ali aperte, la Galizia mi sembra l'occhio del ciclone, il cuore di un vortice depressionario che allarga i suoi tentacoli sull'intero continente. E tu stai lì a chiederti quale stortura mentale, quale delirante progetto possa nascondersi in un conflitto mondiale combattuto per posti come questo, dimenticati da Dio, nei quali si sono stratificati nient'altro che miseria feudale, totalitarismi, invasioni e, per ultimo, la rapina.

Quando fui sui Monti Scarpazi
miserere sentivo cantar
ti ho cercato tra il vento e i crepazi
ma una croce soltanto ho trovà.

Niente neve, che catastrofe. Oltre gli Urali, invece dei soliti meno quaranta, il termometro è arrivato appena a meno dodici. Tutto rovesciato. Per un attimo vedo persino il fiume andare in salita e mi par di avere le traveggole, ma siamo noi che abbiamo iniziato a scendere, impercettibilmente. E ora che non c'è più nessun ostacolo tra qui e le steppe, il paesaggio diventa di una tristezza ancora più insopportabile. Villaggi miseri, luci cimiteriali, ruderi di kolkhoz e un'alba blu inchiostro che comincia come un grido lungo. Strade di fango e una landa incolta, grigiastro-rossiccia o giallina. Discariche, odor di carbone, boschi desertificati dai bracconieri, un bimbo solo in mezzo al nulla che va a scuola con l'ombrello, un ubriaco che annaspa camminando verso non so dove e una surreale casellante che saluta il treno sull'attenti con la paletta alzata. Poco oltre, il pope greco-cattolico, barbuto e fieramente eretto nella tonaca davanti alla chiesa dai cipollotti d'oro, così simile a Virgilio per l'occhio imperativo da capitano di ventura e la mano destra intenta a condurre un canto in levare. La donna e il prete paiono l'unica cosa viva in un mare di abbandono.

"Stryj, prossima fermata Stryj", ed ecco il primo segno del fronte. Molti dei miei diari di guerra narrano di questa linea maledetta, dei treni austroungarici mandati allo sbaraglio contro l'esercito più grande del mondo. In una stazione poco oltre Stryj una tradotta del reggimento 97, piena di triestini, viene fermata a sorpresa da un reparto di russi con la baionetta innestata. "Questi," riporta Mario Čermak, "facevano cenno ai nostri di scendere, perché una reazione sarebbe stata inutile, essendo noi stivati in vagoni bestiame. Per fortuna il treno era lungo e la locomotiva si era fermata appena all'inizio della stazione, e questo diede a coloro che si trovavano negli ultimi vagoni la possibilità di saltar giù e correre incontro, lungo la linea, al treno successivo e poterlo così salvare. E i russi erano così occupati a svuotare i primi vagoni che non si accorsero nemmeno di cosa accadeva negli ultimi."

Eri un diavolo d'uomo, vecchio Čermak: non conosco forse nessuno capace di ridare dignità al vituperato 97° meglio di te, che hai fatto una guerra d'assalto insieme ai miei triestini. Non so che faccia avessi, non ho con me nessuna fotografia. Ma la tua voce la sento distintamente, dopo avere divorato il manoscritto del tuo racconto, questo malloppo di pagine ribattute a macchina e tradotte dal tedesco che tua figlia Valentina mi ha messo in mano prima che partissi, e che ora il mio artigliere sta leggendo appassionatamente sulla strada di Leopoli. In tedesco scrivevi e avevi cognome slavo, ma non ti incarnavi in nessuna nazione. Eri "Altösterreicher", punto e basta. Così ti definivi. Figlio di un impero.

Non dovevi essere un tipo facile, se tua figlia ha premesso alla traduzione: "In memoria di un padre che non ho amato ma temuto e, forse, mai capito". Dovevi avere anche un bel fegato, a giudicare da quello che hai scritto. Ma ora lascia che rumini il tuo racconto e lo risputi come mi viene, così a memoria, come avrebbe fatto mio nonno, narratore ineguagliabile, col ritmo delle rotaie. E visto che mi hai fatto compagnia su questo treno, magari ti farà piacere se ti dico che, anche se non eri uno scrittore, anche se la tua prosa è spesso ingenua, le tue avventure mi ricordano quelle di due matti che scrissero famosi libri di guerra, un crucco e un francese chiamati Ernst Jünger e Blaise Cendrars. Tu eri forse più matto di loro.

Perorazione di Mario Čermak
in favore del 97° reggimento

"Ascolta ciò che dico, tu che torni
    sui campi sconfinati di Galizia. Per una vita intera io ho taciuto, io Mario Čermak venuto da Pola, che dalle truppe scelte di marina, finita un'istruzione tutta nautica, fui spedito d'urgenza in fanteria a un mese solamente dall'inizio della guerra, e da allora ho militato nel reggimento detto 'Demo-

ghèla' per Dio, l'imperatore e per la Patria. Per più di quarant'anni, credi a me, mi sono trincerato nel silenzio perché ci era impedito dall'Italia – e specialmente sotto Mussolini – non solo di difendere l'onore del vessillo con l'aquila bicipite, ma di narrare persino le gesta di questa formazione ingiustamente denigrata che porta, nei registri dell'armata imperiale, questo nome che amo pronunciare per intero:

"Infanterie Regiment Feldzugmeister

Georg Freiherr von Waldstätten nummer sieben und neunzig, il mio amato reggimento, mostrine rosa antico con bottoni color bianco, composto perlopiù da italiani, croati e da sloveni, gente venuta dall'Istria, Trieste o dal Friuli di qua del confine. Non so se ho combattuto con valore: non sta a me dirlo. So solo che un giorno, dopo un'azione in cui venni ferito, fui nominato subito sul campo sottotenente con tutti gli onori. Sono i fatti che parlano, e son questi che ora narrerò per sgomberare il terreno da ingiurie e maldicenze che hanno demolito la nomea di questo reggimento, che ha versato il suo sangue sul campo della gloria e conquistato medaglie al valore.

"Per una vita intera, ti dicevo,

ho preferito tacere, ma ora non posso continuare perché vedo la meschinità dei tempi nuovi, lo stato miserando delle terre che furono le nostre, terre imperiali in mano a una camorra di briganti nascosti dietro al nome di 'nazione'. Ma dimmi, come fai a sopportare che il porto sia venduto a questo e a quello, amici degli amici che banchettano sui resti di un immenso patrimonio... e che quel patrimonio lo si lasci in mano a una masnada di incapaci? Ascolta, ti ripeto, il mio pensiero: noi di Trieste, dell'Istria e Dalmazia mai più ritroveremo la ricchezza che avemmo sotto l'Aquila a due teste. E lo dico con tutto il mio rispetto per gli italiani che caddero in Carso credendo, ne son certo, di salvarci dall'oppressione degli impiccatori.

"Ma basta sangue amaro. Adesso è tempo

che ti racconti che cosa successe quando si aperse il fronte con la Russia. Accadde che i boemi e gli slovacchi, oppressi dai magiari che non davano loro i diritti di autogoverno, disertarono in massa al primo scontro, e tutto fu assai facile perché l'intesa era scattata col nemico sul filo della lingua molto simile. La 'fratellanza slava' aveva vinto, e lo stesso accadeva coi croati, anch'essi insofferenti dei magiari. Furono diciassette i reggimenti che in pochi giorni tagliaron la corda: per queste diserzioni, già in settembre fummo spediti in Galizia anche noi della base navale imperial-regia di Pola. Di una cosa son convinto: fu l'oppressione ungherese a distruggere l'Impero, e fu la sordità di Vienna a completare l'opera. E così

"l'idea di più nazioni federate

morì sul nascere. Quella riforma avrebbe rafforzato il mio paese, la monarchia non sarebbe crollata e l'Austria oggi sarebbe un baluardo prezioso tra l'Europa occidentale e il dispotismo della grande Russia. Lo dico perché anche gli italiani erano visti male, e i triestini specialmente. Rammento che sul treno gli sloveni ci presero a sassate dalla strada e poi si dileguarono nel Carso. Ma soprattutto i magiari ci odiavano, e tra di loro c'era in prima fila il generale Karl von Pflanzer-Baltin – da ora tieni a mente questo nome – comandante della Settima Armata, che ci chiamava tutti disfattisti, autorizzando i signori ufficiali a essere durissimi con noi.

"Noi tutti bruciavamo d'impazienza

volevamo mostrare ai superiori, al nostro imperatore e al mondo intero quanto eravamo capaci di fare per smentire le menzogne su di noi. Ne ebbi l'occasione un anno dopo, quando tornai in Galizia sul Dnestr nel mezzo dell'autunno, mi ricordo, tra Horodenka e Kamienec Podil'ski. Il ponte tra le rive era saltato, ma noi controllavamo anche la riva sinistra e ci fu facile passare con delle assi gettate su barche. Zalishchyky era il nome del paese, distrutto dalle bombe, che era stato una bella stazione balneare, ma tutto intorno c'erano soltanto villaggi miserabili, abitati da bimbi scalzi anche in pieno inverno, in mezzo ad animali in libertà. Oh, tu non hai un'idea di quanto poveri fossero i contadini galiziani! Case di argilla e di sterco di vacca, solo patate, avena e barbabietole, e quella gente smunta in mezzo ai campi, finita nel disastro della guerra.

"Trovammo con sorpresa le trincee piazzate dentro un cimitero ebraico, camminamenti scavati fra tombe sventrate dai cannoni del nemico, che stava a poco meno di un chilometro, su un colle, in posizione dominante. In termini strategici, eravamo sotto totale tiro del nemico. Ma il peggio era che i russi, più lontano, in mezzo a un labirinto di acquitrini, potevano contare su una linea ferroviaria, era un unico binario piazzato su un robusto terrapieno, sul quale nelle notti senza Luna facevano passare in gran silenzio due grosse bocche da fuoco capaci di battere le nostre retrovie e isolare la nostra posizione. La linea scavalcava un ponte in ferro sul Dnestr e quel ponte dovevamo, in un modo o nell'altro, far saltare.

"Essendo di Marina, fui prescelto per la missione, e mi misi al lavoro con un commando di otto soldati. Metro per metro studiammo il terreno e stendemmo una linea telefonica con il nostro reparto, perché tutto doveva funzionare a perfezione. Si decise per il 21 novembre, l'esplosivo l'avrei piazzato io in quanto ero 'un valente nuotatore', così mi aveva detto il capitano dandomi una manata sulla spalla. Partimmo, e sentivamo dentro a noi lo spirito di tutto il reggimento. 'Novantasette, ora mostra chi sei!' mormoravo marciando nella notte. Il treno era passato come un'ombra, le sentinelle russe in riva al fiume russavano e noi svelti le legammo, tappando loro la bocca, perché non potessero dare più l'allarme. La corrente faceva un tal rumore che dovevamo parlarci all'orecchio per concertare i nostri movimenti.

"Il botto era deciso per le undici. Partii, sincronizzati gli orologi, e in quel preciso istante i grossi calibri dei russi cominciarono a tuonare. Come una scimmia mi appesi da sotto alle assi del ponte e mi spostai verso il pilone centrale. Piazzai le tre cariche e poi le collegai con una miccia da cinque minuti. In poco tempo già avevo finito, sotto sentivo lo scroscio del fiume, passavano i secondi, erano eterni... ai meno cinque la miccia fu accesa e con un tuffo a testa mi buttai. Nuotai sott'acqua più a lungo possibile, avevo calcolato la corrente che mi avrebbe portato ai miei

201

compagni. Riemersi già distante dal pilone, ci diedi dentro con lunghe bracciate, ma il gelo era tremendo, comprimeva il petto e mi tirava verso il fondo. Mi videro i ragazzi sulla riva, buttarono una cima con un cappio

"e proprio in quell'istante venne il lampo

seguito da una pioggia di rottami, ma a me importava, giuro, in quel momento soltanto di aggrapparmi a quella corda e di sfuggire alla morsa del Dnestr. E giunse quella corda, finalmente, centrata al primo colpo dal sergente che nella vita civile faceva l'acrobata da circo. Perfetto fu quel lancio, e mi salvò. Mi tirarono a riva che ero quasi senza sensi, ero mezzo congelato, mi rivestirono e a grande fatica mi trascinarono fino alle linee, dove mi venne una febbre a quaranta. Il medico mi disse: 'polmonite', e mi spedì in retrovia all'ospedale. Ci vollero due mesi per guarire, e ai primi di gennaio ritornai con appuntata al petto una medaglia – quella d'argento al valor militare – ...al reggimento che si era spostato dalle parti di Černivci, più a est, nella regione detta 'Bukovina', agli ultimi confini dell'Impero.

"Quando fui giunto, scoprii che il reparto

era stato messo in punizione, addirittura internato, agli arresti, e sempre per le accuse dei magiari. E questo dopo che in una battaglia i nostri, vittoriosi, avevan perso almeno la metà dei loro uomini bloccando i russi sul fronte del Prut. 'Siamo rimasti in 670,' mi disse il bravo alfiere Thomas Schmid, 'è tutto ciò che resta del reparto, si occupi un po' lei di questa gente.' Ci avevano assegnato una caserma abbandonata un po' fuori città e io, col cuore a pezzi e un sentimento di rabbiosa vendetta nei confronti degli ufficiali ungheresi, partii con una fila di sopravvissuti verso la meta umiliante assegnata. Ma mentre marciavamo in doppia fila vedemmo a bordo strada, alla sinistra, il generale Karl von Pflanzer-Baltin, detto 'Scure e Piccone' dalla truppa, perfida causa dei nostri malanni.

"Superbo se ne stava sul cavallo

aspettando il saluto d'ordinanza, in mezzo a una gran folla di ufficiali. Ma sulla destra c'era un cimitero, il camposanto dei nostri ragazzi, tutti caduti nell'ultimo scontro, così gridai ai miei 'Attenti a dest!' e tutti mi obbedirono all'i-

stante. Nessuno che fiatasse, e nella neve gli uomini battero-
no col piede un colpo che era un grido di protesta. 'Lei sa
dove si trova la sinistra?' urlò herr General con acrimonia
con la sua faccia gonfia da tacchino. 'Lo so perfettamente,
generale,' risposi a voce alta perché i miei potessero sentirmi, e continuai: 'A destra son sepolti i nostri eroi, unsere
Helden schlafen, das weiss ich, mentre a sinistra sta il loro
assassino!'.

"Avrebbero potuto fucilarmi
e invece non accadde proprio nulla, l'infame stette zitto o
fece finta di non sentire, e tutti i generali sparirono in un
turbine di neve coi loro cappottoni impellicciati. Da quel
momento i miei bravi ragazzi mostrarono per me un attaccamento tale che avrei potuto assieme a loro compiere azioni le
più disperate. A loro non fregava proprio niente che fossimo
reclusi in punizione, con rancio pessimo, in una caserma. La
sera, mi ricordo, cantavamo a squarciagola canzoni croate,
apposta per snervare i sorveglianti che erano tutti gendarmi
ungheresi. E loro con ferocia ci punivano – addestramenti
alle sei del mattino sempre in assetto completo di guerra – e
ripetute, severe ispezioni. Ma noi non si arretrava di un mil-
limetro.

"Un mese dopo, in un colpo di mano,
ciò che restava del nostro reparto, anche se molto inferio-
re di numero, conquistò un'importante posizione e fece novecento prigionieri. Tornammo senza perdite, soltanto venti
feriti leggeri e due gravi, tanto che il colonnello radunò tutta
la truppa, la fece sedere in cerchio coi fucili e zaini a terra e
disse a voce alta: 'Da quest'oggi, chiunque si permette di
parlare male del reggimento, garantisco che subirà punizione severa'. Ma il 10 giugno la guerra di Mario volse all'epilo-
go: fu una granata esplosa a un passo che mi lesionò il timpa-
no durante l'offensiva scatenata dal generale Brusilov. Mi tirarono fuori non so come da sotto una montagna di macerie,
in condizioni quasi disperate: sangue dal naso, la bocca e le
orecchie, e grave commozione cerebrale. Mai più tornai al
fronte, ma rimasi fedele all'ideale dell'Impero fino all'epilo-
go della mia vita.

"Ma il mio mondo è finito nel '18, e anzi, a esser precisi, il giorno undici dell'undicesimo mese dell'anno, quando mi giunse da Vienna per posta la nomina a tenente di un esercito che più non esisteva. Infatti l'undici novembre alle ore 11 il mio Kaiser abdicava dal trono e aveva inizio lo smembramento dell'Austria-Ungheria. A volte me lo chiedo, un po' per gioco: fui l'ultimo tenente dell'Impero? Magari rovistando negli archivi, vedi un po' di risolvere l'enigma. Ma intanto ascolta l'ultimo messaggio del vecchio Mario Čermak, un nostalgico, o come dite voi un 'austriacante'. Ricorda questo numero che batte nei cieli dell'Europa, e poi ripetilo: undici, undici, anno diciotto. Da allora è stata solo decadenza. Strepito, disordine e rapina."

20.

L'onore ritrovato del Novantasette

Leopoli

Ora è aperta pianura, il locomotore perfora la pioggia e accelera come se sentisse bruciare i binari sotto le ruote. Le balestre cambiano registro: emettono belati, tonfi, cigolii. Leopoli è a mezz'ora, l'orizzonte è punteggiato di paludi, torbiere, oche al pascolo, fabbriche in disarmo. E poi il fiume Dnestr, che fatico a riconoscere tanto, nel grigiore, pare un acquitrino. Non può essere questo, penso, il corso d'acqua che con superbi meandri ho visto attraversare la Podolia, una delle terre più belle d'Europa. Senza il fiammeggiare del grano e il candore della neve, l'Ucraina è irriconoscibile.

Una lettera descrive l'inferno di Gliniany, nei pressi di Leopoli nell'agosto del '14: "Sussistenze, reparti sanitari, artiglierie e colonne di munizioni, autovetture di alti comandi crearono un ingorgo che era impossibile risolvere. Tutti volevano mantenere la disciplina con le pistole alla mano, si urlava più fortemente provocando una confusione anche maggiore. Truppe sbandate di tutti i reggimenti, bande reggimentali che gettavano i loro grandi tamburi e tromboni nei fossi stradali, questo il quadro di una battaglia perduta".

Verso le dieci il libico esce a fumare in ciabatte, se la gusta come un califfo al finestrino. Gli chiedo della sua vita all'estero e lui va subito al sodo. Racconta che ha sposato un'ucraina di Kiev. "Sono venuto qui per i soliti scambi fra paesi terzi... e poi ho visto lei. Era dolce, attiva, piena di forza, senza le fisime delle nostre donne. Lei deve capire questo: nella vecchia Urss lavorano solo loro. Gli uomini bevono, fanno politica o rubano, che poi è lo stesso. E ogni tanto si sparano tra loro. Senza le donne, l'Ucraina sarebbe già finita."

Miseria e alcolismo anche nelle lettere dal fronte: "Anche nel freddo più intenso [i contadini] non avevano indosso altro che pantaloni e camicia di tela, alti stivali imbottiti di paglia, una cintura di lana rossa o di altro colore, il tabarro invernale di tessuto grezzo... e in testa un berretto di pelo di pecora... Ovviamente i signori, d'inverno, erano infagottati in preziose pellicce". Nelle città e nelle stazioni termali, le donne in veletta. Nei campi trasandatezza, noncuranza, nudità esibite, un diverso senso del pudore, l'ostentazione della miseria.

In certi momenti, le mie note del '14 è come se descrivessero l'Afghanistan di oggi: inverni tremendi con case di terra, facce di terra, cielo color terra, strade inaffidabili, pantani, bambini scalzi, letti pieni di cimici e pidocchi: "Galizia amara," dicevano allora gli ebrei, e con un gioco di parole la chiamavano Gall-Apfel, che in yiddish vuol dire "mela di bile". Eppure i campi sono rigogliosi, d'estate il vento dell'est passa su un mare di granturco, barbabietole e patate. La terra è generosa, verde come la Francia, e potrebbe nutrire mezzo continente. Solo una rapina durata secoli e un continuo passaggio di eserciti possono spiegare la povertà in questo pezzo di mondo.

I soldati raccontano di temporali apocalittici, fulmini che stendono uomini e animali. Sulle truppe non cadono gocce e nemmeno scrosci, ma "colonne d'acqua" che, in pochi minuti, allagano il terreno. E quando la neve si scioglie a primavera, il suolo si riduce a un acquitrino, e muoversi è ancor più penoso che d'inverno. È fatta così, la terra oltre i Carpazi. I soldati vivono e muoiono nel fango, e ogni giorno da capo devono puntellare le trincee con tronchi e canne perché il terrapieno non frani. E i nostri mandano a casa lettere piene di topi, fame e miseria. Ma questa pioggia gelida di gennaio è forse la cosa peggiore.

Cominciano le periferie post-sovietiche di Leopoli. Si deraglia in pochi metri dal medioevo all'età contemporanea, senza che nulla annunci una delle città più belle dell'Impero, la piccola Praga oltre i Carpazi, la città gemella di Trieste per affollamento di etnie – ebrei, tedeschi, ruteni, polacchi, ucraini e tanti altri – e per numero di caffè, giornali, teatri e collegamenti con l'Europa. Ma poi la stazione ci viene incontro con la doppia volta in ferro e vetro tutta asburgica. Sopra, la scritta LVIV in cirillico. Ma Leopoli ha tanti altri nomi: Lvov in russo, Lwów in polacco, Lemberg in tedesco, Lemberik in lingua yiddish, e tu devi aprirla come una cipolla, arrivare al bonbon fin-de-siècle dopo aver attraversato una cintura anni sessanta e uno sterminato contado senza tempo. Tre mondi incompatibili che la contemporaneità tenta inutilmente di amalgamare.

Dicono che, alla fine dell'Ottocento, nella sala d'aspetto di prima classe di questa stazione finisse nientemeno che l'Occidente, in un trionfo di cristallerie, poltrone di velluto, illuminazione elettrica e rivestimenti in legno pregiato. Sempre come Trieste, Leopoli era al centro di più mondi, il tabellone delle partenze indicava Vienna, Berlino, Londra, Cracovia, Parigi, Varsavia, e nella piazza esterna – in un pandemonio di vecchie pellicce di lupo, caffettani e stivali di cuoio – facevano ressa tassametri, moderni tranvai e vetture pubbliche a cavallo. E non basta, perché una seconda stazione collegava la città a Odessa e Pietroburgo, e ulteriori tre piccoli scali con treni per Ternopil', Brody, Černivci, Drohobyč e una quantità di centri minori, indicavano la disperata volontà di Vienna di occidentalizzare anche le terre più sperdute dell'Impero.

Ma oggi, nel freddo umido del nord, la banchina lucida di gelo racconta un'altra storia. La mia, quella che sto cercando. Nella Prima guerra mondiale Leopoli è una città ospedale, prima degli austriaci, poi dei russi. È qui che, nell'autunno del '14, i soldati austroungarici diretti al fronte vedono passare in senso contrario convogli pieni di lamenti – i feriti di guerra – e capiscono che l'Austria si è imbarcata in una folle avventura senza essere preparata. Leopoli è il luogo dove appare la Medusa. Su questa stessa banchina, nel '42, i soldati dell'Italia fascista diretti sul Don incontrano per la prima volta uomini smunti con stella gialla, pallidi e sofferenti, donne vecchi adulti e bambini spinti sui carri merci da tedeschi con mitra e cani lupo, e si chiedono, sempre per la prima volta, con chi e per che cosa stanno andando a combattere su un fronte sconosciuto.

In questa stessa stazione, dopo l'8 settembre del '43, un battaglione di italiani scompare nel nulla, liquidato dai tedeschi dopo lo scandaloso "rompete le righe" emanato da Badoglio. Non ci fu una sola Cefalonia, mi disse un giorno Nuto Revelli, rievocando la campagna di Russia e poi la scelta di stare in montagna, con i partigiani, per liberarsi della vergogna. E poi le fosse comuni lasciate dai sovietici, delle quali poco si parla: dieci, cento luoghi dell'orrore come Katyn. Sono alle soglie di un paese che inghiotte milioni di uomini senza lasciar traccia, e i corvi che girano come una nube sopra Leopoli sono gli stessi che hanno beccato gli occhi ai morti di Auschwitz, di Verdun, dei campi della Montagna Bianca e della Selva di Teutoburgo, campo di morte che sputa ancora ossa da duemila anni.

Tiriamo giù i nostri sacchi fra spifferi tremendi, c'è aria cruda di neve, l'altoparlante tuona annunci ferroviari dove distinguo ancora favolose direzioni – "Kiev", "Budapest", "Moskva" – e, mentre saluto il califfo libico in vestaglia al finestrino, già vedo da lontano la giacca a vento rosso-blu dell'amico Erwin e, accanto a lui, Nataša infreddolita in paletot rosso, la sciarpa e i guanti bianchi, che corrono verso di noi. So già che questi due, che da anni battono in coppia le strade più remote del Centro Europa in cerca dei Dimenticati, saranno la nostra unica voce sul passato e sulla guerra. L'unica, perché già a bordo del tram che ci porta in centro sento il tuono di tamburi in fondo a una strada alberata e capisco che siamo sbarcati in una città tutta concentrata sul presente, un presente che si chiama rivoluzione.

In Prospekt Svobodi hanno allestito un megaschermo con la scritta EVROMAJDAN LVIV, dove trasmettono in diretta la protesta di piazza nella capitale. Centinaia di persone bivaccano sull'asfalto in mezzo a bandiere giallo-blu e seguono spasmodicamente il bollettino degli scontri di Kiev. Preti, rivoltosi e patrioti si alternano a un microfono, e quel poco che capisco è sufficiente. Le parole "terra" e "Ucraina" ripetute in modo martellante. Anche "corruzione" imperversa, tre-quattro volte al minuto. Bruciano copertoni; un gruppo di ragazzi sistema una precaria tendopoli e distribuisce tè bollenti. Nell'aria c'è l'ebbrezza del nuovo, ma mi opprime la sensazione che il nemico sia sempre lo stesso del '14: i russi, lo spazio senza fine dell'Impero.

È più facile rileggere i mali di pancia dell'Europa da posti come l'Ucraina. Ci si accorge che le vecchie linee di demarcazione si riformano, come nei Balcani, come nel mio paese. Serbia contro Croazia, Ucraina occidentale contro quella orientale russofona, le terre dell'Adige sempre più staccate dall'Italia.

I trentini dicono "andiamo in Italia" quando vogliono scendere in Veneto, e lo fanno con irritante senso di superiorità. Quelli della Vallarsa, poi, hanno una bella scorciatoia diretta, una strada asfaltata che scollina sul passo di Campogrosso, ma se la tengono solo per loro. Invece gli "italiani" di Recoaro, per percorrerla in senso inverso, devono pietire un "pass", e gli "austriaci" glielo lesinano con mille motivi. E così, mentre i trentini di Rovereto sconfinano per la via breve, i veneti devono fare un giro della malora.

"Andare in Italia." Figurarsi se non lo diciamo anche noi di Trieste. Dobbiamo distinguerci, da bravi abitanti di un luogo-che-non-c'è, acrobati su un filo sospeso fra i mondi. "On va en France," si dice ironicamente anche in Alsazia, regione alemanica fino al 1918, terra cattolicissima sempre più insofferente del centralismo laico della Repubblica francese. Lì come sull'Isonzo, sulla Drina o il Dnestr, l'antica appartenenza rompe le catene. Finito il comunismo, finita la Guerra fredda, scomparso il grande nemico esterno, la nostalgia degli equilibri precedenti la Catastrofe Uno comincia a disturbare la memoria della Catastrofe Due, mette in ombra persino il D-Day, la liberazione di Berlino, la guerra partigiana.

"Adesso o mai," scandisce un giovane da un microfono e la folla ripete, con accompagnamento di tamburi. Via dai ladri, via dall'imbroglio. I russi non li nomina nessuno, il problema non è ancora quello, per ora. La parola "Europa", invece, è detta con dolcezza di attaccamento filiale. Né in Francia, né in Italia o in Germania l'ho sentita pronunciare con tanto trasporto.

Monumento al poeta Adam Mickiewicz, luogo di comizi, riunioni e appuntamenti sediziosi già al tempo della vecchia monarchia. Le grida contro Janukovyč e la sua cricca di rapinatori echeggiano nella stessa piazza dove i sionisti promettevano agli ebrei più poveri il latte e il miele della terra di Palestina e dove si riuniva la nobiltà polacca per manifestare contro l'egemonia di Vienna. Ma questa statua ha sentito anche i nazionalisti inveire contro l'usura dei giudei e i leader rivoluzionari concionare in ruteno, polacco e yiddish contro il vecchiume di una classe dirigente nemica del rinnovamento democratico.

Il traffico scorre, i caffè e i negozi sono aperti, sui marciapiedi è tutto uno scalpiccio intirizzito sotto un cielo da neve. In questo Finis Terrae della vecchia Austria non respiro l'esasperazione di Kiev e l'aria di guerriglia dei territori russofoni dell'Est. Nataša mi spiega che qui c'erano quattro ginnasi polacchi, ma ce n'erano anche uno ruteno e uno tedesco, e che "nel '14 stavano per costruirne uno ebraico". L'università era poliglotta e il politecnico, il cui edificio è mostrato ancora con orgoglio dai locali, era uno dei migliori d'Europa. Sono ancora nel mio mondo, un mondo che tiene duro proprio nelle periferie, nei posti disertati dalle agenzie di viaggio. Leopoli come Odessa, Riga o Lublino. Gli abbaini, le vie in selciato, i teatri, i caffè, i bovindi Jugendstil, la cioccolata fumante che tracanno infreddolito in via Srpska in un locale che pare la casetta della strega di Hänsel e Gretel: tutto dice qualcosa di ancora più forte della narrazione degli uomini.

In certe strade il profumo è ancora quello di un secolo fa, descritto da Martin Pollack in *Nach Galizien*: luppolo, cioccolata, carne affumicata, generi coloniali, distillato di grano.

L'impronta sovietica è rimasta su tutto il paese meno che in questo affascinante arcipelago di caffè, edicole, fiaschetterie, teatri, librerie, negozi di antiquariato, birrerie, ristoranti. In certe botteghe e in certe vie strette in selciato pare ancora di vedere l'ombra di Layb Igel, il principe dei librai, col suo caffettano e la kippah, punto di riferimento obbligato per la più raffinata intellighenzia a est di Cracovia.

Il mito asburgico risorge nella delusione del presente e polverizza decenni di fratellanza antifascista sotto il segno del Cremlino. Oltre il marciapiede bagnato di pioggia, oltre i fisarmonicisti mezzi congelati per strada e i freddi marmi d'ingresso, il venerabile hotel George – dove stabiliamo i nostri quartieri invernali – è un'isola di calore decisamente gemütlich, un salto nel diciannovesimo secolo con il suo doppio scalone ricurvo a tre piani, le vetrate colorate e le ringhiere in ferro battuto. Le grandiose camere con vista sui tetti e le cupole barocche del centro sono ancora le stesse. Ieri furono le prime in Europa con l'acqua corrente e l'elettricità. E tu non sai se la gestione dell'hotel si renda conto di questa fantastica eredità. Il menu sarà anche internazionale, ma gli inservienti sanno solo l'ucraino, e un briciolo di inglese. La colazione prevede scrambled eggs e muesli, ma ignora le bline e i ravioli alla polacca.

Un locale chiamato Fratellanza, in via Vermenska, si riscatta con un trionfo di menu imperial-regi col marchio della guerra del '14. Cose come la zuppa del granatiere – patate, funghi, erba cipollina e panna acida –, su cui lo Scillitani si butta con gioia emiliana. E poi infinite varianti di pane, e il formaggio fritto guarnito con uva passa, e la minestra di barbabietole, e i ravioli fritti, e ogni possibile variante di Solyanka, la zuppa del contadino. Una cucina che abbatte le barriere fra ucraini, polacchi ed ebrei. Sui muri, tra piccole finestre con tendine traforate, inevitabile foto dell'imperatore d'Austria, cartoline del buon soldato Švejk e immagini di cavalli in guerra. Rieccoli, all'abbeverata sui larghi fiumi, sotto la sella di un ulano o con il basto di un cannone impantanato. Vecchia Galizia, resisti.

Carne di manzo saltata con burro, farina e vodka. Rosso

barszcz con panna acida e erba cipollina. Birra amarotica di ottima qualità. Si è sempre mangiato bene a Leopoli. I camerieri qui li chiamavano "Bisanz", lavoravano in smoking o col frac e parlavano correntemente sei-sette lingue. Quando erano in libera uscita, il loro massimo piacere era farsi servire dai colleghi, e il posto giusto era il ristorante Renaissance, dove andavano a stravaccarsi in abiti chiari e con cravatte chiassose per ordinare un bicchierino o un "Kleinen schwarzen", un espresso concentrato, identico a quello di Trieste. Nonostante il prezzo fisso, il vagone ristorante del treno in partenza da Leopoli per Odessa offriva un menu talmente sopraffino che molti buongustai si pagavano un viaggio di mezz'ora fino alla stazione più vicina solo allo scopo di assaporare quella meraviglia.

Intanto comincia a nevicare fine sulle statue barocche, le cupole delle chiese e le bancarelle del mercato. Giusto per il nostro arrivo, la città si inzucchera, risplende, luccica di lampioni e cristalli, rallegra la compagnia, rende inevitabile la deriva nella vodka. E mentre pascolo nel ristorante surriscaldato, in mezzo a effigi di generali – ce ne fosse uno, solo uno, dell'esercito russo! –, come i soliti Hindenburg e Ludendorff o l'anti-italianissimo Conrad von Hötzendorf, chi mi capita di trovare davanti a me, paonazzo, impomatato, carico di medaglie e gonfio come un tacchino dentro una cornice dorata? Il Pflanzer-Baltin, l'ungaro odiato dal tenente Čermak, il bieco demolitore del reggimento 97. Decisamente troppo, anche per un mitteleuropeo come me.

Schreiber ridacchia di quell'altarino all'assolutismo monarchico eretto in terra post-sovietica e mi racconta la storia di una memorabile sfuriata – con relativa pioggia di insulti irripetibili – del sunnominato generale davanti al reggimento sull'attenti in data 4 gennaio 1916, nello stesso posto che poco prima aveva visto l'eroico sabotaggio del commando Čermak contro il ponte degli zaristi; e narra soprattutto di come un bravo colonnello istriano di nome Pietro Giraldi fosse riuscito a ricacciargli l'insulto in gola, obbligandolo qualche settimana dopo a riconciliarsi col reparto su intervento diretto dell'imperatore.

La storia, che potrebbe essere titolata *La vendetta del Novantasette*, è talmente fantastica e per altri aspetti drammatica che, complici la neve, la vodka e un supplemento di involtini di cavolo a pranzo già finito, non apro nemmeno il quaderno degli appunti e mi abbandono alla voce di Erwin, e solo dopo una dormita nel lettone del George, potrò ricostruire come segue la vicenda sulla base di un documento, redatto a Graz nell'ottobre del 1955 "secondo le migliori cognizioni di scienza e coscienza" dal maggior generale Arthur Brosch, testimone del fatto; relazione, questa, messa a punto nientemeno che "su invito del direttore dell'archivio austriaco di guerra il signor consigliere aulico dott. Regele" in data 30 maggio dello stesso anno.

Il tutto, integrato da un interessante discorso tenuto nel gennaio del 1936 dall'ex capitano del reggimento Alois Radeglia, e naturalmente da ricerche personali dell'inimitabile Schreiber.

Il fatale sputo di Sua Eccellenza
il generale von Pflanzer-Baltin

Cani merdosi, porci lavativi,
vili poltroni, autolesionisti... Le accuse al reggimento le sapete. Sempre le stesse. E non serviva a niente che questi si battessero da bravi soldati, o che morissero a migliaia. Fu con l'ingresso in guerra dell'Italia, dopo il famoso ventiquattro maggio, che le insolenze si moltiplicarono e l'esistenza del Novantasette si trasformò in calvario. I triestini – in maggioranza italiani e sloveni – erano il capro espiatorio perfetto. Non avevano santi in paradiso e soprattutto non erano amati per la loro anarchica allegria che li faceva scherzare su tutto, anche sotto le bombe o negli attacchi a baionetta, e questo dava ai nervi agli ufficiali di lingua tedesca, per non parlare di quelli ungheresi che ci reputavano imbroglioni, fedifraghi, incapaci e senza patria.

Scusate se talvolta passo al "noi"
quando racconto del Novantasette, ma è più forte di me,

non so che fare: e troppa è l'emozione che mi prende. Divento, come dire, uno di loro. Scusate, anche, se parlo di dettagli, ma spesso son dettagli decisivi. Le mostrine nostre, per esempio, erano rosa, e sembravano quelle di un reggimento di cecoslovacchi che aveva disertato quasi in massa, e questo complicò molto le cose. Da allora fummo in stretta sorveglianza, e ciò accadde, ricordo, soprattutto dopo che Przemyśl fu riconquistata e cadde anche Leopoli. Le critiche si fecero più forti, e a Capodanno ci fecero arretrare in punizione in un paese chiamato Zalischyky e ci fu preannunciata un'ispezione del signor comandante dell'Armata. "Scure e Piccone", mi avete capito; quell'uomo che mi secca nominare e avete appena visto nel ritratto in fondo alla taverna di Leopoli.

La sua rozzezza era già conosciuta,

i suoi insulti noti nell'esercito, ma ciò che ora vi dico passa il limite. La mattina del 4 il generale, davanti al reggimento irrigidito, umiliò il colonnello comandante, un bravo tirolese, un certo Gheri, dicendogli che quelli erano porci; non un reparto, bensì un'accozzaglia di bestie sempre pronte a disertare, cantare, far baldoria e marcar visita. "Io vi dividerò," si mise a urlare agli ufficiali, "fra i miei reggimenti che sono fatti di veri ungheresi, perché vi uccidano!", e dopo gridò: "Sputare io dovrei su un corpo simile!", e ripeté agli ufficiali "Sputare! Vergogna lurida!" e infine sputò, prima di ripartire col suo seguito. Noi ci guardammo con gli occhi sbarrati: nessuno ci aveva mai umiliato così.

Con gli occhi pieni di lacrime, il Gheri

si congedò dalla truppa e passò il bastone al più anziano comandante di battaglione, il maggiore Giraldi, un piranese di mano fermissima, che fucilando due uomini aveva interrotto una fuga rovinosa durante le battaglie per Leopoli, ma divideva i rischi coi soldati e aveva sempre un umore eccellente. Giraldi convocò segretamente gli ufficiali in servizio e disse loro: "Tutti qui sanno che cosa è accaduto, non serve a niente che ve lo ripeta, ma dico questa cosa solamente: nel ricordo dei nostri camerati caduti qui sui campi di Galizia, io credo non si possa tollerarlo e voglio sollevare una protesta, direttamente al quartier generale, sempre se siete d'accordo, signori". Al che tutti si strinsero la mano giurando di negare in modo energico che una riunione si fosse tenuta. Muoversi bisognava con cautela.

La sola soluzione era arrivare direttamente alla corte di Vienna, perché per via gerarchica, di certo, mai quel reclamo sarebbe arrivato. Alla Hofburg Giraldi aveva un uomo, un camerata esemplare, un amico, un aiutante di campo del Kaiser, il colonnello Freiherr Catinelli. A lui direttamente era importante far avere la busta sigillata. E qui, vedete, un poco mi commuovo raccontando la storia di quel viaggio. Nel cuore della notte di gennaio, un aspirante cadetto viennese completamente all'oscuro del gioco, con in tasca un permesso e un falso ordine di servizio, fu fatto traghettare oltre il Dnestr, che era ingombro di ghiacci.

Il plico giunse a Vienna al Catinelli nello stesso momento in cui in Galizia Giraldi consegnava la protesta, secondo la corretta procedura, al comandante della divisione, il quale cadde quasi in svenimento e poi gridò all'aperta ribellione, infine chiese il ritiro dell'atto. Tetragono, Giraldi disse "no", non ne aveva la minima intenzione. Seguisse dunque il suo corso la pratica, che tanto era già giunta in buone mani. E qui non voglio dire che tempesta si scatenò nel comando d'armata quando la lettera giunse sul tavolo di Sua Eccellenza, sì, "Scure e Piccone". Fatto sta che alla fine di febbraio, a Cernovci, là dove il reggimento era stato spostato nuovamente, l'orrendo Pflanzer-Baltin fu annunciato in visita ufficiale al reggimento.

A Vienna, si sperava, la protesta aveva avuto un effetto importante, ed era chiaro che Lui non sarebbe tornato a un reggimento offeso a morte per risputare sui suoi ufficiali. Ma allo stesso modo, d'altra parte, non potevamo pensare che il Nostro chiedesse scusa in pubblico al reparto. Un capo non può perdere la faccia, se si vuole evitare l'anarchia. Insomma, venne il giorno dell'incontro, e in faccia agli ufficiali radunati il comandante in capo disse forte qualcosa che più o meno fa così: "Un atto inconcepibile e inaudito s'è consumato in questo reggimento", poi continuò sollevando obiezioni procedurali e di regolamento, senza parlare nemmeno una volta dell'onore ferito e dello sputo. Ma poi disse qualcosa di inatteso, qualcosa che nessuno si aspettava: "Posso accettare che il corpo ufficiali mi si presenti qui nominalmente".

E lì, fino al più giovane cadetto,

nome, cognome, grado e battaglione, i nostri tutti a lui si presentarono, e a tutti sua eccellenza Pflanzer-Baltin strinse la mano con faccia di bronzo, lui che non dava la mano nemmeno ai generali di stato maggiore. Quello stesso giorno il reggimento uscì dalla sua ingiusta quarantena e dimostrò il suo valore ottenendo sul campo ben diciassette medaglie d'oro, e d'argento più di settecento di prima classe, mostrandosi in questo meglio di tanti reparti magiari, per non parlare di quelli tedeschi. Da allora più nessuno osò parlare con sufficienza del Novantasette. Alla testa dei suoi, il colonnello Giraldi, che sul campo era tremendo (sembrava un diavolo, "piccolo e nero come il carbone," diceva la truppa), entrò per primo a Odessa, sconfiggendo le truppe dei sovietici un mattino di primavera dell'anno Diciotto. "Pescadorassi ignoranti, vardè come se fa," strepitava in dialetto esponendosi al tiro del nemico per guardare le linee col binocolo.

Quando il conflitto finì, l'ufficiale

divenne, in quanto istriano, un cittadino italiano ma dalla nuova patria ottenne solamente, e con fatica, una pensione a dir poco ridicola. Da allora cominciarono i disastri. Nel '19 ritornò a Pirano, ma lì fu malmenato per la strada da un gruppo di vigliacchi che cercavano di vendicarsi, a guerra ormai finita, di quella sua condotta troppo "asburgica", legata a dei costumi tramontati (anche l'Istria in quei tempi di passaggio era in preda a isterie nazionali, l'Impero non andava più di moda, per strada si gridava "Eja Eja" e altri rispondevano "Alalà"). Fu liberato da alcuni ex soldati che ancora ricordavano i suoi meriti, e trasferito in Austria di nascosto, e lì visse di stenti, in povertà, nutrendosi di riso e di caffè, in una stanza misera di Graz. L'anno seguente, la figlia più giovane fu uccisa con un colpo di pistola – Elisabetta, una donna bellissima – in un caffè da un amante respinto.

Da allora il colonnello cominciò

a morire perché non accettava un mondo di disordine nel quale l'onore diventava carta straccia; sì, quell'onore che aveva difeso – e ciò fino alle estreme conseguenze – davanti agli alti gradi militari. Nel 1924 il nostro colonnello se ne andò, cadendo per la strada come un cane in mezzo a dei passanti frettolosi. Il medico legale scrisse "infarto", ma quelli che l'avevano incontrato negli anni precedenti lo sapevano, la causa vera aveva un altro nome: angoscia, pena e sottonutrizione. Forse, si era lasciato morire: e tanti altri ufficiali come lui, orfani di un esercito sconfitto dalla politica, eppur vincitore su tutto il fronte russo e dei Balcani, morivano di fame e di dolore in quell'Europa di patrie e fanfare, di sbarre di confine e di sacrari, epurazioni razziali e regimi. Così morì Giraldi, e la sua tomba nessuno sa nemmeno dove sia.

Più o meno un anno dopo il Pflanzer-Baltin morì a Vienna, in un letto assai più comodo, ma travolto anche lui dallo sfacelo di un mondo millenario di certezze, dimenticato anche dai magiari, mentre in Baviera un ignoto imbianchino scavava già la fossa alla Germania. Morendo, mai avrebbe immaginato che novant'anni dopo, lì a Leopoli, agli ultimi confini del suo mondo, qualcuno avrebbe appeso il suo ritratto accanto a quello dell'imperatore, quasi una sfida alla faccia dei russi. E soprattutto che un giorno in Europa, dopo venti lustri di disgrazie, tornasse la leggenda dell'Impero.

21.

Le strade di Michele Strogoff

Salita a piedi alla fortezza, in cima a un colle, oltre un viale che porta il nome di Copernico. Ed è un viaggio a tre colori soli: il bianco del cielo e della neve, il rosso mattone dei bastioni e il giallo senape delle caserme austriache. Sembra Peschiera, stesso robusto stampo ottocentesco, stesso gigantesco ramarro affondato nel terreno, stesso stato d'allerta verso tutti i punti cardinali. Mura che riassumono un secolo: prese dai russi già nell'autunno del '14, visitate dallo zar che diffonde nel mondo il film del suo ingresso trionfale, riconquistate altrettanto trionfalmente dagli austriaci un anno dopo, cedute alla Polonia nel '18, teatro di battaglia tremenda con gli ucraini fino al '20. Sempre in quelle mura, nel '41, si annidarono i nazisti, che vi fecero morire di fame e di freddo migliaia di prigionieri; fu lo Stalag 328, allucinante luogo di stenti. Se sogni l'agonia pisana del conte Ugolino, la torre è quella. Eccola, mal protetta da transenne, cupa, gelida, abitata da centinaia di corvi.

E non è finita, perché nel '44 vennero i russi e nei sotterranei piazzarono le loro segretissime centrali di ascolto. Quando se ne andarono, nel 1989, coprirono tutto con una colata di cemento, e oggi quel mostruoso orecchio moscovita sull'Occidente pare già archeologia. Una caserma è diventata banca. Il torrione orientale è stato restaurato e convertito in albergo di lusso, posto per matrimoni e feste dei ricchi. Vi entriamo per una zuppa calda, ma subito qualcosa ci respinge. Trovo un orsetto di peluche fra le rovine, che mi ricorda Stalingrado e mi mette in corpo un pesante disagio. È come essere ad Auschwitz in una balera. Poi, con una brava solyanka nello stomaco, mi dico che è inutile inquietarsi: passeranno anche le banche e gli alberghi. I vecchi rapinatori saranno sostituiti da nuovi. Passerà anche il governo dell'Ucraina: lo dicono i tamburi sul viale Libertà. *Sic transit gloria mundi*.

Ed è attraverso le scale di una banca russa, tutta marmi e vetrate, che penetriamo nei solai della fortezza, abitati da stormi di piccioni, ed Erwin si infila in ogni anfratto, fotografa ogni pietra e ogni trave, indaga ogni angolo buio con quel suo andare di uccello notturno. Impossibile, per Alessandro, stargli dietro. Erwin è un folletto del Nord, serpeggia tra gli alberi spogli e i muraglioni sbrecciati in un traffico di corvi, ghiandaie, scoiattoli, si sporge nei fossati e barbacani, ascolta dall'alto della scarpata lo sferragliare dei tram e il trottare degli ucraini incappottati, scruta gli spostamenti dei giovani contestatori con bandiere, osserva lo sky-line di una città che nel cielo di neve, con i suoi campanili barocchi e il ticchettare dei tacchi di donna sul gelo, pare più bella di Praga. "Ecco," annuncia, "quella laggiù è Hycla Gora, la collina del boia, dove due nobili polacchi furono giustiziati per aver fomentato una rivolta contro gli Asburgo."

Come si vede bene intorno, da questi bastioni. A est c'è la linea di confine dell'Impero e, oltre ancora, uno può anche immaginare la Russia sterminata, la steppa, gli Urali. A nord, oltre la Volinia, i laghi e le paludi di Masuria, la grande battaglia campale. A sud il fronte boscoso e complicato con la Serbia e la Romania. In pochi posti misuri altrettanto bene l'immensità del fronte orientale. Ecco, scrive Józef Wittlin, "di fronte alla mandria imperiale si snoda l'argine dei russi, benedetti nel loro viaggio dalle icone. Procedono i cosacchi dell'Amur, di Kazan, del Don, con i loro agili bachmat. Zompettano i mongoli dagli occhi a mandorla sui loro puledri scodati. I fascinosi circassi, dalla vita snella come fanciulle, galoppano con il kindjal appeso alla cintola verso la Vistola, il Bug, il Niemen...".

In quello spazio sferragliano i treni, in tutte le direzioni, "simili a enormi scatolette stracolme di carne umana, da cui il sangue non è ancora colato", corrono come pazzi verso uno smisurato orizzonte mangia-uomini, nel quale si perdono centinaia di migliaia di soldati austriaci e, fra loro, migliaia di trentini, dalmati, istriani e triestini. Non solo morti o feriti, ma anche prigionieri, subito rinnegati dalla patria d'origine. Prigionieri: la parola immonda è pronunciata. Ragazzi che tornano a Trento e Trieste anche dopo anni di lontananza, con storie inverosimili da raccontare, dopo aver girato mezzo mondo, imparato lingue lontane e vissuto da spettatori o protagonisti le stragi e gli "evviva" della rivoluzione bolscevica.

Novosibirsk, Lago Aral, Bukhara, Taškent, il Caspio, Samarcanda. Che viaggi! Storie da Michele Strogoff. I fangosi campi di raccolta di Tambov e Kirsanov, il malfamato isolotto di Narghen al largo di Baku, l'aria fine del Kirghizistan aperto sulle nevi del Karakorum, i treni con la stufa diretti alla Penisola di Kola, il Bajkal grande come l'Adriatico. E ancora i fiumi enormi e lenti oltre gli Urali, i frutteti dell'Asia centrale, le vele dei pescatori sul Lago Aral che oggi non esiste più. E le miniere del Donbass, dove i nostri, assieme ai russi, festeggiano con canti e bevute la conquista della giornata lavorativa di otto ore.

Ma che ne sanno gli italiani di questa dispersione biblica, di questo ramificarsi di destini tra Siberia, Caucaso, Asia centrale; chi può aver raccontato loro di quelle odissee lunghe come la Transiberiana e, in certi casi, come la circumnavigazione del Globo?

Partenza per Lubiana
direti nei Carpazi
sti poveri ragazi
chi sa se i torna più.

Riecco le voci, e di nuovo quel gesto pazzesco, inimitabile, di Virgilio che le suscita, le evoca dal nulla, interrompendo il brusio della tavolata. Che storie. Silvio Ruzzier del reggimento 97 che va a pascolar cavalli e mucche in una fattoria

220

sul Volga. Vittorio Aste che diventa cocchiere di una baronessa in Siberia. Luigi Cavalieri detto Vitale, falciato da una raffica sul fronte, che finisce in un ospedale di Kiev, poi va a Omsk a lavorare sulla ferrovia per Vladivostok e infine in Manciuria ad arare i campi con i cammelli legati a coppie. Mi piacerebbe vedere le loro facce. Tu per esempio, che faccia hai, caporale Giuseppe Fox, che nel '18 vedi, non si sa come, la Muraglia cinese e poi a Tien Tsin vieni arruolato dagli italiani per essere trasportato a Brindisi via Suez, ma troppo tardi per impugnare un'arma contro i tuoi ex commilitoni? E in quanti leggeranno il tuo diario, Domenico Rizzatti da Fiumicello, quando racconti delle folli baldorie fra medici, infermiere e degenti negli ospedali russi?

Lentamente, la salita nella neve alla cittadella diventa film in bianco e nero, le voci si fanno immagini e ci portano al fondo della rimozione. Quando una guerra totale finisce, nessuno parla volentieri di chi è stato in prigionia, perché colui che torna rappresenta la sconfitta e va nascosto come una vergogna; per lo Stato che lo riaccoglie sarebbe quasi meglio fosse morto, perché ha infranto un tabù, ha visto cosa c'è oltre la linea d'ombra, è venuto pacificamente a contatto del nemico e ora rischia di riabilitarlo sbugiardando il senso stesso della guerra. E oggi, che sarebbe finalmente il tempo di raccontare la loro storia, ecco che nessuno ha più voglia di occuparsi di questi figli di un Dio minore, soprattutto se italiani finiti dalla parte sbagliata, scheggia insignificante di un sommovimento planetario.

Di loro non ho con me che frammenti di diario, fotocopie di libri, frattaglie di appunti. Ma non avrei nemmeno quelli se Marina Rossi – l'entusiasta Russa del mio viaggio in Polonia – non avesse speso mesi e anni negli archivi di Mosca per la prima volta aperti ai forestieri, imparando una lingua che non le era ancora familiare e scivolando sulle strade ghiacciate del rione Bauman con borse piene di libri. Marina, guardata con stupore dai russi, sola davanti a quell'enorme tema inedito, testarda a voler rompere il tabù della prigionia in un paese ancora pieno di gulag. Non avrei nulla se non avessi i suoi racconti. Perché, per il resto, sono ancora pochi i testi scritti che si occupano dei prigionieri, dei perdenti tornati a casa. E ancor meno si sa di quelli che muoiono di fame, freddo, colera o tubercolosi, senza lasciare traccia di sé, come Adolfo Faidiga, che tira le cuoia dopo aver mandato alla famiglia una lettera in cui decanta le meraviglie di Mosca. Dell'epopea degli internati non ci rimangono, in fondo, che le storie a lieto fine.

Un simile numero di dispersi, disertori e prigionieri non sarebbe concepibile sul fronte occidentale, inchiodato in trincea. Qui invece, dove hai impressionanti avanzate e arretramenti, molti soldati sono tagliati fuori dai loro reparti e devono arrendersi al nemico incombente. Ma non mancano le defezioni volontarie, da parte di chi non crede al senso di quella guerra e vuol riportare indietro la pellaccia. Molte donne triestine vanno al sodo, guardano con dissacrante disinvoltura alla diserzione come unico modo di fermare il massacro, e cantano spudoratamente: *S'accende la fiamma, la fiamma dell'amor / quando vedo un disertor scampar*. Nell'aneddotica popolare delle mie parti, trovi storie di soldati che partono verso il nemico con in tasca un fazzoletto bianco da agitare in caso estremo, e si narra di pattuglie russe e austroungariche inviate in perlustrazione che, incontrandosi, invece di puntarsi le armi, fraternizzano e finiscono per giocare una partita a carte dove chi vince acquista il diritto di esser fatto prigioniero.

La triestina Bianca Sabadin Cogoj: "Papà ha fatto tanti prigionieri russi perché anche loro gettavano via i fucili e disertavano e litigavano per darsi prigionieri: 'No, no, no! Ti ne porti indrio a noi!'. E allora papà e i suoi han dovuto prendere dieci russi e portarli al comando. E là gli hanno chiesto: 'Ma come avete fatto in tre a prendere dieci prigionieri con tutte le armi?'. E loro: 'Eh, li abbiamo circondati!'". Nella sua autobiografia, il triestino Eugenio Laurenti racconta come lui e altri commilitoni riescono a farsi prendere dai cosacchi in perlustrazione semplicemente stendendo a terra delle coperte tipo picnic e aprendovi sopra scatole di biscotti e bottiglie di vermut; un aggancio che funziona così bene che, di lì a pochi mesi, il Nostro finisce nella fattoria di una certa contessa Balinskij a far baldoria con vodka e canzonette napoletane. Ma a disertare sono un po' tutti. Certamente non solo gli italiani "irredenti", come si è voluto far credere.

In prigionia i nemici si conoscono. Quando i primi austroungarici giungono in Russia, interi villaggi fanno ressa attorno a loro per scoprire, stupefatti, che i nemici hanno naso e orecchie e sono contadini come loro. E quando due triestini a Samarcanda improvvisano uno spettacolo di acrobazia in un circo, il pubblico musulmano si alza in piedi urlando "Talianzi garosci!", che vuol dire italiani bravi e buoni che ci avete dato un bello spettacolo. So la storia di un istriano di Verteneglio che torna a casa dal Don con una bella moglie russa e quella di un bravo carpentiere calabrese, ovviamente inquadrato nell'esercito italiano, che finisce detenuto a Vienna dove viene assunto in una falegnameria, e a guerra finita insegna lo Jugendstil ai capimastri dello Ionio.

Tornano, nella tormenta di Leopoli, anche favolose descrizioni delle terre russe del Sud, paradiso di uva e meloni. Il goriziano Donato Depicol Zuane magnifica la bellezza spregiudicata delle ragazze di Samara, vestite all'ultima moda, che fanno pazzie per l'ufficiale straniero. Eugenio Laurenti parla con struggimento della pacchia di Taškent, dove, per una minima prestazione d'opera, i pigri musulmani lo ripagano con carne, frutta e verdura fresca, venendo a loro volta ricambiati con le famose "frittelle alla triestina". Per non parlare dell'avventura – lunga sette anni – di Viktor Sosič, sloveno del Carso triestino, che nel gennaio del '15 viene circondato dai russi, s'intende subito con loro perché la sua lingua è simile e di lì a pochi mesi viene smistato in Uzbekistan, una terra di cui non ha mai sentito parlare, nella fertile valle di Farghana ai piedi del Pamir, dove vive sei anni, perfettamente libero, come operaio sulla ferrovia.

Sarebbe da imbastire un romanzo su un personaggio così, che in piena guerra riesce a infrattarsi in un paradiso proprio mentre il mondo vive mutazioni epocali, come la Rivoluzione russa e il crollo degli imperi. C'è tutto per un grande film: le donne del posto che sposano i soldati "avstriàzi", il

Sosič che si lascia adottare dai contadini di Farghana e impara l'uzbeko, lingua che, assieme al tedesco, gli tornerà utile nella Seconda guerra mondiale, quando attorno a Trieste arriveranno la Wehrmacht e i cosacchi d'oltre-Urali. E poi il ritorno a casa nel '21, dove il Nostro scopre che l'Impero non esiste più, che Trieste ha cambiato padrone e l'aria puzza di fascismo. Il racconto di un surreale passaggio di frontiera, a Tarvisio, del treno accolto dagli Alpini con la baionetta in canna, la quarantena, e la penosa riammissione sotto sorveglianza nel villaggio d'origine, dove il Nostro riesce a trovar lavoro solo a patto di cambiarsi i connotati e diventare Vittorio Sossi.

Appena messo piede nelle terre loro, trentini e adriatici vengono internati e non fanno nemmeno in tempo a riabbracciare le famiglie. Molti di quelli che sono già tornati individualmente via terra sono invitati a presentarsi ai carabinieri "per comunicazioni che li riguardano" e lì sono impacchettati a tradimento e spediti sotto scorta nei più remoti villaggi d'Appennino, a scopo rieducativo. Svernano nei dintorni di Isernia o Campobasso, con intorno la febbre spagnola che fa strage, blindati in chiese sconsacrate o scuole chiuse, dove vengono comunque a contatto con un'umanità povera e compassionevole, ma infinitamente meno istruita di loro.

Spesso gli italiani austroungarici di ritorno sulle tradotte finiscono col fare un viaggio parallelo a quello degli italiani del Regno che rientrano dalla prigionia in Austria e scontano una sorte ancora più crudele. Centinaia di migliaia di uomini su cui pesa l'ombra del "tradimento" di Caporetto. In attesa di rispondere alle domande di una severa commissione d'inchiesta, essi vengono a loro volta internati, in condizioni pesanti, dopo essere arrivati già denutriti da un'Austria alla fame. Per punizione, nell'ultimo anno di guerra l'Italia ha persino bloccato l'invio di pacchi viveri da parte delle famiglie, caso unico in Europa. Una crudeltà che provoca decine di migliaia di morti. Ci sono folle di internati alla fame anche nel porto di Trieste, e quando questi reduci manifestano il loro disperato bisogno di cibo al governatore Petitti di Rore-

to, si sentono rispondere che i prigionieri italiani si merite-
rebbero piombo anziché pane.

E anche lì morti, malattie, fosse comuni di ignoti. Ricordo che da bambino mia nonna mi mostrò un muro presso
una caserma di periferia, il quale nei mesi caldi, a decenni di
distanza, ancora percolava residui organici. Erano i resti dei
soldati d'Italia. Non lo dissi nemmeno a mio padre, che era
ufficiale. L'odore, specialmente, mi fece una tremenda impressione. Fu davanti a quella parete, prima ancora di sapere
dei Lager e dei gulag, che intuii per la prima volta cosa signi-
ficasse lo spregio per la vita degli uomini.

22.

Candele per Serhij Nigoyan

Freddo crudo di pianura che si infila nei vestiti, nella nuca, nella schiena. Folate bianche sui lucernai, gli abbaini, le tegole, le inferriate, i balconi, i pinnacoli a meringa e le cupole a cipolla; fioccare insistente sulle rotaie dei tram, le ultime baracche natalizie nei viali, la facciata del Teatro Nazionale, i cappotti dei soldati, i berretti delle donne. Vedendoci battere i denti, Nataša, deliziosa, ci porta a comprare mutandoni di lana al mercato e ci infila in un gomitolo di bancarelle governate da un implacabile matriarcato, una formidabile galleria di matrioške in stato d'allerta. Su un bancone di vecchi libri, trovo con un tuffo al cuore cartoline della Prima guerra, metà delle quali con la scritta ISONZO FRONT. Incredibile, a mille chilometri da casa rivedo il campanile di Tolmino, i monti di Tarvisio carichi di neve, i paesi sloveni del mio Carso. Sul retro, col francobollo, indirizzi in polacco, di famiglie di soldati di Brody, Jaroslav, Leopoli, mandati a combattere nella pietraia infame del fronte italiano.

E allora ti dici: benedetto Iddio, ma questi dell'Ucraina asburgica cosa hanno a che fare con la Russia? Niente di niente, la spaccatura del paese è inevitabile, anche in assenza di rivoluzioni e di interventi moscoviti; e intanto misuri da quei pezzi di carta la vastità dell'Impero e le dimensioni della guerra europea. Qui, una volta la regione della nafta attorno a Drohobyč, dove ardeva la fiamma di centinaia di pozzi, era chiamata "la Pennsylvania galiziana". Gli alti pascoli di un posto chiamato Trembovla erano detti "Svizzera podolica". Da qualche parte qui, a oriente dell'Impero, c'era una "piccola Venezia" e Leopoli era chiamata, a seconda dei momenti, la "Piccola Vienna" o la "Piccola Parigi". Non esisteva nessuna "Piccola Kiev" o "Piccola Mosca". Il modello era sempre occidentale, perché la città-avamposto si aggrappava all'Occidente. Sentivo l'*horror vacui* che si spalancava dall'altra parte.

Ma poi, oltre la strada, a due passi dal mercato, trovi il barocco della chiesa di Sant'Andrea grondante ori, lumini e candele come fosse ancora Natale, e allora riecco la slavità dell'Oriente che riemerge, come nelle chiese di Vilna o di Cracovia, cattoliche quanto si vuole, ma pagane nell'anima, misteriose come il bosco primordiale della mitologia russa. Fuori c'è un turbine di corvi nel grigio, razziatori neri che salgono nel nevischio, si raggrumano, si dividono, planano, poi disegnano un vortice sopra una croce – lo so, mi tengono d'occhio dall'Altopiano di Asiago – posta in mezzo a una piccola piazza davanti alla chiesa. I passanti, frettolosi, vi appoggiano contro la fronte come per cercare conforto o si inginocchiano per accarezzarla. Sono giovani, vecchi, donne infagottate con le sporte, ragazze acrobatiche sul gelo, un'umanità che deborda dagli spalti del muraglione e si sparpaglia verso il centro.

Prendiamo il tram per il cimitero monumentale di Lychakiv, in cerca dei Caduti. A bordo, i biglietti si annullano con un'obliteratrice a mano: si abbassa una leva dentata e via. Dentro, spifferi micidiali. Fuori, neve della steppa, fine e ventosa, una neve che copre tutto e rende difficile distinguere fra i morti. E lì, sballottato su quei binari, non so nemmeno io che cosa sto cercando, se Caduti della Grande guerra oppure vittime della Grande fame inflitta da Stalin, ebrei della Shoah, contadini sterminati dai nazisti, deportati nei gulag oppure – perché no – i primi morti di piazza Majdan a Kiev, di cui arrivano notizie proprio in queste ore. All'ingresso del camposanto, chioschi con i fiori, quasi tutti di plastica – ed è strano, perché qui non seppelliscono più nessuno – e la biglietteria con la mappa del luogo. Curioso pagare per questo sacro recinto, in un paese dove ci sono più morti fuori i cimiteri che dentro. Ma tra i viali c'è gente nonostante il tempaccio. Alcuni spalano energicamente la neve. Qui come in Polonia, la religiosità è un'emanazione del culto dei morti.

Saliamo, ben riforniti di fiammiferi e lumini, in mezzo a tombe illustri. Il poeta Ivan Franko, il soprano Solomija Krušelnitsa che ha pure un busto alla Scala di Milano, la statua della "bella dormiente" di Julian Markowski. I Caduti sono in alto, verso la cima della collina. E lì, salendo su quell'immenso piano inclinato cosparso di abeti, ecco sbucare dal turbinio una processione di gente benvestita, seguita da soldati con strumenti musicali in divisa da parata, luccicanti di ottoni, stellette e alamari. Passano accanto a noi in silenzio, con i loro magnifici cappotti e i cappelli larghi di foggia sovietica, surreali eppure vivi, con le guance rosse dal freddo, sollevando piccoli sbuffi candidi con gli stivali, e l'immagine è così perfetta che Alex si impappina con la cinepresa e noi dimentichiamo di chiedere ai soldati se sia morto qualche generale, oppure se si sia reso omaggio a questo o quel monumento ai Caduti. Ma in fondo poco importa, perché qui, oltre il mare di sepolcri "civili", hai un po' di tutto: tombe di soldati polacchi, Caduti per l'indipendenza ucraina, il monumento in pietra nera agli austroungarici, e ancora croci bianche, fredde, sparse in campo aperto, in balìa del vento.

Distribuiamo lumini un po' a tutti, per non far torto a nessuno. Ci mancano solo i russi, potremmo continuare a piedi verso il colle che li ospita, oltre un bosco di betulle, ma siamo morti di freddo e scendiamo in cerca di una locanda. Il cielo dice tutta la perfida ambivalenza della neve: zucchero sui tetti dei ricchi, trina sugli abeti natalizi, ma miseria sul fango dei poveri e dei soldati in trincea. Quando, su questo terreno compattato dal gelo, arrivavano le cucine da campo – i famosi "Kanonengulasch" degli austriaci –, queste lentamente sprofondavano nella neve sciolta dal loro stesso calore, e poi era un lavoro da bestie ritirarle fuori.

Appena fuori dal cimitero, acuta percezione di un'infinità miserabile. Questa neve tra i casermoni di cemento è fame e paura, neve totalitaria che puzza di cingoli e kerosene. La stessa del Kosovo, della Croazia, dell'Afghanistan. Ma grazie a Dio c'è un'isba in legno con un bel camino che fuma e un'insegna. All'esterno, sopra la porta d'ingresso, una fila di piccioni con le piume gonfie sopra un tubo del riscaldamento. Dentro, una folla di studenti in pausa pranzo. Entrano portando dentro neve sporca che trasforma il pavimento in pantano, e subito salgono al piano di sopra, su un ballatoio stile saloon, dove il caldo si accumula senza correnti d'aria. Davanti a una minestra, Erwin ci racconta di come in Ucraina i sovietici sbancarono decine di cimiteri della Prima guerra, austroungarici e no, cancellandone ogni traccia.

Un'ora dopo, riconfortati e sfamati da una semplice zuppa – andar per Ombre mette fame ma ti fa anche gioire di poco –, saliamo al boschetto dei russi, dove l'atmosfera cambia. Tra le betulle, grida di bambini con slitte, neve che scende senza vento, e in cima una vecchina con un fazzoletto blu sulla testa che scopa lentissimamente la neve all'ingresso. Una passata e un sospiro, un'altra passata e una litania. Chissà chi è, forse la vedova di un soldato dell'Armata Rossa. Dentro, una grande stele di marmo e uno schieramento di lastre trapezoidali inclinate. Erwin depone l'ultimo lumino, si segna all'ortodossa per poi chiudersi in raccoglimento con Nataša. Il bosco protegge il recinto, lo ripara un po' dal gelo e crea un confortevole senso di intimità. Ma nessuna voce vi abita. Se avessi una vodka me ne farei un sorso, reciterei qualche verso di Puškin e canterei *Sul bordo della foresta c'è una vecchia quercia* su una qualsiasi di queste tombe. Ne ho presa di dimestichezza con i morti.

Ritorniamo in centro che è già buio, sul viale Libertà è sceso uno strano silenzio, alla manifestazione anti-Janukovyč non c'è quasi nessuno, e subito comprendiamo perché. A Kiev hanno ammazzato un ragazzo, Serhiy Nigoyan, un armeno di Leopoli che era il simbolo della protesta. Alla televisione aveva rilasciato dichiarazioni forti e la polizia lo ha impallinato. Così la gente si sta spostando in ordine sparso verso la piccola chiesa degli armeni, in via Krakivskaja, a poca distanza dalla piazza del mercato. E lì, oltre lo scalpiccio silenzioso sui marciapiedi gelati, oltre le ombre di una piccola folla che sfiata aureole di vapore, in un turbinio tranquillo e senza vento, appare l'immagine che sembra chiudere il mio viaggio e dargli un senso compiuto. A terra, sotto una piccola foto di Serhiy, sorridente con la barba nera e le sopracciglia forti del suo popolo, ecco migliaia di lumini di tutti i colori deposti uno accanto all'altro, per formare un unico cratere di luce. Altre candele, lunghe e sottili, ardono e si piegano per il calore su due piccoli cavalletti di ferro. Ma anche i muri sfavillano, la chiesa armena ha una parete in mattoni che sporgono in più punti e, ovunque c'è un appoggio, tremolano fiamme in uno sfrigolio di stoppini.

Alex non ha parole, lo sento dire soltanto "Madonna", poi lo vedo inginocchiarsi e appoggiare dolcemente la telecamera a terra per un primo piano sulle fiammelle sovrastate da una folla di volti. Dopo i miei racconti sul viaggio in Polonia, anche lui è perseguitato dai lumini. Prima di partire per l'Ucraina ne ha sparsi un po' su una carta d'Europa per segnare i campi di battaglia del '14-18 e costruirsi una visione di sintesi. Stasera vedo nel suo display le facce antiche del Centro Europa, così simili a quelle di casa mia. Vi leggo la tempesta delle etnie, le guerre, le deportazioni, l'ebraismo perduto, i terribili segreti degli anni quaranta, ma anche la nostalgia di una politica onesta, il desiderio di appartenere a un Occidente che, al solito, si rivela incapace di capire. Le vedo sporgersi sulla fontana di luce scoppiettante di lapilli, accentuare il gioco delle ombre e il rilievo degli zigomi e dei nasi, prestare le loro sembianze a quelli che non ci sono più, e impersonarli. Qui la preghiera è sempre luminaria, e la candela non è per Dio. È per indicare la strada alle Ombre.

C'è anche la fidanzata di Serhiy, una ragazza dagli occhi enormi, immobile come un'icona bizantina. La gente di Leopoli la abbraccia, la stringe, sfila ordinata mormorando preghiere nelle quali si distingue qualche canto ucraino che inizia con l'invariabile lamento "Oj", poi migra in silenzio come una mandria, prosegue per una messa in suffragio lì a due passi, nella cattedrale degli uniati. Dentro, il bordone di un pope, e di nuovo una voglia tremenda di cantare, di suscitare voci con la voce, come sapeva fare l'amico dell'anima. Ma sì, che ci sto a fare qui, a incollare pateticamente brandelli di memorie su carta per arginare l'oblio. Non è molto meglio che io mi lasci andare completamente, che diventi antenna, vestito di chi non c'è più? Risento il gusto delle prugne e dei mirtilli cresciuti sui campi di battaglia. Rivedo le foreste, i cavalli, le nebbie nelle radure d'autunno. Cerco i segni della costellazione mormorante – Krempna, Magura Małastowka, Gładistów, Zdynia, Rychwald, Brzozova, Lichwin – i cimiteri dei Monti Beschidi dove ardono le mie candele nella notte. E ora che sono qui, a questo requiem, mi dico che ancora una volta, i morti mi hanno indicato la strada dei vivi.

23.

Questa mia Europa nata in trincea

Caro Michele,
  ieri sono andato a dormire riconfortato da questa Ucraina. Proteste civili, silenziose, espresse con lumini e candele in memoria dei primi morti di Kiev. Soprattutto, non una parola contro i russi come popolo. La sera abbiamo invitato a cena Volodimir e sua moglie, bancario lui, insegnante lei. Due persone deliziose, pacate, europee al cento per cento. Anche in loro, nessun rancore contro gli ex occupanti. Per darci il benvenuto hanno ordinato al cameriere una corona di pane rotondo e grande come la ciambella di un salvagente, tutta coperta di semi di papavero, poi hanno cantato con noi qualche nostra canzone. Ti ricordi "La società dei celibi, tremenda tremenda vendetta"? Quella lì. Poi siamo andati a passeggiare nella neve. Turbinava alla grande, le vecchie strade erano tutte bianche. Davanti al locale, una tettona in cartapesta invitava a entrare. Bei giovani dappertutto. Più belli dei nostri, con più sete di vivere. Una gran serata.
  Anche stamattina ho avuto sorprese positive. In fondo a un viale, poco oltre un cavalcavia ferroviario, mi era stato indicato un monumento in memoria degli ebrei sterminati, e sono andato a vedere. Era grandioso e ben tenuto, con i nomi delle principali famiglie scomparse che affioravano dal marmo sotto venti centimetri di neve. Da noi a Trieste non si è chiesto scusa con altrettanta forza, e lo sai che le nostre colpe le abbiamo. Ma

soprattutto *mi hanno colpito le insegne sulle case, ai pianoterra. Dagli intonaci in disfacimento riemergono le vecchie diciture in polacco e in ebraico. Scritte commoventi, che fino a dieci anni fa venivano meticolosamente cancellate, e invece ora vengono lasciate, anzi valorizzate, perché mettono in luce l'anima plurale del luogo. E lì, vedendo lucidare una tabella con la scritta* ISRAEL *e qualcos'altro che non si leggeva bene, o vedendo mettere in mostra i disegni dell'ebreo Bruno Schulz nelle vetrine di una libreria, mi sono detto: "Se non è questa l'Europa...".*

Ma poi, ma poi... Poi succede che vado in piazza, dove c'è un presidio anti-Janukovyč e un megaschermo con la gente che segue in diretta la protesta di Kiev. E lì vedo immagini inquietanti: da una parte killer invisibili nel nevischio, appostati sui tetti di edifici fin-de-siècle, e dall'altra parte inni, discorsi scalmanati, preti con bandiere, patrioti con croci. Un film che ho già vissuto mille volte. L'eterno imbroglio post-comunista che torna. In piazza Majdan c'è anche una gigantografia di Stepan Bandera, un patriota criminale che negli anni quaranta fece sterminare ebrei e guidò bande di assassini contro i polacchi, uccidendone almeno cinquantamila nei modi più crudeli. Questi tagliavano a pezzi la gente viva, e oggi c'è qualcuno che dedica loro dei gadget. Sciarpe, tazze da tè, manifesti.

Poi sono stato anche in cattedrale e ho trovato i vessilli nazionali accanto all'altare. E ho detto: Cristo santo, no. Lo stesso abbinamento Dio-Patria, lo stesso pasticcio teocratico che ha incendiato la Jugoslavia. Qua i mass media possono far disastri. Montare qualsiasi rancore. Il terreno è fertile, la gente è disperata; e Putin farà di tutto per aumentare la tensione. Dallo schermo gigante l'ho visto con la sua faccia da topo, furbescamente umile, volpino e sottomesso, accanto al patriarca di Mosca, e ho subito notato che la posizione del nuovo zar ricalcava nei minimi dettagli la postura di Costantino imperatore così come raffigurato nei mosaici. E intanto la tv moscovita soffia sul fuoco, manda notizie false di fosse comuni piene di cadaveri di civili russi. Tutto maledettamente prevedibile.

Incontro un tipo alto e magro, barba nera da archimandrita, venuto da Ivano Frankovsk. Mi spiega che la colpa del disastro ucraino sono gli ebrei. Me lo dice quietamente, come fosse cosa ovvia, pacifica, incontrovertibile. "Furono loro gli spioni del Kgb e i consiglieri occulti di Stalin," dice, prima di descrivere la sua miseria di uomo allo sbando. E lì, capisci, ti viene un po' di paura. Perché puoi anche detestare l'arroganza e i ricatti di Putin, ma non puoi ignorare che l'Ucraina sia esposta al peggior primitivismo nazionalista, alimentato da mass media servi dei vecchi e nuovi banditi al potere. Uno non può dimenticare che proprio qui a Leopoli, nel '41, l'arrivo dei tedeschi fu salutato dai locali con un orribile pogrom ai danni degli "israeliti", e che furono gli ucraini la più spietata manovalanza nei Lager, ad Auschwitz come a Trieste, col famigerato Kommando Reinhardt della Risiera, di cui certamente hai sentito parlare.

E allora ecco, stasera sono meno tranquillo sul futuro di questo paese. Vedo già derapare a destra il sogno di libertà e giustizia. Rivedo Timisoara, Bucarest, Zagabria. La finta rivoluzione rumena cui l'Europa finge ancora di credere. E poi i cecchini di Sarajevo, mandati da Belgrado, che rivoltano come un guanto la protesta del popolo e la trasformano in guerriglia etnica. Stessa neve, stessi spari, stesse architetture, stesso odore di carbone solforoso. Stessi vecchi tram, stessi alberi spogli, stesse energie nere liberate da una nomenklatura criminale determinata a non mollare il potere.

Non c'è una storia di concordia alle spalle dell'Ucraina. Quando qui era Polonia, tra le due guerre, le chiese dei greco-cattolici furono sistematicamente distrutte, e i ruteni si videro bocciare da malversazioni gran parte dei loro candidati alle cariche pubbliche. I russi fino a poco prima avevano usato gli ebrei contro i polacchi, svegliando l'antisemitismo dei secondi. Ma a est della Vistola erano intolleranti persino gli ebrei: Alfred Döblin scrive che quando il governo di Varsavia pretese che a Lublino almeno il presidente della comunità ebraica parlasse il polacco, scoppiò un tumulto, perché gli ortodossi rivendicavano di esprimersi soltanto in yiddish, e ogni rapporto col potere civile fu interrotto. E ancora oggi, qui, dietro la scorza cosmopolita di questa città, cova una sorda lotta tra popoli.

In piazza, una donna che sa un po' di italiano ci si avvicina e dice che la rivoluzione "non può compiersi senza sangue", e magari ha ragione lei, perché questi qui non si toglieranno dai piedi senza sparare sul popolo. Non rinunceranno ai loro privilegi. Certo, la resa dei conti è politica. Ma figurarsi se con qualche alchimia questi ladri non saranno capaci di spingere il popolo bue contro i russi, gli ebrei o chissà quale altro provvidenziale nemico interno.

Il fatto è che a Kiev come a Leopoli c'è molta gente che vuole entrare nell'Unione europea con un concetto medievale di nazione. Nazione come popolo, terra degli antenati, "Narod". Ma l'Europa ha bisogno di questo? O peggio, l'Europa non sta già diventando questo, con le sue demenziali frammentazioni? Noi siamo davvero meglio? È questo il punto. Tu che viaggi lo sai. Hai sentito certamente i greci parlare della Macedonia o i turchi della strage degli armeni: escono di testa. Il vittimismo dei catalani, poi, è ancora più esplicito. A Barcellona si parla degli spagnoli cento volte peggio di quanto fanno qui contro i russi. Da lì potrebbe partire il grande crollo dell'Unione. Capisci? È allarmante che io debba venire fin qui, fra i cocci degli imperi, in uno spazio dove i confini aumentano invece di diminuire, per poter vedere con maggior lucidità i pericoli del separatismo scozzese, la disgregazione etnica del Belgio, per non parlare dell'anarchia italiana e del crescente populismo britannico e francese.

Guardo l'atlante. Sono nel cuore slavo-ebraico-tedesco del Continente. Tutti stati usciti dalla conflagrazione del '14-18: Polonia, Cechia, Ucraina, Slovacchia, Romania, Repubblica magiara. A margine, in basso a sinistra, altri frantumi, quelli della Jugoslavia: Serbia, Bosnia, Croazia, Slovenia e quel che rimane del resto. E poi Bielorussia, Repubbliche Baltiche. Una polveriera di vittimismi incrociati, Russia inclusa, con la sua nostalgia di potenza. Il fatto è che è proprio qui, nello stomaco del Continente, tra i popoli che non hanno avuto più pace dopo il 1918, che salta meglio all'occhio il clima di oscurantismo e di regressione mentale in cui una balcanizzazione si consuma anche all'Ovest. Ripeto: c'è meno Europa oggi che nel 1914. Persino meno che nel 1918, quando almeno la nausea del massacro compiuto accomunava le nazioni. Vedi: uno parte per cercare la guerra di ieri, e trova l'Europa di oggi. Il nostro male è vecchio di un secolo.

Oggi ha smesso di nevicare, le cupole di Leopoli hanno preso a luccicare al sole, stupefatte come crode dolomitiche dopo la tormenta. Ma il freddo è aumentato. Come essere sul Rosa o sull'Ortles, ma senza la montagna come riparo. Oppure come stare nelle trincee di Ypres, o del Carso, col vento, ma col termometro a meno venti. Il gelo di pianura è micidiale. Si scivola sul fango solidificato e bisogna camminare quasi pattinando. Gli ucraini lo sanno, e sono insuperabili in quell'andare felpato, con le loro borse della spesa.

Domani torno a casa, il viaggio è finito, o forse no. Forse devo vedere anche i Balcani, perché è lì che il cerchio si chiude. A Sarajevo è cominciato tutto, a Belgrado si sono sparati i primi colpi di cannone. E poi lì ho vissuto una guerra anch'io, una guerra dell'oggi, e sono certo che lì saprei leggere questi cent'anni con una migliore visione panoramica. E poi c'è che più gratto sotto la superficie, e più trovo. Oggi ho saputo che a Rawa-Ruška, a nord-ovest di Leopoli, arando i campi i contadini estraggono ancora baionette, ossa, chiodi e scarponi. Si dice che, un anno dopo la battaglia, la mummia di un ufficiale austroungarico sia stata trovata tra le braccia di un sergente che aveva tentato di proteggerlo. Ma oggi almeno, su tutto il fronte orientale, austriaci e tedeschi hanno trovato pace e sepoltura. Ma i russi del '14-18 dove sono finiti?

I russi qui non stanno da nessuna parte, salvo i cimiteri ecumenici degli Asburgo. Non li trovi nemmeno in Russia, perché le ruspe del bolscevismo hanno spianato ogni memoria precedente alla rivoluzione. E poi pochi diari, poca storiografia. A Mosca gli studiosi si occupano solo di eroi e di masse, non del fante anonimo. Da quando sono partito, gli unici nomi di Caduti russi li ho letti sulle croci dei cimiteri austroungarici in Polonia, lo scorso novembre. Qui poco o niente. "Loro" sono visti sempre come occupatori. E così, per una beffa del destino, le loro tombe sono solo altrove – in Austria, Boemia, Trentino, sui Carpazi, sul Carso sloveno a due passi da casa nostra – e i loro volti sono ritratti solo nelle fotografie e nelle lettere dell'ex nemico.

Lo sai, adoro quella gente. Hanno il cuore in mano. Tu un giorno mi hai definito scherzosamente "filorusso antisovietico", come Adam Michnik, e io mi riconosco completamente in questo tuo ritratto. Quindi so che puoi capirmi, se ti dico che qua a Leopoli volevo incontrare il mio buon mugik nella tormenta. Un po' come Mario Rigoni Stern, durante la ritirata di Russia. Dovevo trovare la mia isba, a tutti i costi.

Due giorni fa, su una collina battuta da ragazzini con la slitta, ho trovato un loro cimitero, ma era una goccia nel mare. Nevicava da matti e a un certo punto, visto che non c'era nessuno a sentirmi, ho provato a gridare "Dove sieteeee", due, tre, quattro volte. Ho fatto come a Redipuglia – ricordi? –, quando ho cercato di svegliare i Centomila del Tricolore. "Dove sieteeee," mi sono sgolato verso il bosco di betulle, ma non mi ha risposto che il vento. Sul Carso, almeno, la tua voce ritorna; sotto i picchi e le nebbie del Pasubio, l'eco ti rimanda qualche arcana presenza. Qui nulla. Nessuna cassa armonica. La neve assorbiva ogni voce e ogni rumore. E se è vero che l'eco è l'ultima cosa che rimane di un uomo, io ero solo davanti al silenzio dei morti.

E allora, stasera, eccomi qua, in questa terra che inghiotte tutto, anche la memoria, rieccomi come sempre a frugare tra appunti e fotocopie. In cerca di cosa? Ma è ovvio. In cerca della voce dei triestini come tuo bisnonno, e dei trentini. Sì, ancora loro, l'eterna fonte. La nostra gente che è venuta qui a combattere contro i russi. Senti che meraviglia, Michele. Senti Pepi Deskovich come racconta a suo nipote Giorgio il suo attacco col fucile scarico contro i "Capotoni". Così erano chiamati i russi per via dei loro cappotti lunghi fino alle caviglie. Non è un pezzo di carta. È una voce, viva. C'è la forza del dialetto e la drammatica sequenza che scorre come in un film, col suo pizzico di ironia tipicamente triestina:

"Iero col Mauser scarigo, con un mio compagno che el gaveva la boca verta perché ghe se gaveva incastrà un balin nella mascela e nol rivava più a serarla. Lu gaveva una bomba a man... Ben, ben nel cine del ataco (più che atacar se coreva come mati o avanti o indrio) rivemo ala trincea dei Capotoni. Saltemo drento e in fondo ghe iera un ciapo de lori. I ne varda, e come che tiro su el s'ciopo (scarigo) i alza le man e i se rendi tuti. No gavevo paura Giorgio, de più. Bisogna aver sempre paura, se no te son sempio, tanto quel che xe destin xe destin.

237

"Ben, ghe zigo: andemo, davai! E quei i se meti in fila per venir via con noi. Spetemo che se calmi le acque e co' vedemo rivar altri dei nostri li portemo via e li consegnemo al mio tenente che gavemo ritrovà più tardi. Iera boni e cufi sti russi. L'ultimo dela fila gaverà avudo qualche ano meno de mi, el capoto ghe picava fin per tera, el iera magro più de noialtri, ma no più sporco. El se gira, el me varda el me disi: Chaciu' jèst', hungrig. Fame, el gaveva fame. Iero contento de eser vivo, gavevo fato undise prigionieri... go meso la man nel tascapan e go tirà fora l'ultimo toco de pan suto e una patata cruda. Ghe go dito: ciapa. Lu me varda, el pensa un atimo e se tira zo dal bereto sto stema qua (una placca ovale di latta a cerchi concentrici arancioni e neri) el me lo ga dado, el me ga dito: spasiba...".

Il soldato Adriano Oliva, pure di Trieste, racconta come è stato fatto prigioniero: "Tra i austriaci che se ritirava e noi de retroguardia, iera ormai in mezo i russi. 'Speta speta,' me digo, 'intanto vado magnar le conserve.' Tuto el tempo de la guera gavevo do conserve che no dovevo tocar. E alora son andà in una tana e go magnà. E dopo un zerto momento go inteso un rumor e son vegnù fora. Iera un tre quatro soldai russi che rastrelava. Soridenti. No go gnanca alzà le man. I me ga oferto de fumar, naturalmente a noi i ne gaveva dito che i russi i ne cavava i oci". E ancora Oliva, ora in lingua italiana: "La prima cosa che ti colpisce è proprio la grande bontà di questa gente... Da parte loro non ho mai subìto angherie... Diversamente dagli altri popoli, non erano soliti maltrattare i prigionieri. I serbi: quelli sì erano cattivi, perché bastonavano e sputacchiavano".

La comunicazione fra noi austroungarici e loro passava spesso attraverso il cibo. Senti questa: "Nella terra di nessuno fra austriaci e russi... vi erano ricchi campi di patate ancora non raccolte. Siccome il soldato ha sempre fame, si stabilì la consuetudine che di notte la gente sgattaiolava fuori per prendersi le tanto bramate patate. Della stessa idea furono i russi, e di giorno si notavano qua e là sottili colonne di fumo: amici e nemici, tutti cuocevano patate... Siccome presso il Novantasette vi erano molti sloveni e parecchi cechi, venne concluso una specie di armistizio per le puntate notturne, e ogni parte si prese di notte la sua razione di patate". Altri descrivono l'ingegnosità dei ripari dei russi, i loro orticelli di guerra, i giardinetti con le zolle di erba fine, le loro struggenti canzoni e le balalajke.

Ma senti quest'altra, di Giovanni Pederzolli, trentino. È il 7 luglio del '15, la controffensiva di Gorlice-Tarnów è alla fine. Il sole dardeggia, i soldati non mangiano da giorni, sono feroci, accecati dalla polvere e dal fumo. A un certo punto, un colpo di shrapnel lo ferisce al volto e gli porta via la mascella. "Gran Dio," scrive, "era un ammasso di carne e di ossa infrante, tutta la mascella destra mi pendeva e dallo squarcio orribile usciva il sangue a fiotti." Ma ecco che i russi si fanno avanti e uno di loro si china su di lui con delicatezza, lo calma, gli fascia la ferita più volte finché riesce a fermare l'emorragia, con un calcio allontana la pistola con cui Giovanni vorrebbe farla finita, poi se lo carica sulle spalle, scende la collina e lo consegna alla sanità.

Capisci, Michele, perché ti dico che l'Europa è nata in trincea, e che nel 1918 noi tutti, amici e nemici, eravamo assolutamente pronti a un'unione continentale nel segno del rifiuto della guerra? Come facevi a non amarli, questi poveri figli della steppa, mandati all'assalto con i badili, perché l'unico fucile di cui potevano disporre era quello rubato al nemico? Quando penso ai ragazzi di Redipuglia che mi hanno detto "Vai a cercare quelli che non hanno una tomba", mi accorgo che forse intendevano questi dimenticati, mandati allo sbaraglio in condizioni disumane. Ho qui una loro fotografia di gruppo, ce ne saranno tre o quattrocento. Immagine nitidissima. La guardo con attenzione e vedo che non c'è bisogno di altro. In quelle facce c'è già tutto. Non massa, ma individui. Calmucchi, tatari, caucasici, uzbechi, siberiani, cosacchi. Che gioventù fu liquidata! Resistettero all'indicibile. Li guardo uno per uno e dico: "Voi siete fonte, fiore, frutto, albero, cavallo. Anche senza nome, esistete e parlate". A parità di condizioni, oggi la guerra avrebbe fatto non venti ma quaranta milioni di morti.

Impara una parola: "Ruskaja dobrotà", bontà russa. Niente a che fare con i potenti del Cremlino e i ricchi arroganti che comprano le nostre coste. 'Notte ragazzo mio, è tempo che ci si riveda.

Papi

239

24.

Icone, mandibole e mirtilli

Bosnia, fine maggio

Il preludio è già sopra Fiume. Ammassi di betulle schiantate dalla tempesta di febbraio – gelo e bora – come bastoncini del gioco chiamato Shanghai. Su e giù attraverso piccoli canyon, fra montagne storte, sotto un cielo croato color inchiostro e accenni di nevischio. A Delnice, ancora boschi stremati, persino tralicci deformati dal gelicidio. È lo stesso posto dove vent'anni fa vedevi i primi segni di guerra, le case dinamitate o sforacchiate dai kalashnikov. E poi via, oltre una cordigliera desertica, dove penetrarono le avanguardie del turco, e dove la Bosnia col suo labirinto di acque spinge come un cuneo verso la valle della Kupa, ultimo fiume delle Alpi. Quassù sembra che Mediterraneo e Centro Europa si diano battaglia a colpi di vento.

Alla fine sono gli eventi del 2014 a spingermi di nuovo al fronte. L'alluvione di fine maggio. Partenza d'emergenza, a notte fonda, con la macchina. Nessuna tradotta, le ferrovie sono interrotte. Accanto a me il bravo Mitja, fotografo sloveno. Oltre il Velebit, pensiamo, andrà meglio. E invece no. Dopo Gradiška, quando la Sava sembra raddoppiare di portata per l'immissione dei primi affluenti di destra – l'Una e il Vrbas –, proprio lì le prime colline di Bosnia sono inghiottite

240

da uno strato di nubi grasse color topo. L'aria è ferma, in bilico fra i monti e la Pannonia. Ma il peggio arriva col fiume Bosna, lo stesso che sfiora Sarajevo. Fra Derventa, Modrica e Doboj il traffico si interrompe, i ponti sulle montagne son venuti giù, la precedenza è tutta per i mezzi di soccorso.

Mi hanno seguito anche qui i grassi corvi spazzini del Centro Europa. Maledetti Balcani, quante volte vi ho percorso come inviato di guerra. Sento che non è ancora finita: la ruggine si riforma e divide la ex Jugoslavia secondo le linee del '14. Da una parte le nostalgie asburgiche di sloveni, croati e bosniaci. Dall'altra i serbo-montenegrini, pronti a ricordare la loro resistenza all'Austriaco. Eppure, se non esistesse, questo posto, bisognerebbe inventarlo, perché resta il sensore più efficace delle disunioni europee. Quasi un avvisatore di piene.

Ora esce il sole, il paesaggio luccica di rivoli, mostra plasticamente la dimensione della catastrofe. Maglaj è sotto quattro metri d'acqua. A Doboj si parla di settanta vittime e di numerosi dispersi. A Srebrenica, fa sapere Azra Ibrahimović, si arriva solo per la strada alta delle miniere; Bratunac e Potočari sono isolate. Travnik, la città di Ivo Andrić, è andata sotto, e così anche Prijedor e Zenica. Fra Modriča e Žepče il fiume si è mangiato duecento metri di ferrovia e chilometri di asfalto stradale. Ma il peggio è il seminato perduto: granturco spazzato via, alberi di prugne e ciliegie che hanno perso i frutti. Dopo l'alluvione, la paura della carestia.

C'è una colonna croata che sale da Slavosnski Brod, la catena della solidarietà è partita alla grande, anche fra ex nemici, sulle stesse strade della pulizia etnica. Serbi, croati, musulmani, cartelli in cirillico, in alfabeto latino, ora nessuno guarda la differenza. È saltato tutto, ma per un po' l'emergenza ridicolizza le spartizioni di Dayton. "Dite che mandino aiuti dall'Italia, ma non al governo che si mangerebbe tutto. Portate direttamente a noi. Cibo, vestiario, materassi, coperte, badili." Così ti dicono, in buon inglese, appena ti riconoscono straniero. Fanno capire che oggi il nemico non è più un esercito che invade, ma una mafia che divora il paese dall'interno, lo tiene in un eterno dopoguerra.

Ma italiani non se ne vedono, gli aiuti governativi sono a quota zero. Dalla Serbia, dove il disastro prosegue oltre la frontiera della Drina, arriva notizia di colonne slovene, ungheresi e anche russe. Mosca è già al lavoro con squadre a Obrenovac, cuore del disastro a sud-ovest di Belgrado. Annunciano aiuti gli Emirati. Manca solo l'Europa. La gente non la vede, in Serbia come a Sarajevo. All'Unione, ti fanno capire, i Balcani interessano per i giochi della geopolitica, e chi se ne frega se "stavolta è quasi peggio della guerra", se i fiumi si portano via villaggi e fabbriche, se "le colline si muovono" e sommergono quel poco che due paesi in ginocchio sono riusciti a ricostruire.

Alcune strade si stanno già riaprendo, ma il rischio è sulle montagne dove i campi minati ancora non bonificati smottano in alcuni punti. Una situazione afghana. Il territorio abraso dall'incuria e dalla guerra è diventato un acceleratore di piene, e così non tanto i grandi fiumi, ma i piccoli potok si trasformano in killer, centuplicano la portata in poche ore. A Dobrinja, periferia di Sarajevo, un rigagnolo ha trascinato via un uomo. A Modriča e a Zvornik c'è chi ha visto corpi portati dalla Drina come nei giorni della pulizia etnica, quando le bande avevano trasformato i ponti in scannatoi.

La gente si è ritirata sui piani alti o sui tetti, e aspetta soccorso. Vecchi, adulti e bambini dormono all'aperto, sulle colline. Per via degli ospedali tagliati fuori, molte donne hanno partorito in casa o in ambulatorio. Le facce. Indescrivibili. Molto oltre la rassegnazione. Ti guardano per dire: che può succederci di peggio? Cosa ancora, dopo gli scannamenti, il silenzio dell'Occidente, il genocidio impunito, la criminalità al governo e una grande alluvione? Eppure non c'è fatalismo. Nessuno aspetta la protezione civile, come da noi. Qui sono vent'anni che non c'è. Quelli che possono, sono a spalare. E sarebbero tanti di più, se li si rifornisse di stivali di gomma. Stivali che, naturalmente, non ci sono.

Capacità di scherzare, anche col fango alla cintola: "Va male, malissimo. Ma intanto facciamoci un cicchetto". Frase già sentita, vent'anni fa, a Sarajevo assediata. Quattro giorni fa, quando la Miljacka si è improvvisamente gonfiata nella capitale, qualcuno aveva sparato l'immagine dell'onda con sopra, in photoshop, un surfista. "Grazie Tito," ghigna Emina Bruha Brković, alludendo alla diga di Lukavac piena fino all'orlo. Il senso è: meno male che fu Tito a farla costruire. Se l'avessero appaltata quelli di oggi, sarebbe già venuta giù.

A vent'anni dalla disintegrazione jugoslava, la Bosnia del 2014 è svuotata, ridotta all'ombra di sé. Imbarbarimento della politica, briganti al potere, assassini impuniti. La gente è stanca di ruberie, stanca di proclamarsi Europa mentre l'Europa non capisce l'imbroglio e confida in una classe dirigente pronta a occultare le sue ruberie con nuove guerre etniche. Come nel '14 e nel '92, Sarajevo non è un detonatore ma un rivelatore. Mostra senza pietà il sonnambulismo dell'Occidente. A Sarajevo inizia e finisce il Novecento, la Bosnia è la metafora del fallimento dell'Unione.

A Sarajevo preparano il centenario della Prima guerra mondiale con l'acqua alle ginocchia. I ladri al potere se lo giocano come rivincita sui serbi, assassini di Franz Ferdinand, per dire che – allora come ieri – sono sempre gli stessi a dar fuoco alle polveri. Scientificamente, una porcata. Ma tanto c'è Bruxelles che paga. E l'Unione è ancora là, a dare inutilmente indicazioni miserabili, per trasformare il tutto in un ridicolo, mieloso "embrassons-nous", una replica semiseria di *Giochi senza frontiere*, invece di imporre una riflessione forte, comunitaria, su questa dannata propensione dell'Europa al suicidio.

La catastrofe mondiale resta sottotraccia, anche dietro questa emergenza. "Šabac non deve cadere," proclamano i giornali serbi, gonfi di Dio-Patria-Famiglia. E fanno il verso alla guerra, quando proprio Šabac, sulla Sava, fu nucleo della resistenza contro l'austroungarico invasore che impiccava donne o sbudellava bambini per rappresaglia nelle campagne. "Mobilitazione generale!" Volano parole così. Ma funzionano: in diecimila hanno accumulato sacchi di sabbia attorno alla città, e ora il top della piena è passato, scende su Belgrado. E intanto partono appelli al mondo: "È una delle peggiori emergenze climatiche del secolo. Gli sfollati fra Bosnia e Serbia sono almeno settantamila".

La Drina dalle parti di Bijeljina è inavvicinabile: dicono che la confluenza con la Sava sia diventata un lago dove solo le cicogne sembrano a loro agio. È qui che le truppe imperial-regie hanno passato la frontiera il 28 luglio del '14. Conosco bene questo fiume, cantato da Ivo Andrić attraverso la storia di un ponte. Le colline a sud di Loznica sono un piccolo Eden. Sterminati frutteti, le prugne più buone del mondo, cespugli di more e mirtilli e, ai crocicchi, piccoli chioschi "turchi" profumati di grigliata. Ma soprattutto acqua, un reticolo luccicante di acqua benedetta tra i boschi, villaggi e mille piccoli ponti. Nessuno avrebbe detto, un mese fa, che quei rigagnoli avrebbero mosso le montagne.

In Bosnia si impara presto a far la guerra. Eles Bosković aveva otto anni e rimane nella leggenda come il più giovane combattente della Grande guerra. Seguì il padre sui monti di Tolmino, sfuggendo ai controlli, e finì per lanciare anche lui bombe a mano dalla stessa postazione. Sul Rombon, un'anticima del Canin, la truppa vide in lui qualcosa di più di una mascotte. Eles era un tenero soldato di valore. "Ah, i miei fidati bosniaci," gongolava Franz Ferdinand vedendoli impegnati nelle manovre, prima di essere accoppato da un'accolita di congiurati di Bosnia.

E la Drina finalmente appare, in fondo a un burrone; traccia ghirigori di carta stagnola verso nord, per diventare color rame dalle parti della Sava e il Danubio, persi nelle brume della Pannonia. I turchi vi impalavano i ribelli e i cristiani vi avevano tracciato il confine fra Chiesa d'Oriente e Chiesa d'Occidente per meglio massacrarsi sotto gli occhi dell'Altissimo. Qui gli austroungarici si illusero di spezzare le reni ai serbi, che invece si rivelarono ossi dannatamente duri. Conosco i luoghi a memoria. A Zvornik ho visto per la prima volta ammazzare un uomo per la strada. Era il maggio del '92. Dalla riva serba, nei fine settimana, uomini in mimetica partivano allegri in gita per l'altra sponda, a sparare ai "musulmani". Come se fosse una rivalsa del '14.

Serbia, 1 giugno

Dopo il ponte di Bajna Bašta sulla Drina, non so nemmeno io come finisco in cima al Mačkov Kamen. So solo che in un buco trovo una mandibola. Umana. Lì, dimenticata. Ha tutti i denti, esce da uno strato di zolle a mezzo metro di profondità. Il solco è stato appena scavato per lavori stradali sui campi e i boschi dove nell'agosto e settembre del '14 serbi e austroungarici si sono massacrati per bene. La terra è ancora piena di morte. In pochi minuti trovo clavicole, costole, femori, tibie, ne faccio un mucchio. E rivedo, inevitabilmente, il film di Srebrenica, con i becchini in camice bianco tra i resti della strage degli innocenti. Sento che mi sto avvicinando a qualcosa di oscuro e terribile. Guardo la mappa, e scopro che il sito della vergogna è a venti chilometri. Tutto vicinissimo. Da brivido.

Cerca i Caduti senza croci, né fiori, né monumenti, mi ero detto prima di partire. Ecco, li ho già trovati. Li tengo tra le mani. Ce ne sono a milioni in Europa, di militi ignoti, ma la Serbia supera l'immaginazione: la storia è già geologia. È bastato un secolo. Cammino su un letto di ossa dimenticate dall'uomo ma adottate da una terra morbida e caritatevole. Su quei corpi sono cresciuti i mirtilli. E alberi di prugne, i più belli che abbia mai visto. Pare che nel '14 sia stata la slivovica, il distillato di prugna, la migliore alleata dei serbi, perché l'annata era stata eccezionale e gli austriaci erano finiti ubriachi marci. In un chiosco lungo la strada addento un panino con la carne che riassume tutta la meraviglia dei Balcani, dalla Grecia all'Ungheria.

Conosco queste colline disseminate di frutteti e monumenti agli "eroi" del '14, con oche e galline sulla strada, dove trovi gli stessi mirtilli secchi color sangue della Polonia. La vecchia Serbia tiene duro, è un trionfo di sapori perduti, un atto di resistenza alla rapina degli ipermercati. Un giorno, una contadina mi fece annusare una testa d'aglio che mi parve concentrare i profumi della terra madre. Poco più in là, dentro una chiesa costruita su un ossario di guerra, avevo appena trovato un affresco dipinto da poco con icone di santi affiancate a quelle di generali serbi, e la battaglia della Drina assieme a quella di Costantino sul ponte Milvio. Era sempre lo stesso scontro – o lo stesso maledetto imbroglio – che si ripeteva da secoli, per la vittoria della vera fede.

"Da quassù si vede tutto. Qui, proprio qui è cominciata la Grande guerra in Europa." Dal Crni Vrh, un'altura da deltaplani a picco sopra Loznica, Nenad Lajbenspenger, trentenne curatore dei monumenti della Grande guerra in Serbia, mi dispiega nella luce della sera la planimetria del Grande inizio, la Battaglia del Monte Sec e della Drina. La Bosnia austroungarica a ovest oltre il fiume, la Serbia a oriente. È pazzesco pensare come quel fronte così cruciale sia scomparso dalla memoria europea. Forse è un luogo imbarazzante. Appena oltre il fiume gli invasori avevano trovato un terreno "vietcong", con pozzi avvelenati, agguati, gente muta e ostile, e la "civilissima" Austria si era macchiata di stragi di civili. Roba brutta. Vecchi e bambini uccisi a baionettate, fucilazioni, donne impiccate al palo, a decine. I bulgari avevano fatto di peggio. Eppure la Serbia continua a essere vista come causa, non vittima del conflitto.

Un soldato austriaco di lingua croata racconta di come i civili serbi lasciassero al nemico pozzi avvelenati e le donne offrissero cibo pure avvelenato. "Egli si trovava in un paese dove erano, apparentemente, solo civili inoffensivi, vecchi e bambini che nascondevano negli occhi torvi odio mortale verso l'invasore. E i soldati morivano nelle maniere più strane. Marangunic s'era avvicinato al pozzo, assetato. Aveva lasciato l'elmetto sul parapetto e tirato su il secchio. Sudava abbondantemente. Aveva già riempito la gavetta e stava portandola alle labbra. Un sergente si avvicinò in quel momento al pozzo. Marangunic si mise sull'attenti e gli offrì la gavetta piena. Il sergente l'afferrò con gratitudine e la ingollò d'un sorso. Mentre Marangunic prendeva la gavetta per bere a sua volta, il sergente cadde per terra, stecchito."

Archibald Reiss, osservatore svizzero, riporta invece le reazioni austriache dalla testimonianza di un caporale del 28° reggimento della Landwehr: "A Šabac gli austriaci uccisero, vicino alla chiesa, più di sessanta cittadini che, prima, vi

erano stati rinchiusi. Li trucidarono a baionettate per risparmiare le munizioni. Otto soldati ungheresi eseguirono l'ordine. D.X., non potendo reggere a tale vista, s'era allontanato.
I cadaveri restarono due giorni sul terreno prima d'essere
sepolti. Fra le vittime c'erano vecchi e bambini. L'ordine della strage era stato dato dal generale e dagli ufficiali". Ma anche di questo si parla pochissimo. E i serbi non mancano di
ricordare che spesso le truppe austriache altro non erano che
truppe di bosniaci e croati sotto comando asburgico.

Notte in albergo a Sremska Mitrovica. Siamo esausti, persino Mitja, che è forte come un leone, non si regge in piedi
dopo quaranta ore di viaggio. Con noi c'è anche un corrispondente della Bbc, incrociato a Obrenovac semiallagata.
Caldo contro natura, dal cielo di nuovo sventole tremende di
acqua e di tuono. Crolliamo subito dopo cena, la solita esage-
rata cena jugoslava: siamo come soldati al rientro dal fronte.
Ma alle due ci sveglia un fracasso infernale. Una baraonda
balcanica di musica, risate, imprecazioni tipo camionisti in
sosta. Ci ritroviamo nel corridoio, in mutande. Che fare?
Mitja, che parla il serbo, decide di scendere per protestare,
ma nel frattempo il casino smette, e torniamo a dormire.

La mattina dopo, a colazione, vado a fare le mie rimo-
stranze al portiere di notte che sta smontando. Gli dico che
è una vergogna. Quello mi guarda come se fossi matto e dice: "Ma come? Se ci siete solo voi tre...". Mitja si arrabbia,
protesta che è una presa in giro, pretende di controllare le
altre camere, ma l'innocenza del portiere è palese. Davvero
non c'era nessuno. Chi vuoi che faccia festa con una catastrofe in atto? E allora? Mi torna in mente che una cosa del
genere è accaduta sul Monte Pasubio, al rifugio Papa, un
posto costruito su così tanti morti della Prima guerra che
nemmeno i sensitivi amano entrarci. Anche lì, a notte fonda,
un baccano infernale sentito da un gruppo di gitanti che la
mattina scoprono di essere assolutamente soli.

Di nuovo loro, le Ombre. E la percezione netta di essere
in un turbine di acque, popoli, eserciti, migrazioni. L'inglese
oppone strenua resistenza alle visioni, ma io ormai sono partito, vedo passare turchi, romani, ungari, serbi, austriaci, te-

deschi e altre genti in armi; turbanti, feluche, picche, fumo di cucine da campo, elmetti, canzoni guerresche, lamenti, tamburi, urla di donne, il suono inconfondibile del gong. E cavalli a migliaia, un migrare immenso e inesorabile come di marea, squadroni al galoppo fra Petrovaradin e le bassure dello Srem. Partigiani in marcia e il pennacchio del Prinz Eugen. Nemmeno durante la guerra in Bosnia ho avuto un'immagine così panoramica della storia. Capita, quando le traversie dei vivi ti spingono tra i morti e poi i morti ti rispingono tra i vivi.

Strada per Belgrado, con la Sava a filo dell'argine. È strano: in Europa la Serbia è ricordata solo come innesco, non come teatro di guerra. Dopo l'attentato di Sarajevo e l'ultimatum austriaco, essa svanisce dalla memoria. Eppure, qui si è combattuta una guerra durissima e si sono sparati i primi colpi del conflitto mondiale. A cena sul Danubio, in una taverna di Zemun sperduta nel buio dell'argine, risento le canzoni struggenti del 1914 – *Tamo Daleko* e *Mars na Drinu* – come nei giorni dell'ultima guerra in Bosnia. Siamo sempre lì: al mito, la disgrazia dei Balcani. Ai disastri dell'ultimo secolo riletti come eterno ripetersi di una crocifissione primordiale. E siccome l'attentato a Franz Ferdinand ha la stessa data di una grande sconfitta serba di secoli prima per mano turca, il 28 giugno, la coincidenza aiuta a sdoganare come martire persino l'omicida di Sarajevo. Assassino per croati e bosniaci, eroe per i serbi, Gavrilo Princip esce dalla tomba a provocare nuove lacerazioni. A Belgrado c'è chi vuole fargli un monumento o gli dedica pièce teatrali. Quel matto di Emir Kusturica ha rimesso addirittura in scena l'attentato, a onore e gloria dell'esecutore.

Ventotto giugno. A Belgrado tutti lo sanno che è una data maledetta. Nel 1989 il serbo Milošević la usa per incendiare la Jugoslavia con un discorso di rivincita sui nemici del 1914: croati, bosniaci e "turchi" del Kosovo. Ma a tanti non basta la lezione. Nonostante la guerra e la miseria che ne è seguita, il trucco funziona ancora. Per coprire le ruberie della politica, intellettuali opportunisti distillano gli infallibili umori del vittimismo etnico, promuovendo serial tv su un'innocente Arcadia mai esistita o evocando complotti anti-serbi. Il vecchio primitivismo si riforma, ma non più in salsa contadina. I nuovi uomini-lupi sono giovani delle periferie. Freddi, aggressivi, col telefonino.

E intanto la cannoniera austriaca *Bodrog* è ancora lì, immobile da un secolo, sul Danubio, davanti alla capitale di un paese che non esiste più. È quella nave che ha dato il via alla Prima guerra mondiale sparando i primi colpi sulla bianca fortezza di Belgrado. Jovan Jovanovic ci imbarca sul fiume gonfio per mostrarci il vecchio rottame seminascosto fra l'argine e i canneti, in un ambiente zingaro da *Gatto nero gatto bianco*. La avvistiamo mentre costeggiamo l'isola chiamata "della Grande guerra", Veliko ratno ostrovo, rifugio di anatre e altri migratori.

Caso vuole che la rugginosa cannoniera sia abbordata da un altro scafo d'antiquariato, un rimorchiatore del 1930, e che questo, per una coincidenza strepitosa, porti bene in vista, come indirizzo dell'armatore, via Gavrilo Princip 22. Sembra il set di un film. E difatti, come in un film, il fiume d'Europa mostra anche altri relitti della Jugoslavia. Lo yacht di re Pietro, le chiatte del comunismo, draghe d'anteguerra, traghetti abbandonati. Ma sul filo della corrente leggi anche pezzi di futuro: le campagne comprate dai sauditi, un ponte costruito dai cinesi verso Zemun, la chiassosa pubblicità russa della Gazprom. La nuova nomenklatura serba inneggia all'Europa, ma intanto svende il paese ad altri. E l'Europa zitta, complice dei ladri.

In un vecchio caffè, Predrag Delibasić, partigiano a dodici anni, professore di drammaturgia, mi spiega la figura tragica e fragile, romantica e idealista, dell'attentatore di Franz Ferdinand, una specie di Guglielmo Oberdan jugoslavo. Ma nello stesso caffè lo scrittore Nenad Prokić me ne parla come di un personaggio manipolato dalla Germania, ansiosa di trovare una miccia nella polveriera balcanica. L'innesco era lì, ma erano gli imperi centrali a cercarlo. Jean Jaurès lo aveva capito con anticipo su tutti che il focolaio erano i Balcani. E forse per questo fu accoppato alla vigilia della guerra.

Vado a passeggiare sui muraglioni del Kalemegdan. Balconata sulla pianura della Vojvodina percorsa da una grande armada di nembi.

Come ti amo ancora, Belgrado. Ti amo per il tuo mostrarti senza finzioni e ipocrisie, madre stanca di stupri e comizi, sempre a due passi dal crollo eppure ancora vitale, generosa di storie, di affetti e di autoironia. In te leggo il destino d'Europa più che nei palazzi di vetro di Bruxelles. Passano nubi grasse come bastimenti, lontano verso la Bosnia lampeggia. Sopra la fortezza vorticano i grassi corvi di Pannonia. Ho un formidabile appetito, non so perché questo viaggio mi accelera il metabolismo. Ma è fame di vita, prima che di roba buona da mangiare. Ascolto i miei passi nella sera sul selciato di Kneza Mihajlova, do una moneta a un vecchio violinista stonato, poi mi offro una pljeskavica in una storica locanda un po' defilata di nome Proleče, primavera. Piatto di carne tritata con guarnizione di ajvar e cipolla. Una birra e una slivovica consumate in splendida solitudine. Forse il viaggio è davvero finito.

25.

"Almeno, voi savevi rider"

Trieste, 14 luglio 2014

Caro nonno Ferruccio,
    ieri sera Giorgio, un triestin, me ga contà de suo nono Pepi. El vecio el fa Deskovich de cognome; classe 1897, e magari te lo conossi. Te dovevi veder come questo Giorgio lo mimava in modo incredibile. Ne imitava la voce, perché ce l'aveva nell'anima, l'aveva conosciuto da bambino. Pepi, come dire Giuseppe, era stato in Galizia nella guerra del Quattordici, e sempre gli diceva: "Rider ne ga salvà de la disperazion, ma per noi triestini rider iera anche cavarse la fame". In vestaglia di casa, il nonno prendeva il nipotino sulle ginocchia e gli raccontava storie di guerra. Un giorno gli ha raccontato l'assedio di Przemyśl e tu lo sai benissimo, nonno, cosa fu quel luogo. Mesi e mesi senza rifornimenti, 150 mila uomini tombati nei bastioni gelidi sotto il tiro dei russi. Ma Pepi riusciva a riderci sopra, perché era triestino. Anche questo lo sai di sicuro.
    Ma adesso provo a ripeterti quel racconto, te lo voio contar, cercando di usare la stessa voce di Giorgio. Scolta. Pepi ciapa el picio sui zenoci e scominzia cussì. "In guera xe la mania dele latrine, e anca quele doveva eser in Ordnung. E noi gavevimo una latrina per do-trezento de lori. Un cesso enorme, sempre da pulire. In quela vita, l'ora più bela iera el rancio. Fame iera

fame, e noi no butavimo via niente. Te sa quante patate crude go magnà? Anche le cavalete iera bone quela volta. Insomma, un giorno arriva l'ora della sbobba ed è festa grande! Iera un do-tre giorni che no se magnava.

"Alla fine del rancio, di solito passa il tenente a chiederci com'è stato il cibo. Ma per una volta i russi riva prima. Si sente un fiuuuu, il fischio del grosso calibro. E noi tutti giù nei buchi, con l'Emme 16 ben fracà in testa, a pregar. E booomm! Mamma mia! Una colonna, Giorgio, che no te digo, s'è alzata dalla fortezza! Nera densa che non finiva mai. Mai no go visto un colpo cussì ben centrado... e te sa dove che el ne gà ciapà? ...Indovina. Nele latrine!...

"E alora che piova, Giorgio, che roba! Sora de noi, sora i cavai, sora le mitragliatrici, sora le casse de munizioni, par tuto, sora de tuto! E anche... sora le nostre gamele, drento le nostre gamele, che ogi se disi 'gavette'... Nessuno si muoveva più, e sono convinto che i russi hanno creduto di averci fatti fuori tutti: difati per un poco no i ne ga sparà. Ma la fame iera più forte del spavento, e noi no gavemo butà via la manestra. Nisun ga butà via niente, gavemo spostà coi cuciari quel che iera de spostar e gavemo magnà, e scometo che anca i russi saria vignudi volentieri a pranzo de noialtri! Poveri muli, gaveva fame anca lori...

"Ma il bello viene adesso. Passa il tenente – Giorgio, te dovevi vederlo! – impassibile, col suo baston de Spaziergang, che ne fa con un mezo soriso: come xe el rancio ogi?... Se alza el povero Nini che el iera vizin de mi, el se metì sul atenti e el ghe fa tuto serio a vose alta in tedesco: 'Rispetosamente herr Hauptmann, a nome de tutta la compagnia, un Dreck!'. Che vol dir 'merda' se no te ga capì. Che ridade Giorgio, che ridade... triestine... in mezo a quela guera!"

Che meraviglia, no? Tu ci avresti imbastito uno dei tuoi grandi racconti. Mi credo che quela volta, in quela guera, noi triestini eroi-lavativi gavemo mostrà el meo toco de noi, abbiamo fatto vedere la parte migliore. Ieri ho visto la lettera di un soldato del Novantasette che scriveva ai suoi: "In prima linea le bale fis'ciava come mosche". Questi vedevano il lato comico anche nell'assalto. Ridevano di se stessi, che credo sia la dote più bella che esista.

E poi, non è incredibile come si trasmettono le storie, di bocca in bocca, da una generazione all'altra? Pensa: dicendoti di Pepi, io ti ho passato solo una storia di terza mano, ho interpretato... un'interpretazione. Eppure, che vivezza! Ti no te sa che invidia che go provà scoltando Giorgio. El me fazeva pensar, pensare a quanto avevo perso a non averti incontrato. Sentivo quanto mi mancava la tua voce. La gavevo zercada fin oltra i Carpazi ma no la gavevo mai trovada. In quel viaggio mi ero perso in mezzo a milioni di uomini. Avevo incontrato ombre di russi, polacchi, ebrei, ucraini, austriaci, ungheresi, croati. Trentini, triestini, dalmati. Mezzo Impero. Di te solo tracce qua e là. E la voce, mai.

Ma ieri go comincià a capir. No te podevo trovar, non potevo trovarti, semplicemente perché mi abitavi già. Eri diventato la mia voce, e io non lo sapevo. Quando ero in Ucraina e Polonia, ridevo come te, sussurravo, brontolavo, gesticolavo e cantavo come te; e tu mi stavi addosso, su quelle tradotte. Me ne accorgo solo ora. Guardavo come un ebete le tue foto da soldato, senza capire che in realtà eri tu che guardavi me. Succede a volte con chi si ama: quando quella persona se ne va, tu pensi di soffrire e invece lui ti fa il nido dentro, e tu non senti più la mancanza.

Quando se n'è andato Virgilio, forse l'amico più caro che ho avuto, ti no te me crederà, ma go sentì la sua vose entrarme drento. È successo mezz'ora dopo la sua morte, appena l'ho visto disteso sulla lettiga del reparto di cardiologia, barbuto e composto come un eroe miceneo. Insieme, avevamo cantato canzoni della vecchia Trieste che tu hai certamente conosciuto. Ebbene: sono uscito dall'ospedale cantando. E allora, se è successo con lui, che mi ha accompagnato spesso in questo viaggio, perché non può essere accaduto con te? In fondo hai seminato parole dappertutto, era questa la tua specialità. E le parole pronunciate, si sa, volano a lungo, e a lungo restano eco sospesa, prima di scomparire.

C'è di mezzo la nonna, questo è sicuro. Le prime storie me le ha raccontate lei. De picio me ficavo in quel suo leto grando e iera un gusto scoltarla. Cammina cammina... c'era una volta... Quel suo calore di chioccia l'hai sentito, no? Se non l'avessi sentito, non sarei mai nato e non sarebbe nata la mamma.

Tu e lei siete metà delle mie radici, vi ritrovo nei segni del viso. L'incavo sotto gli zigomi, per esempio, è il tuo. Le spalle, sono di lei. Eravate capaci di scherzare su tutto, avete attraversato il secolo più funesto beffandovi del mondo. E avevate l'arte del racconto. Avevate l'oralità, che noi abbiamo perduto. Per questo stiamo perdendo la memoria. Quella che passa così spesso da nonno a nipote.

Io non ho mai conosciuto nemmeno l'altro nonno, lo sai. Parlo di Domenico, il padre di mio padre. El xe morto emigrante in Argentina, a meno de cinquanta ani. Una banca è fallita portandosi via i suoi risparmi, e il dispiacere gli ha spaccato il cuore, dopo una vita di sacrifici. Per questo papà è tornato in Italia da bambino, povero in canna. Il suo vecchio deve essere stato un duro. El iera partì a oto ani del Friul, oto ani, de solo. I lo ga imbarcà a Le Havre per Montevideo, e là iera un sior che lo ga ciapà in custodia. Ha fatto il manovale, poi l'imprenditore a Buenos Aires, quartiere Palermo. Ballava il tango, lo chiamavano Domingo. E mi no so niente altro de lu.

Prima ti ho fatto ridere, con quella storia del rancio e delle latrine. Ma ora dovrei dirti un po' di cose serie. Per esempio che la mia Europa sta perdendo l'anima. Che l'Unione che la rappresenta non è riuscita a dare una lettura sinfonica di quella tua Prima guerra nel segno della pietà. Che ogni miserabile nazione rievoca quell'evento per conto suo. Dovessi dirte che semo pieni de ladri. Che voi ve mazavi per una trincea e ogi noi se mazemo per un parchegio. Dovrei raccontarti che siamo più analfabeti, più cretini, nevrotici, arroganti, ridicoli, omologati di voi.

A Parigi ho visto la Gare de l'Est, oggi. Da lì i francesi sono partiti per tre volte contro lo stesso nemico. Oggi vi si celebra la pace. Annunci ferroviari in tedesco e vendita di bretzel accanto alle baguette. Ma poi... poi ti accorgi che è solo coreografia, che la memoria della catastrofe è spenta, e che nessuno guarda il grande dipinto che la commemora nell'atrio. Nella Gare de l'Est capisci che non si combatte più con le armi solo perché alla guerra fra nazioni si è sostituita una guerra fra individui, un marasma di turisti smarriti, donne in carriera, impiegati in ansia, funzionari irascibili, giovani digitali, immigrati attaccabrighe, ladri e poliziotti armati fino ai denti.

In Belgio non sono bastate due invasioni tedesche a compattare l'anima fiamminga e quella francofona del paese. Dalle parti di Ypres, il confine millimetrico fra le due lingue, le due burocrazie, le due mentalità, è cento volte più visibile della linea del fronte del '14.

Roba da uscire di testa, non abbiamo imparato niente. In Catalogna sono impazziti tutti, peggio dei balcanici. Barcellona pare Belgrado o Zagabria alla vigilia della guerra del '91. Questi signori portano allegramente l'Unione allo sfascio in nome dell'identità.

Mi ero proposto di spiegarti tutte queste cose, ma non ho più voglia di prendere il mondo sul serio.

Nonna Alida s'arrabbiava a sentir dire "Grande guerra", ma io credo che in una cosa quel conflitto fu grande, anzi enorme: la capacità espressa dagli uomini del tuo tempo di resistere all'annichilimento. Guardo le loro foto e vedo individui, vite scolpite nelle rughe. Oggi vedo facce di plastica di una massa imbottita di anestetici. Cristo santo, voi almeno savevi rider, cantar, sperar. Oggi c'è solo rumore. E dietro il rumore, il silenzio del nulla. Le guerre del tuo secolo hanno piegato il mondo, ma la pace che è seguita gli ha dato il colpo di grazia. Non c'è niente di paragonabile alla ferocia con cui le nazioni si sono avventate sul mondo dopo il 1945.

Io non credo tu sia stato un eroe. Detto in triestino: no te vedo saltarghe dosso a un russo e sbusarghe la panza. Non so se mi avresti mai raccontato storie così. La tua arte era un'altra, tener su il morale della truppa. Ti vedo elegante, anche nel fango. Sbarbarti ogni mattina, magari con l'acqua delle pozzanghere. Te vedo rider, perché come disi Pepi Deskovich el rider fa passar la fame e anca la miseria. Hai incantato molti uomini e anche, sospetto, qualche donna da quelle parti a Nordest, dove oggi c'è la Polonia, l'Ucraina e la Bielorussia. Se hai fatto questo, hai fatto già tanto.

Sai, questa storia si occupa della tua guerra, quella combattuta a Oriente. Ma alla fine non ho saputo resistere. Me li sono fatti tutti, i fronti. Belgio, Francia, Turchia, Romania, Montenegro. È tutta colpa dei ragazzi di Redipuglia. Sono loro che mi hanno detto di andare in Galizia e, quando al ritorno sono andato da loro a rapporto, mi hanno detto "cerca ancora, se vuoi capire cosa abbiamo vissuto". Io ho detto "signorsì" e sono ripartito. E di nuovo, cercando le Ombre, ho preso le misure dell'oggi. E ogni tanto de sera alzavo el bicer per ti. E cantavimo:

Eins-zwei! Passi de fero! / Eins-zwei! Salvite Piero! / E co te capita 'l morbin / faghela veder de bon triestin.

E dopo: Ma in mezo a ste disgrazie un tuo ricordo / me s'gionfa tuto el cuor de nostalgia / e la me fa sperar / e tuto soportar / pensando a ti lontan Trieste mia.

26.

Picnic a Redipuglia

19 luglio 2014

Ieri ho rivisto il Pasubio. Dovevo andare da Trieste a Trento, e volevo tagliare per il Pian delle Fugazze per evitare la noia dell'autostrada. Guidando, i miei pensieri si erano fatti distanti dalla guerra, ma quando la valle si è chiusa e in alto mi è apparso il dente storto sotto il Soglio dell'Incudine, un'ansia incontrollabile si è impossessata di me. Era una bella giornata, eppure il monte incombeva come un temporale.

Oltre la Tagliata ho dovuto fermarmi. Mi mancava il respiro. Ero intrappolato in qualcosa di pazzesco, di inconcepibile su tutti gli altri fronti. Stavo entrando in una ragnatela di pietra, un inghiottitoio delle anime. Pensai ai ragazzi che erano saliti lassù, di notte, in fila silenziosa, consci di poter non tornare. Era come se fossero appena passati. Subivo, come in Francia e in Polonia, una sconcertante compressione del tempo. Solo che a differenza della Francia e della Polonia, lì non c'era terra, ma pietra. E nella gola tutto rimbombava.

In Italia il colpo non faceva "pum", ma "ta-pum". La cannonata non esplodeva una volta sola ma rintronava cinque, sei, sette volte prima di spegnersi. Un martellamento acustico intollerabile. Era l'eco, in mezzo a quelle guglie, il vero elemento distintivo del fronte italiano. Avvicinarsi a quella prima linea era infinitamente più spaventoso che avvicinarsi al fronte della Somme o alle brughiere di Tannenberg. Sulle pietraie del mio Carso non doveva essere stato diverso.

Su la strada del Monte Pasubio
lenta sale una lunga colonna
bomborombom bom bomborombom
l'è la marcia de chi non torna
de chi se ferma a morir lassù.

La canzone di Bepi De Marzi mi tornò fuori, col suo ritmo cadenzato. Esprimeva un'insuperabile capacità di resistenza. Parlava di un incubo, eppure rassicurava. Per mio nipotino era la più infallibile delle ninnenanne: quando arrivava il bomborombom era come se lo cullassero quei ragazzi che non c'erano più. Bastavano tre quattro strofe e Federico via, partiva nel mondo dei sogni. Solo gli italiani, pensai, erano capaci di trarre da un luogo così tremendo una musica così dolce. La mia anima "austriaca" non poteva negarlo. Mi chiesi anche quanta sete di silenzio dovesse essersi aperta nelle orecchie di quegli uomini dopo quattro anni di frastuono.

Pensai al viaggio concluso. Ero partito per cercare i miei triestini con addosso la divisa dell'Impero sconfitto. Ma quando avevo trovato le loro tombe sui Carpazi polacchi e in Ucraina, e con esse quelle di altri italiani "sbagliati" come i trentini, non mi ero più potuto fermare. Mi ero spinto fin sotto le nubi delle Argonne e nel fango delle Fiandre, con l'idea di scrivere anche di loro. E ora mi ritrovavo, senza volerlo, di nuovo sul fronte italiano. Il cerchio si chiudeva alla perfezione. Me l'avevano detto i Centomila di Redipuglia: vai a cercare la guerra degli altri, per capire che uomini eravamo noi, cresciuti a polenta e niente.

Nel libro di A.J.P. Taylor sulla guerra avevo appena trovato un passo illuminante. Diceva che dopo le prime quattro offensive sull'Isonzo, nelle quali "l'unico risultato apprezzabile era stato il numero dei morti", doppio rispetto a quello degli austroungarici, in Francia e Inghilterra qualcuno aveva rispolverato "la vecchia storia dell'incapacità degli italiani di fare la guerra". La storia, osservava lo studioso, non aveva fondamento: "Gli italiani avevano combattuto con lo stesso coraggio e la stessa decisione dei francesi e degli inglesi, in condizioni ambientali molto peggiori". Pensai anche alla tanta letteratura italiana sulla ferocia degli alti gradi nei confronti della truppa. Ma nell'esercito austriaco il sadismo degli ufficiali verso i soldati era stato anche maggiore, e pochi se lo ricordavano. Non siamo stati clementi con noi stessi.

Su una sola macchia nera il mio paese era rimasto rimasto elusivo: i fucilati, e in particolare quelli uccisi per decimazione – dunque senza colpa –, pratica in cui Cadorna si distinse tra i generali di tutti gli altri eserciti. La loro riabilitazione era un atto dovuto ancora spietatamente negato dagli alti comandi e dai soliti custodi dei sacelli. I nomi di quegli infelici non comparivano ancora sui monumenti ai Caduti, mentre in Inghilterra, Francia e altrove erano stati reinseriti da tempo nella memoria nazionale.

E oggi rieccoci qua, a Redipuglia, ed è fatale che il cerchio si chiuda qui, all'inizio della storia. Alla fine mi sono rimasti cinque lumini, con custodia di vetro, conservati dal viaggio in Polonia. Polacchi anche i fiammiferi, gli stessi con cui ho acceso tutte le altre candele anche sul fronte occidentale. Li ho tenuti fino all'ultimo come talismano. Per portarli qui ai Centomila. Voglio che si vedano da lontano, e che la gente si chieda chi ha osato infrangere il buio sepolcrale del sacrario.

Salgo verso la scalinata di pietra. Una coppia di corvi mi sorvola a lungo, gli stessi che ho incontrato in Serbia, sul fronte della Drina, e poi in Ucraina, in Belgio e in Francia. Sento le campane della sera nella pianura. Sono il rintocco finale. Sembrano quelle delle ore undici del giorno 11 di quell'undicesimo mese, che nel '18 segna la resa finale della Germania e la conclusione della guerra più inutile dell'umanità.

Rieccomi qui, con un cuore nuovo e pienezza d'amore, rispetto e pietà, nel segno della nausea per un'inutile mattanza che sembra non aver insegnato nulla. "Ci vorrebbe una guerra," ho risentito dire davanti a un'edicola. Guerra follemente invocata come il vento, come pioggia purificatrice. Ho pensato: ecco come, in un mondo sbracato, nevrotico, obeso e senza più memoria, il legittimo bisogno di frugalità e di ordine può prendere una simile forma, blasfema e inaudita.

Non se ne esce. In nome dell'Europa, dobbiamo assumerci la fatica del ricordo di quell'evento con un linguaggio nuovo che non sia più quello delle fanfare. Siamo stanchi di celebrazioni. Preferisco evocare, riabilitare strumenti antichi come il canto, il verso, il sogno. Per questo ho deciso di accendere i miei lumini alla base della gradinata e di aspettare in silenzio il buio, perché si vedano da lontano. So che è proibito, ma so anche che i guardiani delle ossa hanno altro cui pensare, e nessuno verrà a disturbarmi.

Eccole le mie fiammelle: ora ardono bene. Le possono vedere anche gli aerei in discesa sull'aeroporto di Ronchi. Accanto, depongo con cura le mie libagioni. Non fiori, ma cibo buono, raccolto sui fronti d'Europa. Perché voi mi avete messo fame, ragazzi, e ora ho voglia di far festa con voi, basta lacrime. Per capire non basta la mente, serve il cuore, e lo stomaco. E c'è un rancio di lusso, stasera: asparagi selvatici del Carso, salmone affumicato del Dnepr, una scodella di barszcz alle rape rosse di Lublino con panna acida ed erba cipollina, poi – fresca fresca – l'indivia della Somme, condita con olio macedone. E ancora: trota dell'Isonzo al forno con coste all'aglio e cinghiale delle Argonne ben guarnito di mirtilli rossi e patate rosse di Masuria cotte nella cenere.

È stata una gioia cucinarvi questa cena. Alla fine vi ho fatto anche una torta. Dalle Fiandre mi ero portato una scorta di semi di papavero e così ne ho tirato fuori una crostata, e vicino ci ho messo rosse melagrane dei Dardanelli assieme a datteri di Aleppo raccolti con Luna nuova. Poi ho deposto cinque bottiglie, e di ciascuna ho assaggiato un sorso. Un vino rosso bulgaro denso come la pece, di quelli che fanno buon sangue. Un bianco Vitovska spremuto da pietra di trincea sul Carso sloveno, e poi, in successione alcolica, uno champagne Grand Cru de la Vallée de la Marne, una slivovica distillata dalle prugne di Obrenovac e una grappa di albicocche del Monte Ararat. Un menu come si deve, rubato ai campi di battaglia. Eccolo, il mio regalo. Non c'è più bisogno di parole.

Mastico lentamente, in compagnia delle Ombre. Poi stendo una stuoia sul marmo, all'altezza della lettera *m*, *m* come madre, e mi corico a guardare il cielo. Ho nuovamente Virgilio accanto, la mia guida. Vedo il suo profilo da archimandrita, il lampo degli occhi. La notte è stellata, quieta, perfetta. Posa sulla terra una campana di vetro. Non ci sono ulani né cavalli feriti nei dintorni. Tutto sembra in ordine. Anche il noce che ho piantato un anno fa per la nascita del mio primo nipotino sta crescendo bene, e se avesse già dato frutti avrei portato pure quelli. L'atto di piantare e quello di seppellire – nascita e morte – non mi sono mai parsi così simili.

Cantiamo a bassa voce in russo, *Večernij zvon*, il nostro motivo preferito, "o campane della sera, quante storie nella vostra musica", e stavolta le gradinate rispondono. Lombardi, abruzzesi, sardi, valdostani, e dietro a loro calabri, umbri, veneti e piemontesi si lasciano andare al rintocco slavo. Si svegliano anche i liguri, i campani, i siculi e i toscani, e ancora i pugliesi, i friulani, i laziali, genti dell'Emilia, della Basilicata, della Romagna e del Molise. Dalla A alla Z la scalinata si abbandona al sortilegio, mentre i lumini si spengono a uno a uno nella notte calma e senza vento.

Alla fine un cane nero si siede accanto a noi. L'ho già visto da questa parti, ha orecchie dritte e lunghe da sciacallo, come il guardiano delle tombe degli Egizi. Gli do un po' del buono rimasto, e lui mi si accuccia vicino. Custodirà il mio sonno fino all'alba del nuovo giorno.

Soldati russi con trofei austroungarici. Fronte galiziano, 1915.

Foto tratta dalla professoressa Marina Rossi dall'album 23 dello stato maggiore dell'esercito zarista, archivio fotocinematografico di Krasnogorsk.

Indice